I0834854

La curación por el espíritu

Zweig, Stefan : La curación por el espíritu : (Mesmer, Mary Baker-Eddy, Freud). - 1a ed. - Ciudad Autónoma de Buenos Aires: Mandrágorazur, 2024.
368 p. ; 21×15 cm

ISBN 978-1-64360-859-4

1. Psicoanálisis. I. Título

Biblioteca de Psicoanálisis
DIRECTOR: Cristian Rodriguez

TÍTULO ORIGINAL: *Die Heilung durch den Geist*, Stefan Sweig, enero de 1931
TRANSCRIPCIÓN: Damián Mestre

CORRECCIÓN: Cristina Badaracco
DISEÑO GRÁFICO: Karina Di Pace
IMAGEN DE TAPA: Vincent van Gogh, *Noche estrellada* (fragmento), 1888.

Hecho el depósito que marca la ley 11.723

ISBN 978-1-64360-859-4

Mayo de 2024

STEFAN ZWEIG

La curación por el espíritu

(Mesmer, Mary Baker-Eddy, Freud)

A Albert Einstein,
con admiración y respeto.

Palabras preliminares

En un estilo amable y asequible, el texto de Stefan Zweig, *La curación por el espíritu*, nos habla de los antecedentes y de los albores de las prácticas de la curación por la palabra. No sólo es la reseña de los antecedentes históricos gestados fundamentalmente durante el siglo XIX sobre el advenimiento de la práctica psicoanalítica, la gran experiencia de la psiquis humana contemporánea con el descubrimiento freudiano de lo inconsciente, sino que aborda parte de esa etiología proveniente del aparato cientificista del iluminismo en adelante, del cual el hospicio es el epítome de una renuncia al espíritu. Desde los albores de la humanidad se ubica la referencia al espíritu y a la curación asociada a los estados de equilibrio. Si bien el *Proyecto de una psicología para neurólogos* de Freud tomará esta noción homeostática, junto con la de las series complementarias, como parte de un dinamismo ligado ya a la metapsicología, es verdad que esta noción existe aún antes de la filosofía platónica, y también en la referencia chamánica, por dar dos posibles ejemplos, como logos y como experiencia. Por otra parte, tenemos las aproximaciones que van desde el mesmerismo a la sugestión hipnótica, y que podríamos ubicar como corrientes alternativas a la ciencia convencional, pero que sin embargo ofrecieron fuente de inspiración proveniente desde áreas no convencionales, pseudocientíficas y/o religioso-místicas, proveyendo información e inspiración para desarrollar las técnicas terapéuticas que, en la actualidad, siguen teniendo no sólo vigencia, sino que continúan desarrollándose. Una de las advertencias que podríamos hacer al respecto, es que la época se entrecruza con la singularidad y que es también el resultado complejo de un efecto de comunidad. En este sentido, las prácticas que tratan sobre la curación por la vía del espíritu, entre las cuales se encuentra el psicoanálisis y también las otras ramas de la psicología, las psicologías conductuales, neurocognitivas, neurociencias, cognitivistas sistémicas, gestálticas, grupales, entre otras, ponen de manifiesto que el movimiento dialéctico, a partir de la escucha de los emergentes que surgen de los pacientes, es decir de las personas afectadas del desequilibrio emocional, es lo que signa esta experiencia. Es una experiencia viva, necesariamente viva, y así ha sido durante el curso de la historia de la humanidad. La aportación de las ciencias sistemáticas provenientes de las clínicas psiquiátricas del siglo XIX, incluidos Charcot y Breuer, son antecedentes que Freud conoció muy bien, de la misma manera que conocía los advenimientos científicos de la neurología de su tiempo. El psicoanálisis es, a la vez de un relevo, una ruptura con estas posiciones. Y el caso por caso descubre qué hay más allá del hospicio y que la escucha clínica requiere de una ductilidad casi ligada al arte, a la artesanía y al arte, tal como aboga Freud y promueve el psicoanálisis, con sus raíces emplazadas también en el Romanticismo y en particular en el Romanticismo alemán.

La noción de ciencia, a partir de aquí, queda también refundada. Cuestión que será retomada por el psicoanálisis estructuralista de Lacan como ciencia conjetural. Como ciencia dialéctica entre teoría y práctica, entre clínica y sus efectos sobre la letra y sobre la lengua. La noción misma del psicoanálisis en extensión supone que no sólo continúa escribiéndose, renovándose, nombrándose y creándose, sino que esa extensión es en el plano de la subjetividad, el lazo con la cultura, con la época, con el contexto. Es decir, que los efectos de estas prácticas transforman el lazo del paciente con su contexto, de la persona con la realidad, pero transforman también el lazo social. Por modestos que sean estos alcances, son efectos de transformación. La cura por el espíritu es entonces, asimismo, una experiencia intransferible y también una experiencia de comunidad.

Entre el Mesmer rico y burgués, excéntrico e inspirado, exponente delirante del siglo XVIII, entre el inquisidor brillo de Paracelso y el *Hombre de la arena* de Hoffman, soporte del famoso ensayo *Lo siniestro* de Freud, existe indudablemente una relación directa. No nos despojemos tan rápidamente de ese halo precursor, vital y también actual, en el cual las indagaciones del alma no son sino esa resignificación hacia el plano de cierto oscurantismo, y que son también del espíritu, de su intelección. Este tema que ha sido retomado incesantemente por Jung en sus escritos *Psicología y religión* o *Arquetipos e inconsciente colectivo* –por nombrar algunos–, en la dimensión del místico, de un abordaje particular de la religión –diferente al propuesto por Freud–, del inconsciente colectivo y la psicología práctica como propuesta clínica, están presentes en los antecedentes desarrollados por Zweig en este trabajo. A pesar de las posiciones supuestamente divergentes en el psicoanálisis actual, aquella definición de Freud, la de hacer consciente lo inconsciente es, ni más ni menos, que acceder a las arborescencias de lo inconsciente en la otra escena.

En el recorrido de este profundo ensayo de Stefan Zweig, la idea de la electrificación de la experiencia, del magnetismo y la imantación del espíritu propuestas por Mesmer, entre otras experiencias contemporáneas, no es más que la decodificación de un espíritu científico de época extendido. Sin embargo, el propio psicoanálisis, al hablar de cargas libidinales y catexias pulsionales, está haciendo referencia a un efecto devenido de esa noción. El propio Paul Virilio durante el siglo XX, en su dinámica de la velocidad abordada desde el plano de la filosofía, toma esta cuestión, incluso las aportaciones de Tesla, no solo sobre el descubrimiento de la corriente alterna, sino sobre la transferencia de pensamientos, aboga en esta metáfora científica que es también una metáfora del funcionamiento de la naturaleza, en el cual la electricidad, el pensamiento que surca como un rayo, la otra escena que se aparece súbitamente, el terror pánico de una revelación, están latentes.

Dice Stefan Zweig, "lo que nos sorprende no son los primeros métodos de Mesmer, imantar frotando un espejo, magnetizar un estanque, sino los inimaginables efectos terapéuticos que consigue con ese insignificante hierro magnético". Aquí nos está señalando, posiblemente, de la potencia del dispositivo que advendría con el psicoanálisis ligado a la transferencia como artificio terapéutico, por una parte, y por otra parte del efecto del significante en el cuerpo, eso que Freud nombraría como "cura por la palabra".

La vida controversial y mística de Mary Baker-Eddy desde una incapacidad de vivir, una enferma crónica, hasta su emancipación de la mano de su "milagro psicológico", atesora asimismo los antecedentes del siglo XIX, entre las parálisis histéricas y el concepto de inervación de órgano –prefigurado en la neurastenia–. Dice Zweig, "ocultistas, antropósofos, espiritistas, intérpretes de la Biblia o tolstoianos", a todos los une una misma voluntad metafísica. Finalmente, llevará adelante una síntesis entre la voluntad divina y su propio testimonio como paciente psiquiátrica en su *Manual de Psiquiatría* –unidad entre Dios y la realidad de lo demoníaco–, transformando su vida en un testimonio de aquellos cuadros clínicos estudiados por Charcot en la Salpêtrière, y Breuer con Freud en los albores del "método catártico", y los *Estudios sobre la histeria* escritos conjuntamente.

Mary Baker-Eddy, mientras tanto, postula: "la enfermedad es una fantasía de la humanidad… la enfermedad no existe", abriendo las puertas a la compleja relación entre cuerpo y dolor psíquico. Al pronunciar la afirmación de que "el espíritu es lo real y eterno, la materia es lo irreal y temporal", no sólo condice en pronunciarse de manera religiosa, sino que ese mismo aparato de sugestión religioso de Mary Baker-Eddy y su Massachusetts Metaphysical College enseña a la par "patología terapéutica, filosófica, metafísica y su aplicación práctica a las enfermedades". Zweig no es un patólogo, ni un psiquiatra ni un psicoanalista, sin embargo, encuentra en esta curiosa correlación: Mesmer, Baker-Eddy y Freud una línea argumental que es a la vez una lectura posible –y también aleatoria– del espíritu de época que promueve finalmente la consolidación y desarrollo del psicoanálisis como disciplina del espíritu y como práctica clínica.

La verdad en psicoanálisis está íntimamente ligada a estas apariciones restallantes, muchas veces impactantes, delirantes y también sorpresivas. Una vez más, tal como en la novela de Goethe, *El joven Werther* –autor referido por Freud una y otra vez, inspiración del psicoanálisis fundacional– el momento de la revelación llega de la mano de la tormenta, del mismo modo que el destino trágico. La imagen del pensamiento tormentoso ha acompañado a la de genio creador, es decir, al proceso creativo. Y, de algún modo, ¿no es el psicoanálisis una práctica de los procesos creativos, no es acaso, recordar, repetir y elaborar una trama en la cual la elaboración, finalmente, como en el trabajo del duelo, produce y promueve un nuevo lazo, un nuevo vínculo con la realidad?

Cristian Rodríguez

LA CURACIÓN POR EL ESPÍRITU
(Mesmer, Mary Baker-Eddy, Freud)

Stefan Zweig

Introducción

Cada desastre de la naturaleza es el recuerdo de una patria superior.
NOVALIS

La salud es el estado natural del hombre; la enfermedad, el antinatural. El cuerpo acoge la salud como algo normal, de la misma forma que los pulmones reciben el aire y los ojos la luz; vive y crece en silencio como uno más de los sentimientos generales de la vida. La enfermedad, en cambio, irrumpe de pronto como algo extraño, desde no se sabe dónde acomete el alma asustada y suscita en ella un sinfín de preguntas. Porque, puesto que este malvado enemigo viene de otra parte, ¿Quién lo ha mandado? ¿Se quedará? ¿Se retirará? ¿Se lo puede conjurar, pedirle que se vaya o dominarlo? Con fuertes garras la enfermedad arranca al corazón los sentimientos más opuestos: miedo, fe, esperanza, desánimo, maldiciones, humildad y desesperación. Enseña al enfermo a preguntar, pensar y rezar, a levantar hacia el vacío su mirada despavorida para inventarse un ser al que ofrecer su angustia. Ha sido sobre todo el sufrimiento lo que ha inspirado a la humanidad el sentimiento religioso, la idea de un dios.

Al ser la salud algo naturalmente inherente al hombre, no se explica ni quiere ser explicada. En cambio, todo hombre atormentado por la enfermedad le busca siempre un sentido. La humanidad nunca se ha atrevido a pensar hasta el final la idea de que la enfermedad la acometa absurdamente, de que el cuerpo inocente arda repentinamente en fiebre sin razón ni motivo y cuchillos candentes y dolorosos hurguen hasta el fondo de las entrañas, esa idea monstruosa del absurdo absoluto que basta ya por sí sola para aniquilar el orden moral del universo. La enfermedad se le aparece siempre como enviada por alguien y ese alguien incomprensible que se la manda ha de tener, según ella, un motivo para afligirla precisamente en su cuerpo terrenal. Alguien debe de estar enojado con el hombre, guardarle rencor, odiarlo. Alguien quiere castigarlo por alguna culpa, algún delito, alguna ley infringida. Y este alguien sólo puede ser el mismo que todo lo puede, el mismo que lanza los rayos del cielo, que derrama heladas y ardores sobre los campos y enciende y apaga las estrellas. *Él*, que tiene todo el poder, el Omnipotente: Dios. Por esto, desde el primer momento la enfermedad va indisolublemente ligada al sentimiento religioso.

Los dioses envían la enfermedad y sólo los dioses pueden alejarla: esta idea aparece inamovible en el inicio de toda medicina. Completamente ignorante todavía de su saber, desvalido, pobre, solo y débil, desde los tiempos primitivos el hombre se consume en la hoguera de sus achaques y no conoce otro recurso que elevar su alma entre gritos al dios mago para que le libere de ellos. El único remedio que conoce el hombre primitivo es el grito, la oración, el sacrificio. No se puede volver contra Él, el Súperpoderoso, el Invencible en la oscuridad: de modo que tiene que humillarse, pedir su perdón, suplicarle, rogarle que aleje de su carne el ardiente dolor, pero, ¿Cómo llegar a él, el Invisible? ¿Cómo hablarle, cuando no se conoce su morada? ¿Cómo darle muestras de arrepentimiento, de sumisión, de propósito de enmienda y voluntad de sacrificio, muestras que para Él sean comprensibles? El pobre corazón de la humanidad primitiva, obtuso y torpe, no lo sabe; Dios no se manifiesta al ignorante, no se inclina hacia él en su vulgar tarea cotidiana, no se digna responderle, no le presta oídos. De modo que el hombre, desconcertado e impotente en su tribulación, tiene que buscarse a otro hombre que haga las veces de mediador entre él y Dios, un hombre sabio y experimentado, que conozca fórmulas y sortilegios para aplacar las fuerzas oscuras, calmar su ira. Y este mediador, en la época de las culturas primitivas, no es sino el sacerdote.

Así pues, la lucha por la salud en los tiempos primitivos de la humanidad no significa una lucha contra la enfermedad, sino una pugna por tener a Dios de su lado. Toda medicina de la Tierra empieza como teología, como culto, ritual y magia, como reacción del espíritu ante la prueba enviada por Dios. Al sufrimiento corporal no se le opone una asistencia técnica, sino un acto religioso. No se investiga la enfermedad, sino que se busca a Dios. No se tratan sus manifestaciones dolorosas, sino que se intenta eliminarla a fuerza de plegarias y expiaciones, redimirla ofreciendo a Dios promesas, sacrificios y ceremonias, pues sólo puede irse tal como vino, por medios sobrenaturales. Y así una plena unidad del sentimiento se opone a la unidad del fenómeno. Sólo hay una salud y una enfermedad y para ésta última, a su vez, una sola causa y una única curación: Dios. Y entre Dios y el sufrimiento sólo existe un mediador: el sacerdote, guardián a la vez del cuerpo y del alma. El mundo no está roto todavía, no está dividido, fe y ciencia forman aún una única instancia en el recinto sagrado del templo: no se puede procurar el consuelo de los males sin la contribución simultánea de las fuerzas espirituales, sin ritos, conjuros y oraciones. Por esta razón, los sacerdotes, conocedores de los misteriosos cursos de los astros, escudriñadores e intérpretes de los sueños, señores de los demonios, ejercen el arte de la medicina no como ciencia práctica, sino exclusivamente como secreto. Arte que no puede aprenderse, transmitido sólo a los elegidos, que pasa de generación en generación. Aunque por experiencia saben muchas cosas de medicina, los sacerdotes nunca dan un mero consejo práctico; postulan toda curación como un milagro y reclaman, por lo tanto, lugares sagrados, la elevación del espíritu y la presencia de los dioses. Sólo bendecido y purificado de cuerpo y alma puede el enfermo recibir la fórmula de la curación: los peregrinos que se dirigen al templo de Epidauro por arduos y largos caminos, deben pasar la víspera en oración, bañar el cuerpo, sacrificar un animal e informar al sacerdote de los sueños de la noche para que los interprete: sólo entonces les dará la bendición sacerdotal y les suministrará a la vez la ayuda médica para su restablecimiento. Pero siempre, como primer e indispensable requisito de toda curación, el alma tiene que acercarse a Dios mediante la fe; quien busca el milagro, tiene que prepararse para lo milagroso. En su origen, la ciencia médica es indisoluble de la ciencia divina, medicina y teología son en un principio un solo cuerpo y una sola alma.

Esta unidad del principio se rompe pronto, porque para llegar a ser independiente y asumir su función de mediadora entre la enfermedad y el enfermo, la ciencia tiene que despojar la enfermedad de su origen divino y excluir el enfoque religioso –sacrificio, culto, oración– como algo completamente superfluo. El médico se coloca al lado del sacerdote y pronto frente a él –la tragedia de Empédocles–, excluye el sufrimiento de la esfera sobrenatural y le devuelve al mundo de los fenómenos naturales, para tratar a la vez de eliminar los trastornos internos con los medios de este mundo, con los elementos de la naturaleza exterior: hierbas, jugos y minerales. El sacerdote se limita al servicio divino y rechaza la curación de los enfermos; el médico renuncia a cualquier actuación espiritual, al culto y a la magia: en lo sucesivo estas dos corrientes se separarán y seguirán cada una su propio curso. Con esta gran ruptura de la unidad primitiva, todos los elementos de la ciencia médica adquieren de inmediato un sentido completamente nuevo y confieren un color distinto a las cosas. Ante todo, ese fenómeno anímico general llamado "enfermedad" se desintegra en innumerables enfermedades particulares, perfectamente clasificadas. Y con ello su existencia queda desligada en cierto modo de la personalidad anímica del hombre. Enfermedad ya no significa algo que afecta al hombre entero, sino sólo a uno de sus órganos. (Virchow en el Congreso de Roma: "No existen enfermedades en general, sino únicamente enfermedades de los órganos y de las células".) Y así, la primitiva misión del médico se va transformando de modo natural, obligándole a enfrentarse a la enfermedad como un todo, a aceptar un cometido más limitado, el de localizar las causas de cada dolencia y asignarlas sistemáticamente a grupos de enfermedades clasificados y descritos anteriormente. Tan pronto como el médico reconoce la afección correctamente diagnosticada y le pone nombre, en realidad suele terminar aquí su misión propiamente dicha y entonces el tratamiento se aplica por sí mismo con la terapia prescrita para este "caso". Totalmente separada de la religión y de la magia, sobre la base de un sólido conocimiento científico, la medicina moderna ya no trabaja con intuiciones individuales, sino con realidades objetivas, y aun cuando agrade describirla poéticamente como "arte médico", hay que tomar esta noble palabra sólo en el sentido amplio de artesanía. Pues hace tiempo que la medicina no exige de sus discípulos un elitismo propio de sacerdotes, como antes, ni misteriosas fuerzas visionarias, ni una total armonía con las fuerzas universales de la naturaleza; ahora la vocación se ha convertido en profesión, la magia en sistema, la curación oculta en farmacología y ciencia de los órganos. La curación ya no se lleva a cabo como un acto anímico, como un acontecimiento milagroso, sino como un puro y casi calculado tratamiento por parte del médico; el estudio sustituye a la espontaneidad, el manual al Logos, al misterioso conjuro creador del sacerdote. Donde los antiguos métodos curativos exigían una suprema tensión anímica, los nuevos métodos de diagnosis clínica postulan del médico lo contrario, esto es, un espíritu claro y sangre fría, una absoluta objetividad y un ánimo sereno.

Esta objetivación y profesionalización inevitables del proceso curativo alcanzarían un apogeo todavía más extremado en el siglo XIX, pues entre la persona en tratamiento y el médico se interpuso un tercer elemento, un ser completamente inanimado:

el aparato. La mirada del médico nato, penetrante, que reúne los síntomas para formular el diagnóstico, se hace cada vez más superflua: el microscopio le descubre el germen bacteriológico, el manómetro comprueba las pulsaciones y el ritmo de la sangre, la radiografía le ahorra la visión intuitiva. Cada día más el laboratorio suple al médico en el diagnóstico, aquello que en su profesión era todavía un reconocimiento de su personalidad; en cuanto al tratamiento, lo sustituye ya la fábrica de productos químicos, que dosifica y prepara en cápsulas el fármaco que el *medicus* medieval tenía, según cada caso, que mezclar, medir y calcular con sus propias manos. La superioridad de la técnica, que en medicina se abre paso más tarde que en todos los demás campos, pero que al fin se afirma victoriosa, objetiva el proceso de curación en un esquema (magníficamente matizado y clasificado): la enfermedad, en otro tiempo irrupción de lo extraordinario en el mundo personal, se va convirtiendo precisamente en lo contrario de lo que había sido para la humanidad en sus orígenes, es decir, la mayoría de las veces en un caso "corriente", "típico", que tiene una duración calculada de antemano y un curso mecanizado, en un ejemplo racionalmente resoluble. A esta racionalización de dentro a fuera contribuye como eficaz complemento la organización externa; en las clínicas, esos formidables almacenes de miseria humana, las enfermedades son clasificadas en secciones especializadas, con sus gerentes, exactamente igual que en cualquier establecimiento comercial. También los médicos están agrupados: manuales ambulantes que van corriendo de cama en cama para examinar los «casos» particulares, buscando siempre y únicamente el órgano enfermo, la mayoría de las veces sin tiempo para echar una ojeada al rostro de la persona que lleva en sí la semilla de la dolencia. Las mastodónticas organizaciones de seguros médicos y de ambulatorios contribuyen lo suyo a esta des-espiritualización y despersonalización: surge una frenética actividad de masas en la que no hay tiempo para que prenda ni la más diminuta chispa de contacto entre médico y paciente, en la que resulta siempre imposible, ni con la mejor voluntad, avivar siquiera una llamarada de aquella misteriosa fuerza magnética que existe entre alma y alma. En cambio, el médico de cabecera se extingue como un fósil, como un ser antediluviano; este era el único que reconocía todavía al hombre en el enfermo, no sólo su estado físico, su constitución y sus cambios, sino también su familia y con ella muchas de sus limitaciones biológicas: él, el último en el que aún había algo de la antigua dualidad de sacerdote y de terapeuta. Pero los tiempos lo arrojan fuera de la cadena de montaje. Él contradice la ley de la especialización, de la sistematización, como el coche de caballos está en pugna con el automóvil. Por ser demasiado humano, no se acomoda al avanzado mecanismo de la medicina.

Contra esta despersonalización y absoluta des-espiritualización de la medicina se ha defendido desde siempre la inmensa masa del pueblo propiamente dicho, ignorante, pero que, sin embargo, posee una gran intuición. Igual que hace miles de años, el hombre primitivo de hoy, todavía no "cultivado", sigue mirando respetuoso la enfermedad como algo sobrenatural, sigue contraponiéndole el acto espiritual de la esperanza, el temor, la oración y el voto, su primer pensamiento vinculado a ella sigue siendo Dios, no la infección o la arteriosclerosis. Ningún manual, ningún profesor le podrán convencer jamás de que la enfermedad sobreviene de manera "natural" y, por lo tanto, de modo completamente fortuito e inocente, y por esta razón desconfía de antemano de toda práctica médica que prometa eliminar la enfermedad por medios sobrios, técnicos y fríos, es decir, sin alma. El rechazo por parte del pueblo del docto médico universitario nace en el fondo del anhelo –un instinto común heredado– de un "médico natural", vinculado al universo, hermanado con los animales y las plantas, experto en misterios, convertido en médico y autoridad por instinto, no por una licenciatura; el pueblo sigue queriendo, en lugar del experto que posee una ciencia de las enfermedades, al "hombre de la medicina", que tiene poder sobre la enfermedad. Por más que desde hace tiempo la brujería y la demonomanía se hayan volatilizado con la luz eléctrica, la fe en estos hombres milagreros y hechiceros ha permanecido mucho más viva de lo que se suele admitir públicamente. Y el mismo respeto estremecido que sentimos por el genio, por el hombre incomprensiblemente creador que hay en un Beethoven, un Balzac o un Van Gogh, todavía hoy lo concentra el pueblo en aquel en el que cree descubrir poderes curativos superiores a los normales: sigue prefiriendo como mediador, en lugar del frío instrumento, al hombre vivo y de sangre caliente, del cual "emana el poder". La herbolaria, el ovejero, el exorcista y el hipnotizador, precisamente porque practican su poder curativo no como ciencia, sino como arte y además como nigromancia prohibida, despiertan en el mundo rural más confianza que el médico municipal con título y derecho a pensión. A medida que la medicina se vuelve más técnica, racional y especializada, con más vehemencia se vuelve contra ella el instinto de la amplia masa: recóndita y subterránea sigue fluyendo por el alma profunda del pueblo desde hace años esta corriente contra la medicina académica, a pesar de la instrucción escolar.

La ciencia nota esta resistencia desde hace mucho tiempo y la combate, pero en vano. No ha servido de nada que se aliara con el poder del Estado y forzara incluso una ley contra los curanderos y naturistas: los movimientos que en lo más hondo son religiosos nunca se dejan sofocar del todo por artículos legales. Como en tiempos medievales, siguen hoy ejerciendo a la sombra de la ley innumerables curanderos sin título, por lo tanto, ilegítimos en el sentido oficial, y no cesan las escaramuzas, la guerra de guerrillas, entre prácticas naturistas, curaciones milagrosas y la terapéutica científica. Pero los auténticos y más peligrosos adversarios de la ciencia académica no provienen de las casas de labriegos ni de los campamentos gitanos, sino de sus propias filas; así como la Revolución Francesa y cualquiera otra no tomó a sus caudillos del pueblo, sino que el poder de la nobleza fue zarandeado por los nobles que tomaban partido contra su propia clase; así también en la gran revuelta contra la extremada especialización de la medicina académica han sido siempre médicos aislados e independientes los que han llevado la voz cantante. El primero que lucha contra la desespiritualización, en contra de desvelar la curación milagrosa, es Paracelso. Con el mazo de su rudeza campesina arremete contra los "doctores" y culpa a su arrogante saber libresco de querer descomponer el microcosmos del hombre como un reloj artificial y volverlo a montar. Combate la altanería, el dogmatismo autoritario de una ciencia que ha perdido toda relación con la sublime magia de la *natura naturans*, que no tiene idea ni respeto por las fuerzas elementales e ignora la corriente que emana tanto del alma individual como de la universal. Y por más dudosas que puedan parecer hoy sus recetas, la influencia espiritual de este hombre sigue aumentando, por decirlo así, bajo la piel del tiempo y desemboca luego, a principios del siglo XIX, en la llamada medicina "romántica", que, paralelamente al movimiento filosófico y poético, aspira de nuevo a una superior unión entre cuerpo y alma. Con su fe ciega en el alma universal de la naturaleza, defiende el convencimiento de que ella es la más sabia doctora y no necesita del hombre sino como ayudante, a lo sumo. Así como la sangre, sin haber sido aleccionada por ningún químico, se crea ella misma antitoxinas contra cualquier veneno, también el organismo, que se sustenta y transforma a sí mismo, sabe las más de las veces poner fin él solo a la enfermedad. Por eso, la misión principal de toda medicina humana debería ser la de no cruzarse obstinadamente en el camino de la naturaleza, sino fortalecer la voluntad de curación, latente en el interior del hombre, en todos los casos de enfermedad. Este impulso se puede dar por medios psíquicos, espirituales o religiosos a menudo con tanta eficacia como con simples aparatos y recursos químicos; el resultado propiamente dicho se produce siempre y sólo desde dentro, no desde fuera. La naturaleza misma es el "médico interior" que todos llevamos dentro desde el momento de nacer y que por esta razón sabe más de enfermedades que el especialista, el cual examina los síntomas sólo desde fuera: la enfermedad, el organismo y el problema de la curación son vistos de nuevo como una unidad, esta vez por la medicina romántica. De esta idea primigenia de la autodefensa del organismo contra la enfermedad parte en el siglo XIX toda una serie de sistemas. Mesmer fundamenta su teoría del magnetismo en la "voluntad de sanar" del hombre; Mary Baker-Eddy de la *Christian Science*, en la fuerza productiva de la fe, y así como estos dos maestros utilizan la fuerza interior de la naturaleza, los otros aplican las exteriores: los homeópatas, las materias puras; Kneipp y los demás defensores de la medicina natural, los elementos regeneradores, agua, sol y luz, pero todos renuncian unánimemente a la medicación química, a los aparatos y, con ello, a las últimas conquistas de la ciencia moderna. La réplica común de todas estas medicinas naturalistas, curas milagrosas y "curaciones por el espíritu" contra la patología local académica, se puede sintetizar en una fórmula escueta: la medicina científica trata al enfermo y a su enfermedad como *objeto* y le asigna un papel casi despectivo de *pasividad*; el paciente no tiene nada que decir ni que preguntar, nada que hacer salvo seguir obediente y mecánicamente las órdenes del médico y apartarse lo más posible del tratamiento. La clave está en la palabra "tratamiento", pues, mientras en la medicina científica el enfermo es *tratado* como objeto, la curación por el espíritu le exige ante todo que él mismo *se trate* anímicamente, que, como *sujeto*, como agente y ejecutor principal de la cura, desarrolle la máxima *actividad* posible contra la enfermedad. En este llamamiento al enfermo a animarse, a concentrar toda su voluntad y oponer la totalidad de su ser a la totalidad de la dolencia, consiste el auténtico y único medicamento de todas las curas psíquicas, y la mayoría de las veces la intervención del maestro se limita a pronunciar las palabras. Pero quien conoce los prodigios de que es capaz el logos, la palabra creadora, ese movimiento mágico de los labios en el vacío, que ha erigido y destruido incontables mundos, no se asombrará de que también en el arte médico, como en todas las demás esferas, innumerables veces se produzcan verdaderos milagros con la sola palabra, de que una simple palabra de aliento o una mirada, esos mensajes de una personalidad a otra, restablezca a veces la salud a órganos completamente quebrantados sólo a través del espíritu. Aunque asombrosas, estas curaciones no son milagros ni casos excepcionales, sino que reflejan una ley, para nosotros todavía misteriosa, de las relaciones superiores entre cuerpo y alma, que quizá en tiempos venideros se podrá definir con más precisión; baste para nuestra época que se haya dejado de negar la posibilidad de curación por medios puramente anímicos y se haya tributado un cierto respeto cohibido a fenómenos que no se pueden atribuir a la mera ciencia.

Estas defecciones de algunos médicos que se alejan de la medicina académica forman parte, a mi juicio, de los episodios más interesantes de la historia de la cultura, pues dentro de la historia de los grandes logros de la humanidad, y en articular la del espíritu, no hay nada que se le pueda comparar en fuerza dramática a un individuo débil y aislado rebelándose solo contra una organización colosal que abraza el mundo entero. Ya sea Espartaco, el esclavo apaleado, contra las legiones y cohortes del Imperio Romano, ya el pobre Pugachov contra la gigantesca Rusia, ya Lutero, el monje agustino de frente ancha, contra la todopoderosa *fides catolica*, siempre que un hombre no ha empleado otra cosa sino la fuerza de su fe interior contra todas las potencias aliadas del mundo y se lanza a un combate que parece insensato por su total falta de probabilidades de éxito, precisamente entonces se manifiesta toda la tensión creadora de su espíritu y saca fuerzas inconmensurables de la nada. Cada uno de nuestros grandes fanáticos de la "curación por el espíritu" ha reunido a su alrededor a centenares de miles, cada uno con sus actos y sus curaciones ha despertado y conmovido la conciencia de la época, de cada uno de ellos han emanado fuertes corrientes en el campo de la ciencia. Es fantástico imaginarse la situación: en unos tiempos en los que la medicina lleva a cabo verdaderos prodigios gracias a un fabuloso desarrollo de la técnica, en los que ha aprendido a dividir, observar, fotografiar, medir, modificar y transformar los más diminutos átomos y moléculas, en los que todas las demás ciencias exactas de la Naturaleza siguen con éxito sus pasos y la materia orgánica ha dejado de ser un misterio, precisamente en este momento toda una serie de investigadores independientes pone de manifiesto la superfluidad de todo ese aparato en muchos casos. Exponen abierta e irrefutablemente que hoy como antes se pueden lograr curaciones simplemente con las manos, a través del espíritu, precisamente en los casos en los que antes de ellos había fracasado la grandiosa maquinaria de precisión de la medicina académica. Visto desde fuera, su sistema es incomprensible, casi ridículo por su falta de vistosidad; médico y paciente, sentados frente a frente, parece que simplemente charlan como amigos. No hay radiografías, ni instrumentos de medición, ni corrientes eléctricas, ni lámparas de cuarzo, ni siquiera un termómetro, nada de todo el arsenal técnico que constituye el legítimo orgullo de nuestra época, y sin embargo su antiquísimo método funciona a menudo con mayor eficacia que la terapia más avanzada. El hecho de que circulen ferrocarriles no ha modificado en lo más mínimo la constitución anímica del hombre. ¿No llevan todos los años a la gruta de Lourdes a cientos de miles de peregrinos que aspiran a curarse simplemente con un milagro? Y el hecho de que se hayan descubierto las corrientes de alta frecuencia tampoco en nada ha modificado la actitud del hombre respecto del misterio, pues en 1930 vemos surgir en Gallspach, oculta en la varita mágica de una personalidad magnética, una gran ciudad con hoteles, sanatorios y centros de ocio, alrededor de un solo hombre. Ningún hecho ha demostrado tan palpablemente como el mil veces repetido éxito de las curas por sugestión y de las curaciones milagrosas, cuántas e inmensas reservas de fe existen todavía en el siglo XX y cuántas posibilidades prácticas de curación ha despreciado conscientemente, durante muchos años, la medicina de orientación bacteriológica y celular, porque siempre ha negado con tenacidad cualquier posibilidad de lo irracional y ha excluido de sus cálculos exactos la ayuda que el espíritu pueda aportar al individuo.

Por supuesto nada de este nuevo sistema arcaico de curación ha hecho retroceder ni un ápice la espléndida organización de la medicina moderna, insuperable por su trabajo metódico y polifacético; el triunfo de algunos sistemas y de algunas curas que siguen métodos psíquicos no demuestra en absoluto que la medicina científica estuviera de por sí equivocada, sino que se limitaba a condenar aquel dogmatismo que se aferraba exclusivamente a los métodos curativos más modernos como los únicos válidos y posibles, y se burlaba arrogantemente de cualesquiera otros por anticuados, erróneos e imposibles. Es sólo esta presunción autoritaria la que ha sufrido un duro golpe. No en vano, los innegables éxitos aislados de los métodos psíquicos de curación que se expondrán han promovido una intensa reflexión precisamente entre los líderes espirituales de la medicina. Una duda, leve pero perceptible incluso para nosotros los profanos, se ha infiltrado en sus filas acerca de si (como admite públicamente un hombre de la talla de Sauerbruch) "el concepto de las enfermedades puramente bacteriológico y serológico no ha llevado la medicina a un callejón sin salida"; de si es cierto que, mediante la especialización por una parte y el predominio del cálculo cuantitativo por otra, en lugar de la diagnosis personal, la medicina no empieza a pasar de ser un servicio a la humanidad a un fin en sí mismo y algo extraño al hombre; de si –para repetir una fórmula feliz– "el médico no se ha convertido demasiado en estudiante de medicina. Lo que hoy se designa como crisis de conciencia de la medicina" no es en absoluto algo propio y exclusivo de esta profesión, sino que está inscrito en el fenómeno colectivo de la inseguridad europea, en el relativismo general que, tras décadas de afirmaciones dictatoriales y reprobaciones tajantes en todas las categorías de la ciencia, enseña finalmente a los expertos a volver la cabeza y preguntar. Empieza a dibujarse una cierta y satisfactoria generosidad, desgraciadamente extraña al mundo académico: así, por ejemplo, el excelente libro de Aschner titulado *Crisis de la medicina* presenta un gran número de ejemplos sorprendentes, de curaciones que ayer y anteayer eran ridiculizadas y tachadas de medievales (poco más o menos como las sangrías y las cauterizaciones) y que hoy se han convertido de nuevo en las más novedosas y actuales. Con actitud imparcial y, al fin, llena de curiosidad por conocer su naturaleza legal, mira la medicina el fenómeno de las "curaciones por el espíritu" que todavía en el siglo XIX eran reprobadas y ridiculizadas despectivamente por los graduados como embustes, patrañas e idioteces, y se llevan a cabo serios esfuerzos para adaptar poco a poco sus logros marginales (por ser meramente psíquicos) a los de la exacta medicina clínica. De manera inequívoca se nota en los médicos más juiciosos y humanos una nostalgia por el viejo universalismo, un deseo vehemente de volver a encontrar el camino que les lleve de la exclusiva patología local a una terapia constitucional, un deseo de saber no sólo acerca de las enfermedades particulares que afectan al hombre, sino acerca de la personalidad que este hombre representa. Después de que el afán productivo de saber ha investigado el cuerpo y la célula como sustancia general casi hasta la molécula, al fin vuelve de nuevo la mirada hacia la totalidad de la esencia de la enfermedad, siempre diferente, y busca tras las particularidades locales otras de carácter superior. Nuevas ciencias –tipología, fisionomía, genotipia, psicoanálisis, psicología individual– tratan de llevar de nuevo al primer plano de la investigación las características no genéricas de cada individuo, la unicidad de cada persona; y las conquistas de la psicología extra-académica, los fenómenos de la sugestión, de la autosugestión, los descubrimientos de Freud y de Adler, ocupan cada día más la atención de todo médico consciente.

Separadas desde hace siglos, las corrientes de la medicina orgánica y psíquica empiezan a acercarse de nuevo, pues todo desenvolvimiento hacia puntos cada vez más altos –¡la imagen de la espiral de Goethe!– vuelve forzosamente a su punto de partida. Toda mecánica acaba preguntando por la última ley de su movimiento, toda separación tiende de nuevo a la unidad, todo lo racional vuelve una y otra vez a lo irracional, y cuando, después de siglos, una ciencia estricta ha ahondado unilateralmente en la materia y la forma del cuerpo humano hasta sus fundamentos, se plantea de nuevo la cuestión del "espíritu que construye el cuerpo".

Este libro no pretende en absoluto ser una historia sistemática de todos los métodos de curación por el espíritu. A mí sólo me corresponde dar forma a unas ideas, mostrar cómo un pensamiento crece en un hombre y luego, mediante este hombre, cómo pasa al mundo: este fenómeno psicoespiritual me ha parecido siempre el ilustrador más gráfico de una idea que cualquier referencia de crítica histórica. Por esta razón me he limitado a escoger a tres personajes que, cada uno por caminos distintos e incluso opuestos, han llevado a la práctica el mismo principio de la curación por el espíritu en cientos de miles de casos: Mesmer, fortaleciendo la voluntad de sanar mediante la sugestión; Mary Baker-Eddy, por el éxtasis anestésico de la fe; Freud, enseñando a conocerse a uno mismo para poder eliminar los conflictos que inconscientemente perturban el alma. Personalmente no he podido experimentar ninguno de estos métodos de curación ni como médico ni como paciente; a ninguno de ellos me siento ligado por el fanatismo de la convicción ni por razón alguna de gratitud particular. Así pues, confío en que, al presentar estas figuras por amor a la psicología exclusivamente, lo haré con absoluta independencia y no seré mesmerista en mi retrato de Mesmer, ni científico cristiano en el de Baker-Eddy, ni psicoanalítico convencido en el de Freud. Soy plenamente consciente de que cada una de estas teorías podría ser eficaz sólo superando sus principios, de que cada una de ellas es una forma exagerada que sucede a otra exageración, y, sin embargo, citando a Hans Sachs, "no digo que sea un error". Así como es propio de la ola pasar por encima de ella misma, así también es propio de la fuerza evolutiva de toda idea buscar su forma más extrema. Lo más decisivo para el valor de una idea no es cómo se lleva a la práctica, sino el grado de realidad que contiene. No lo que es, sino los efectos que produce. "Sólo los extremos –dice de forma admirable Paul Valéry– confieren valor al mundo, sólo el término medio le da estabilidad".

Salzburgo, 1930

Franz Anton Mesmer

Debéis saber que la acción de la voluntad
es un factor importante en medicina.
Paracelso

LOS PRECURSORES Y SU TIEMPO

> *Sobre nada se juzga con tanta ligereza como sobre el carácter de la persona y, sin embargo, en nada se debería proceder con más cautela. Nunca se tiene menos en cuenta el conjunto, a pesar de que determina el carácter, como en este caso. Siempre he observado que los llamados malos ganan y los buenos pierden.*
> LICHTENBERG

A lo largo de un siglo, Franz Anton Mesmer, ese Winkelried de la psicología moderna, ha estado en la picota de los farsantes y los charlatanes, junto con Cagliostro, el conde de Saint-Germain, John Law y otros aventureros de su época. En vano protesta el severo solitario entre los pensadores alemanes contra este deshonroso veredicto de las universidades, inútilmente pondera Schopenhauer el mesmerismo como "el más sustancial, desde el punto de vista filosófico, de todos los descubrimientos, aunque de momento plantea más enigmas que soluciones". Pero, ¿qué juicio es más difícil de rebatir que un prejuicio? La maledicencia se extiende sin el menor escrúpulo y así uno de los investigadores alemanes más íntegros, un intrépido corredor de fondo, que, guiado por la luz y por fuegos fatuos, ha mostrado el rastro de una nueva ciencia, sigue siendo considerado como un equívoco iluso, un soñador de mala fe, y todo esto sin que alguien se haya tomado la molestia de comprobar cuántas sugerencias importantes y transcendentales para el mundo han nacido de sus errores y de sus exageraciones iniciales, hace tiempo superados.

La tragedia de Mesmer fue que llegó demasiado pronto y demasiado tarde. La época en la que entró en escena es la "sabihonda" (otra vez Schopenhauer) época de la Ilustración, la cual, precisamente porque se pavonea con tanto orgullo de su razón, abjura completamente de la intuición. Al oscuro pensamiento de la Edad Media, basado en respetuosos e intrincados presentimientos, siguió el pensamiento llano de los enciclopedistas, los omniscientes, que traducían la palabra según su sentido más obvio, aquella dictadura de basto materialismo de los Hollbach, La Mettrie, Condillac, para la que el universo era un mecanismo interesante, pero todavía mejorable, y el hombre simplemente un curioso autómata pensante. Henchidos de orgullo porque ya no quemaban brujas, presentaban la buena y vieja Biblia como un simple libro de cuentos para niños, y habían arrebatado de la mano de Dios el rayo con el invento de Franklin. Estos ilustrados (y sus imitadores alemanes de medio pelo) declaraban que no era sino una ilusión absurda todo lo que no se podía sujetar con pinzas o demostrar con la regla de tres, barriendo de este modo del universo de su *dictionnaire philosophique*, claro y transparente (y, como el cristal, igualmente frágil), junto con la superstición, cualquier germen de mística. Todo lo que no era demostrable matemáticamente como función, su brillante arrogancia lo declaraba una quimera; lo que no se podía aprehender por los sentidos era descartado, no ya por incomprensible, sino lisa y llanamente por no existente.

En una época tan arrogante e impía, que idolatra su propia y jactanciosa *ratio*, aparece de improviso un hombre que afirma que nuestro universo no es en absoluto un espacio vacío e inanimado, una nada muerta, apática, alrededor del hombre, sino algo constantemente penetrado por ondas invisibles, inexplicables y sólo perceptibles por el alma, por misteriosas corrientes y tensiones que entran en contacto y se estimulan mutuamente en un intercambio constante, de alma a alma, de sentido a sentido. Inexplicable y por hoy sin nombre, quizás esa misma fuerza que irradia de estrella a estrella y guía a los hipersomnes a la luz de la luna, ese fluido desconocido, esa materia universal, pueda transmitirse de hombre a hombre, producir cambios en las enfermedades del alma y del cuerpo y restablecer así la suprema armonía que llamamos salud. Dónde radica esta fuerza primitiva, cuál es su verdadero nombre, su verdadera naturaleza, son cuestiones a las que él, Franz Anton Mesmer, no puede, ciertamente, dar una respuesta definitiva; de momento llama a esa materia activa, *ex analogia*, magnetismo. Pero pide a los académicos, insta a los profesores a que experimenten por sí mismos los sorprendentes efectos que produce este tratamiento por la simple frotación con la yema de los dedos; a que investiguen, siquiera por una vez, con imparcialidad, todas las crisis patológicas, los estados enigmáticos, las curaciones casi mágicas que él consigue en los casos de trastornos nerviosos por la sola acción del magnetismo (hoy la llamamos sugestión). Sin embargo, la dogmática erudición de los académicos se niega obstinadamente a echar siquiera una mirada imparcial a todos estos fenómenos presentados y cien veces demostrados por Mesmer. Aquel fluido, aquella fuerza de transmisión simpatética, cuya naturaleza no se puede explicar con claridad (¡esto ya es sospechoso!), no se encuentra en el compendio de todos los oráculos, en el diccionario filosófico, y, por consiguiente, no puede existir. Los fenómenos que Mesmer presenta no parecen explicables por la razón pura. Por lo tanto, no existen.

Franz Anton Mesmer aparece un siglo demasiado pronto y algunos siglos demasiado tarde. Los primeros tiempos de la medicina habrían seguido con esmerado interés sus singulares ensayos, porque la gran alma de la Edad Media contaba con espacio suficiente para todo lo incomprensible. Todavía era capaz de admirarse con ingenuidad infantil y de creer más en sus propias emociones que en el desnudo testimonio de los ojos. Era una época crédula porque en el fondo deseaba creer y, por ello, a sus pensadores, tanto los piadosos teólogos como los profanos, nunca les hubiera parecido absurdo el dogma de Mesmer, según el cual, entre el microcosmos y el macrocosmos, entre el alma universal y la individual, entre la estrella y la humanidad, reinaba una relación trascendente, afín a la materia; habrían encontrado incluso natural su hipótesis de que un hombre puede actuar sobre otro hombre como por hechizo, por la magia de su voluntad y su sabio proceder. Sin recelo, por lo tanto, con el corazón expectante de curiosidad, aquella fáustica omnisciencia del mundo habría contemplado los ensayos de Mesmer, y tampoco la ciencia moderna habría tildado de embustes o de prodigios la mayoría de los resultados psicotécnicos de este primer magnetismo. Precisamente porque día tras día, incluso casi hora tras hora, nos vemos sorprendidos por nuevas e increíbles maravillas en el campo de la física y de la biología, hoy no nos precipitamos y concebimos dudas de conciencia antes de dar por falso algo que aún ayer era inverosímil, y de hecho muchos hallazgos y experimentos de Mesmer se incorporan sin dificultad alguna a nuestra cosmovisión de hoy. ¿Quién piensa cuestionar actualmente que nuestros nervios y nuestros sentidos están sujetos a misteriosas leyes, que somos "un capricho de la presión del aire", influenciables a través de la sugestión por innumerables impulsos internos y externos? Nosotros, a quienes una palabra acabada de pronunciar nos lleva a través de los océanos en el mismo instante, ¿no aprendemos todos los días de nuevo que nuestro éter está animado por vibraciones y ondas vivas e intangibles? No, ya no nos asusta la idea tan controvertida de Mesmer según la cual de nuestra existencia individual emana una única y determinada fuerza que va más allá de las terminaciones nerviosas y puede actuar casi de forma mágica sobre la voluntad y el ser de otra persona. Pero, fatalidad: Mesmer ha llegado demasiado pronto o demasiado tarde; precisamente la época en la que ha tenido la desdicha de ver la luz no posee ningún órgano para percibir la vagamente respetuosa intuición. No hay claroscuro en las cosas del alma: ¡ante todo orden y luz meridiana! De modo que allí donde el misterioso crepúsculo del consciente y del inconsciente empieza su juego creador de transición, el frío ojo diurno de esta ciencia racionalista se muestra totalmente ciego. Y puesto que no reconoce el alma como fuerza individual y creadora, tampoco su medicina ve en el mecanismo *homo sapiens* sino lesiones de los órganos, un cuerpo enfermo, pero nunca un estremecimiento del alma. No es de extrañar, pues, que para sus trastornos no conozca otra cosa que la bárbara ciencia del curandero: purgas, sangrías y agua fría. A los perturbados mentales se los ata a la rueda, se les hace dar vueltas hasta que les sale espuma por la boca, o se los azota hasta el agotamiento; a los epilépticos se les llena el estómago con los potingues de un charlatán, y a todas las afecciones nerviosas se las califica simplemente de no existentes, porque no se sabe cómo abordarlas. Y ahora, cuando ese incómodo marginado llamado Mesmer alivia por primera vez estas enfermedades con su influencia magnética, por lo cual parece mágica, he aquí que la indignada Facultad vuelve los ojos y afirma que no ha visto sino bufonería y engaño.

En este desesperado encuentro de avanzada por una nueva psicoterapia, Mesmer se halla completamente solo. Sus discípulos y colaboradores lo siguen a medio siglo o un siglo de distancia. Y lo trágico de esta soledad es que ni siquiera una firme confianza en sí mismo cubre las espaldas de este combatiente solitario. Pues Mesmer sólo intuye la dirección, todavía no conoce el camino. Tiene la impresión de estar sobre la buena pista, por azar se sabe cerca de un misterio, tan cerca que le quema, un gran y fecundo misterio; sin embargo, sabe que él solo no lo puede descifrar ni desvelar por completo. Por eso, impresiona hondamente ver cómo este hombre, desacreditado como charlatán durante un siglo por la frívola maledicencia, pide apoyo y ayuda a los médicos, sus colegas; del mismo modo que Colón antes de zarpar anda vagando de corte en corte con su plan para encontrar la ruta de las Indias, también Mesmer acude a una y otra academia solicitando interés y ayuda para su idea. Él, al igual que su hermano mayor en los descubrimientos, parte de un error en el inicio de su carrera, pues, encerrado todavía en la ilusión medieval del arcano, cree que con su teoría magnética ha hallado la panacea, las eternas Indias de la antigua medicina. En realidad, sin saberlo, hace tiempo que ha descubierto mucho más que una nueva ruta: como Colón, ha encontrado un nuevo continente de la ciencia, con innumerables archipiélagos y tierras completamente vírgenes: la psicoterapia. Pues todos los dominios de la psicología, hoy ya trillados, la hipnosis y la sugestión, la *Christian Science* y el psicoanálisis, incluso el espiritismo y la telepatía, forman parte de la tierra virgen que aquel trágico solitario descubrió sin saber que había penetrado en un continente diferente del de la medicina. Otros han arado sus dominios y recogido los frutos de las simientes que él había esparcido en la tierra yerma; otros han cosechado la fama, mientras el nombre de Mesmer era soterrado vilmente por la ciencia en el desolladero de herejes y charlatanes. Sus contemporáneos lo procesaron y lo condenaron. Ahora los tiempos han madurado y es el momento de juzgar a sus jueces.

RETRATO

En 1773 Leopold Mozart comunica a su esposa en Salzburgo: "No te mandé carta en el último correo porque asistí a una gran velada musical en casa de nuestro amigo Mesmer, en el jardín de la Landstrasse. Mesmer toca muy bien la armónica de cristal de *miss* Dewis, es el único en Viena que ha aprendido a tocarla y posee una mucho más bonita que la de ella. Wolfgang también ha interpretado algunas piezas". Se ve que son buenos amigos el médico vienés, el músico de Salzburgo y su famoso hijo. Ya unos años antes, cuando el tristemente célebre director de la ópera real Afligio (que terminó en galeras) se negó, a pesar de la orden imperial, a representar *La finta semplice*, la primera ópera de Wolfgang Amadeus, que contaba catorce años, intervino Franz Anton Mesmer, mecenas musical, más audaz que el emperador y la corte, y ofreció su pequeño teatro de jardín para la ópera *Bastien y Bastienne* en alemán, asegurándose así en la historia, junto con otras glorias, la de haber apadrinado la primera obra lírica de Wolfgang Amadeus Mozart. El pequeño Wolfgang no olvidó aquel acto de amistad: habla de Mesmer en todas sus cartas y dice que donde más a gusto se siente es en casa de su "querido Mesmer". Y cuando en 1781 fijó definitivamente su residencia en Viena, visitó a menudo en coche postal la casa familiar situada a las afueras de Schlagbaum. "Escribo en el jardín de Mesmer de la Landstrasse". Así empieza su primera carta al padre el 17 de marzo de 1781. Y en *Così fan tutte* erigió el conocido monumento humorístico a su erudito amigo. Todavía hoy, y probablemente durante siglos, un alegre recitativo acompaña los versos sobre Franz Anton Mesmer:

Aquí la piedra imán
os lo demostrará,
un día Mesmer la utilizó,
él, que tuvo su origen
en un cantón alemán

y tan famoso se hizo
en Francia.

Pero este singular doctor Franz Anton Mesmer no es tan sólo un erudito, un amante del arte y un filántropo, sino también un hombre rico. Pocos vieneses de la burguesía poseían entonces una casa tan magnífica, alegre y acogedora como la de la Landstrasse 261, un auténtico pequeño Versalles a orillas del Danubio. En el amplio, espacioso y casi principesco jardín, toda clase de curiosidades de estilo rococó hacía las delicias de los invitados: bosquetes, arboledas umbrosas con estatuas clásicas, una pajarera, un palomar, aquel coquetón teatro al aire libre (por desgracia olvidado hace tiempo), en el que se estrenó *Bastien y Bastienne*, una piscina redonda de mármol, que más adelante, con ocasión de las curas magnéticas, sería testigo de curiosas escenas, y, en una pequeña elevación, un *belvedere* desde el que se puede contemplar una vasta panorámica del Danubio hasta el Prater. No es de extrañar que la sociedad vienesa, amante de la conversación y de la buena vida, guste reunirse en esta hermosa casa, pues el tal doctor Franz Anton Mesmer figura entre los más distinguidos burgueses desde que se ha casado con la viuda del consejero áulico Van Bosch, poseedora de una fortuna de más de treinta mil florines. Su mesa (como cuenta Mozart) está siempre dispuesta para amigos y conocidos, se come y se bebe espléndidamente junto a este hombre cultísimo y jovial, y tampoco faltan los placeres del espíritu. Aquí se oyen, mucho antes de que vayan a la imprenta y sean ejecutados en general sobre la partitura manuscrita, los más recientes cuartetos, las arias y las sonatas de Haydn, Mozart y Glück, amigos íntimos de la casa, y también las últimas composiciones de Puccini y Righini. Quien, en cambio, prefiere hablar de temas intelectuales en lugar de escuchar música, encuentra en el anfitrión un interlocutor instruido en todos los campos. Pues este presunto farsante, Franz Anton Mesmer, es toda una personalidad incluso entre los eruditos. Hijo de un guardabosque episcopal, nació el 23 de mayo de 1734 en

Iznang, a orillas del lago de Constanza; cuando se traslada a Viena para ampliar sus estudios, ya es *studiosus emeritus* de teología en Ingolstadt y doctor en filosofía. Pero esto no es suficiente, por mucho tiempo, para su inquieto espíritu. Como otrora el doctor Fausto, quiere abarcar la ciencia por todos los costados. Estudia primero derecho en Viena, y finalmente ingresa en la cuarta facultad, la de medicina. El 27 de mayo de 1766, Franz Anton Mesmer, aunque ya dos veces doctor, *autoritate et consensu illustrissimorum, perillustrium, magnificorum, spectabilium, clarissimorum professorum*, se gradúa también solemnemente como doctor en medicina; el *lumen* de la Academia María Teresa, el famosísimo profesor y médico de la corte, Van Swieten, firma de su puño y letra el diploma de doctorado. Sin embargo, convertido en un hombre rico por su matrimonio, Mesmer no quiere aprovechar su título para ganar dinero. No tiene prisa por ejercer la medicina y prefiere seguir de cerca, como diletante erudito, los descubrimientos de otros campos como la geología, la física, la química y las matemáticas, los avances en la filosofía y sobre todo en la música. Él mismo toca tanto el piano como el violoncelo, es el primero en introducir la armónica de cristal, para la que Mozart compondrá más adelante un quinteto. Las veladas musicales en la casa de Mesmer no tardan en convertirse en unas de las más apreciadas en la vida intelectual de Viena y, junto con el pequeño salón de música de Van Swieten, cerca de Tiefer Graben, donde todos los domingos acuden Haydn, Mozart y más tarde Beethoven, la casa de la Landstrasse 261 es considerada como el más selecto refugio del arte y de la ciencia.

Este hombre tan denostado, que más adelante será reprobado tan malévolamente como intruso de la medicina y curandero ignorante, este Franz Anton Mesmer no es un cualquiera, uno se da cuenta enseguida al momento de conocerlo. Hombre bien proporcionado y de ancha frente, externamente llama la atención por su estatura y su porte majestuoso. Cuando aparece en un salón de París con su amigo Christoph Willibald Glück, todas las miradas se vuelven curiosas hacia estos dos alemanes, hijos de Enac, que sobrepasan en una cabeza la estatura normal. Lástima que los pocos retratos conservados no dibujen con exactitud la impresión que causan los rasgos de su fisonomía; de todos modos, se puede ver un rostro armonioso y bien formado, unos labios húmedos, una barbilla llena y carnosa, y una frente magníficamente arqueada sobre sus ojos claros, de un color gris de acero; una seguridad reconfortante emana de este hombre imponente, que llegará a una ancianidad patriarcal con una salud a toda prueba. Nada más erróneo, pues, que imaginarse en la persona de ese gran magnetizador a un hechicero, un fantasma demoníaco de ojos flameantes y relámpagos diabólicos, un Svengali o un doctor Spallanzani; al contrario, lo que todos sus contemporáneos destacan unánimemente como su principal característica es la paciencia infinita e imperturbable. Más melancólico que irascible, más tenaz que impetuoso, el valiente zuavo ("no tiene miedo") observa los fenómenos, y de la misma manera como recorre una habitación a grandes y mesurados pasos, firmes y pesados, así avanza pausado y decidido en sus investigaciones, yendo de una observación a otra, despacio pero imperturbable. No piensa en incursiones espectaculares y fulgurantes, sino en resultados cautos y por lo mismo irrefutables, y ninguna oposición ni irritación puede alterar su impenetrable calma. Esta calma, esta tenacidad, esta gran y persistente paciencia representan el verdadero genio de Mesmer. Y sólo a su retraimiento inusualmente comedido, a su manera de ser sociable y desprovista de ambición, debe la curiosidad histórica el hecho de que un hombre rico e importante sólo tenga amigos en Viena y ningún enemigo. Todo el mundo elogia sus conocimientos, su carácter sencillo y simpático, su mano siempre tendida y su mente abierta: *Son âme est comme sa découverte simple, bienfaisant et sublime*. Incluso sus colegas, los médicos de Viena, aprecian a Franz Anton Mesmer como *medicus* excelente..., claro que sólo hasta el momento en el que tenga la osadía de andar por derroteros propios y, sin el consentimiento de la Facultad, lleve a cabo un descubrimiento que conmocionará el mundo. Entonces, de repente, se acabará la simpatía y empezará una lucha por el ser o no ser.

LA CHISPA QUE PRENDE

En el verano de 1774, un distinguido extranjero visita Viena con su esposa. Ésta, presa de repentinos calambres de estómago, pide al conocido astrólogo jesuita Maximilian Hell, que le prepare con fines curativos un imán manejable para podérselo aplicar al estómago. Que la piedra imán poseía propiedades curativas especiales –suposición un tanto rara para nosotros– era para la medicina mágica y simpatética de antaño un hecho incontestable. El porfiado comportamiento del imán –Paracelso lo llamará más tarde el "monarca de todos los misterios"– ya había causado conmoción entre los antiguos, pues este elemento extraño entre todos los minerales muestra propiedades muy singulares: mientras el plomo, el cobre, la plata, el oro, el estaño y el vulgar e inerte hierro, carecen de vida propia y obedecen sólo a la fuerza de la gravedad, este único y extraordinario elemento entre todos manifiesta una especie de actividad psíquica independiente. El imán atrae hacía sí con autoridad el otro metal, el hierro muerto; como sujeto único es capaz de expresar dentro del simple objeto algo así como una voluntad personal, y su comportamiento autocrático invita a pensar, involuntariamente, que obedece a leyes distintas de las terrenales, y quizá de las astrales. Convertido en afilada aguja, mantiene imperturbable su férreo dedo en dirección al polo, es guía de barcos e indicador de caminos para los extraviados: parece realmente que conserve el recuerdo de su origen meteórico en el interior del mundo terráqueo. Tan singulares particularidades en un único metal debieron de fascinar, obviamente, desde el principio a la filosofía natural clásica. Y como el espíritu humano tiende a pensar siempre en analogías, los médicos de la Edad Media atribuyen al imán un poder simpatético. Durante siglos tratan de descubrir si, de la misma manera que atrae limaduras de hierro, es capaz también de extraer del cuerpo humano ciertas enfermedades. Donde las tinieblas imperan, sin embargo, interviene al instante el espíritu inquisitivo de Paracelso con ojos brillantes y curiosos de búho. Su inquieta fantasía, ora ilusoria, ora genial, transforma sin vacilar esta confusa hipótesis de sus predecesores en una solemne y absoluta certeza. Su espíritu fácilmente inflamable da enseguida por sentado que, junto a la energía activa del ámbar, del elemento *achates* (por tanto, de la electricidad todavía en mantillas), la del imán proclama la existencia de una naturaleza sideral, ligada a las estrellas, en el cuerpo terrenal, "*adamitico*", y, a renglón seguido, incluye el imán en la lista de los remedios infalibles. "Afirmo clara y categóricamente que, a partir de mis experimentos con él, en el imán se esconde un gran misterio sin el que nada podemos hacer contra muchas enfermedades." En otro pasaje escribe: "El imán ha permanecido mucho tiempo ante los ojos de todos, y a nadie se le ha ocurrido pensar si tiene otras aplicaciones y si, aparte de atraer el hierro, posee otros poderes. Los roñosos doctores me echan en cara a menudo que no quiero seguir a mis mayores, pero ¿en qué debo seguirlos? Todo lo que han dicho sobre el imán se reduce a nada. Poned en la balanza lo que yo digo y juzgad. Si hubiera seguido a ciegas a los demás y no hubiera experimentado por mi cuenta, tampoco sabría más que lo que ve cualquier campesino, esto es, que el imán atrae el hierro. El sabio debe investigar por sí mismo, y así es como he descubierto que el imán, aparte de esta fuerza evidente, que salta a la vista de todo el mundo, la de atraer el hierro, posee otra oculta." También sobre cómo hay que aplicarlo con fines curativos, da Paracelso indicaciones precisas. Afirma que el imán tiene un vientre (el polo que atrae) y una espalda (el que repele), de modo que, debidamente aplicado, puede conducir su fuerza a través de todo el cuerpo; este tipo de tratamiento, que intuye y anticipa la forma de la corriente eléctrica todavía no descubierta, es calificado por este eterno presuntuoso de "más valioso que todo lo que los galenistas han enseñado a lo largo de su vida. Si en vez de alimentar su jactancia, hubieran prestado más atención al imán, habrían conseguido más que con toda su erudita charlatanería. Sana los flujos de los ojos, de los oídos, la nariz y los órganos externos. De esta manera se curan asimismo las piernas llagadas, las fístulas, los cánceres y los flujos menstruales de la mujer. Además, suelda las fracturas y restablece todos los desgarramientos, elimina la ictericia y la hidropesía, tal como he comprobado a menudo en la práctica. El problema es que es inútil dárselo todo masticado a los ignorantes". Nuestra medicina de hoy no tomará muy en serio, claro está, este fragoroso enunciado, pero las palabras de Paracelso supondrían para su escuela revelación y ley durante dos siglos más. Así, sus discípulos cultivan y cuidan respetuosamente, junto con otras muchas exuberantes malas hierbas de la mágica cocina de brujas de Paracelso, la teoría de la curación magnética. Su discípulo Helmont, y después Goclenius, que en 1608 publicó el manual *Tractatus de magnetica cura vulnerum*, defendieron con ardor, fieles al maestro, la virtud curativa del imán en el organismo, y así, junto a la medicina oficial, el método magnético de curación fue avanzando a través del tiempo como una corriente subterránea. Seguramente será uno de estos seguidores anónimos, uno de esos partidarios olvidados de la medicina simpatética, quien recete el imán a la viajera extranjera.

El jesuita Hell, al que acude la paciente forastera, es astrónomo y no médico. No le importa que el imán tenga o no propiedades curativas contra los retortijones, su tarea consiste en soldar el imán y darle la forma correspondiente. Y esto lo hace a conciencia. Sin embargo, al mismo tiempo informa a su amigo, el erudito doctor Mesmer, acerca del insólito caso. Y Mesmer, *semper novarum rerum cupidus*, siempre deseoso de aprender, de ensayar y experimentar nuevos métodos científicos, pide a su amigo Hell que lo tenga al corriente de los resultados del tratamiento. Apenas se entera de que los calambres de estómago de la enferma en efecto han desaparecido, visita a la paciente y se asombra ante la inmediata mejoría después de la aplicación del imán. El método le interesa. Al momento decide experimentarlo él también. Encarga a Hell que le prepare imanes del mismo tamaño y ensaya con ellos en una serie de pacientes, aplicándoles el acero magnetizado en forma de herradura ya al cuello, ya al corazón, pero siempre en la parte del cuerpo enferma. Y, ante su sorpresa, en algunos casos consigue curaciones nunca esperadas ni soñadas, sobre todo con una tal señorita Österlin, que de esta manera se cura de sus calambres, y con el profesor de matemáticas Bauer.

Un ingenuo curandero se habría quedado boquiabierto de inmediato, creyendo que había encontrado un nuevo talismán para la salud: el hierro magnético. Y es que parece tan claro, tan sencillo: sólo hace falta colocar a tiempo sobre el cuerpo del enfermo, que sufre convulsiones y estados epilépticos, la herradura mágica, y he aquí que se produce el milagro de la curación. Pero Franz Anton Mesmer es médico, científico, hijo de una nueva era que piensa en las relaciones de causalidad. No le basta la comprobación evidente de que el imán le ha ayudado casi por arte de magia en toda una serie de pacientes: como médico serio y reflexivo que es, y puesto que no cree en milagros, quiere explicarse a sí mismo y a los demás por qué este mineral misterioso realiza semejantes prodigios. Con sus experimentos hasta ahora sólo posee el denominador común de las enigmáticas curaciones: el repetido efecto terapéutico del imán; pero para sacar una conclusión lógica necesita el otro guarismo, el fundamento causal. Sólo entonces el nuevo problema quedaría, para la ciencia, no sólo planteado, sino también resuelto.

Y cosa curiosa: una endemoniada casualidad parece haber puesto en su mano, y precisamente en la suya, este otro término, pues Franz Anton Mesmer había obtenido el título de doctor hacía casi diez años con una tesis memorable, teñida de misticismo, que tenía por título *De planetarium influxu*, en la que, bajo la influencia de la astrología medieval, conjeturaba una acción de los astros sobre el hombre y planteaba la tesis de que alguna fuerza misteriosa, "derramada por vastos espacios siderales, influye en el interior de toda materia, de que un éter primitivo, un fluido misterioso, penetra el cosmos entero y con él también al hombre". A este fluido primigenio, a este principio absoluto, el cauto estudioso de entonces le asignaba de modo muy vago el nombre de la *gravitas universalis*, la fuerza de gravitación universal. Muy probablemente el hombre maduro había olvidado hacía tiempo esta hipótesis de juventud. Pero ahora, cuando Mesmer ve la inexplicable influencia que ejerce en esta curación casual el imán de acero, que como meteorito procede igualmente de las estrellas, ve también cómo de repente ambos elementos, el empírico y el hipotético, la paciente curada por la aplicación del imán y el tema de su tesis, confluyen en una única teoría: ahora cree confirmada de modo irrefutable su hipótesis filosófica por aquel visible efecto terapéutico, y cree saber el nombre correcto de aquella indefinida *gravitas universalis*, la fuerza magnética, a cuya atracción está sujeto el hombre tanto como las estrellas del universo. ¡Así, pues –exclama con júbilo anticipado su ansia de descubridor–, el magnetismo es la *gravitas universalis*, aquel "fuego invisible" de Hipócrates, aquel *spiritus purus, ignis subtilissimus*, que como flujo creador recorre el éter del universo y las células del cuerpo humano! Embriagado por el azaroso descubrimiento, cree haber encontrado el puente tanto tiempo buscado, el que une el mundo sideral con la humanidad. Y se siente orgulloso y exaltado: el valiente que lo cruce, entrará en una tierra desconocida.

La chispa ha prendido. El contacto casual de un experimento con una teoría provoca en Mesmer la explosión de una idea. Pero el primer disparo toma una dirección completamente equivocada, pues, llevado por un entusiasmo prematuro, Mesmer cree haber encontrado sin lugar a dudas, con el magnetismo, la panacea universal, la piedra filosofal: la causa que constituye el punto de partida del camino que va a seguir es un error, una conclusión falsa. Sin embargo, este error es fecundo. Y puesto que Mesmer no lo sigue precipitadamente y a ciegas, sino que, dado su carácter, camina vacilante, paso a paso, avanza a pesar de muchos rodeos. Recorrerá todavía muchos caminos absurdos y tortuosos. Con todo, mientras los otros se aferran cómodamente a sus viejos métodos, este solitario avanza a tientas por la oscuridad y, dando tumbos de un lado para otro, pasa poco a poco de las ideas pueriles y medievales al círculo del pensamiento actual.

LOS PRIMEROS ENSAYOS

Franz Anton Mesmer, hasta ahora simple médico y amante de las ciencias, empieza a tener una idea o, mejor dicho, la idea lo tiene a él, pues le perseguirá toda la vida, y hasta el último aliento meditará como tenaz investigador sobre este *perpetuum mobile*, esta fuerza motriz del universo. A partir de ahora pone toda su vida, su fortuna, su prestigio y su tiempo al servicio exclusivo de esta idea central. La grandeza y la tragedia de Mesmer estriban en este tesón, en este fanatismo rígido, pero a la vez ardiente, pues lo que busca –el mágico fluido universal– nunca lo encontrará de una manera claramente demostrable. Y lo que encuentra –una nueva psicotecnia– no es lo que ha buscado ni reconocido a lo largo de toda su vida. Y así, en realidad le aguarda un destino desesperadamente análogo al de su contemporáneo Böttger, el alquimista, que, estando en prisión, pretende conseguir oro químicamente y por casualidad descubre algo mil veces más importante, la porcelana: en uno y otro caso, la idea primitiva se limita a crear un importante impulso anímico, y el descubrimiento se produce, como quien dice, por sí solo, en los experimentos llevados a cabo con pasión.

Al principio, Mesmer sólo tiene una idea filosófica de lo que es un fluido universal. Y tiene el imán de hierro, pero el radio de acción del imán es relativamente reducido. Mesmer se da cuenta desde las primeras pruebas. Su fuerza de atracción no alcanza sino unas pocas pulgadas, y, sin embargo, la mística intuición de Mesmer no se deja confundir y sigue firme en la creencia de que el imán esconde energías mucho más poderosas, en cierto modo latentes, que se pueden sacar con habilidad e intensificar con la aplicación adecuada. Y empieza a poner en práctica los más singulares artificios. En vez de colocar una sola herradura en la región enferma, como aquel inglés, aplica dos imanes a sus enfermos, uno en el lado superior izquierdo y otro en el inferior derecho, a fin de que el misterioso fluido atraviese activamente todo el cuerpo con toda su corriente y así, mediante el flujo y el reflujo, restablezca la armonía alterada. Para aumentar su propia influencia, Mesmer lleva también un imán dentro de una bolsita de cuero alrededor del cuello y, no satisfecho aún, transmite esta corriente vivificadora a todos los objetos imaginables. Magnetiza el agua y hace que los enfermos se bañen en ella y beban de ella, magnetiza por frotamiento platos y tazas de porcelana, ropas y camas, magnetiza espejos, para que reflejen el fluido, magnetiza instrumentos de música, para que las vibraciones transporten la virtud curativa. Cada vez con más fanatismo se encastilla en la idea fija de que se puede transmitir la fuerza magnética (como más adelante se hará con la eléctrica) mediante conductores, embotellarla y almacenarla en acumuladores. Y así acaba construyendo la desacreditada cubeta de la salud, el tan ridiculizado *baquet*, un gran recipiente de madera tapado, en el que dos hileras de botellas llenas de agua magnetizada convergen en una barra de hierro con agujas conductoras móviles que el paciente puede aplicarse en los puntos dolorosos. Alrededor de esta batería magnética se colocan respetuosamente los enfermos en cadena, tocándose con las puntas de los dedos, porque Mesmer quiere comprobar si, por conducto de varios organismos humanos, aumenta la corriente. Pero tampoco los experimentos con personas le satisfacen: pronto los pondrá en práctica en perros y gatos; acabarán siendo magnetizados incluso los árboles del parque de Mesmer y el estanque, en cuyo tembloroso espejo los pacientes sumergirán devotamente los pies descalzos, atados a los árboles con cuerdas en las manos, mientras Mesmer toca la armónica de cristal igualmente magnetizada para hacer más sensibles los nervios al bálsamo universal con sus ritmos suaves e insinuantes.

Disparate, patraña y chiquillada, dice por supuesto nuestro sentir de hoy, indignado o compasivo, a tales excentricidades: recuerdan, en efecto, a Cagliostro y demás hechiceros. Los primeros experimentos de Mesmer avanzan completamente errátiles y a trompicones (¿para qué andar con paliativos?), dando vueltas, desvalidos por la enmarañada espesura de la selva medieval. A nosotros, con la perspectiva, nos parece, claro está, una bufonada querer transmitir la fuerza magnética a árboles, agua, espejos y música por un simple frotamiento y pretender conseguir con ello efectos curativos. Pero, para no pecar de injustos, hay que tratar de comprender las condiciones de la física en aquella época. Tres nuevas fuerzas despiertan la curiosidad de la ciencia, tres fuerzas todavía en pañales, pero tres Hércules ya en la cuna. Con la marmita de Papin y con las nuevas máquinas de Watt, se pudo vislumbrar por primera vez la fuerza motriz del vapor y de la enorme cantidad de energía de la atmósfera, que para las generaciones precedentes era una nada pasiva, un gas incoloro e incomprensible. Faltaba una década todavía para que, por primera vez, un globo aerostático elevara por encima de la Tierra a un hombre; faltaba un cuarto de siglo para que el barco de vapor venciera por primera vez el otro elemento, el agua. Pero de momento esta fuerza inmensa del aire comprimido o vaciado es perceptible sólo en los experimentos de laboratorio, y con la misma timidez e insignificancia se manifiesta la electricidad, ese Ifrit, entonces todavía encerrado en la diminuta botella de Leyden. Porque, ¿qué es la electricidad en 1775? Volta todavía no ha realizado su decisiva observación, sólo a partir de pequeñas baterías de juguete se puede hacer saltar unas inútiles chispas azules y débiles descargas en los nudillos. He aquí todo lo que la época de Mesmer sabe sobre la fuerza creadora de la electricidad, tanto o tan poco como sobre el magnetismo. Sin embargo, el alma humana debía albergar un vago pero apremiante presentimiento de que en el futuro, gracias a una de estas fuerzas, tal vez mediante el vapor comprimido, tal vez con aquella batería eléctrica o magnética, se cambiaría la forma del mundo y se aseguraría a los mamíferos bípedos la supremacía sobre la Tierra durante millones de años: el presentimiento de las energías domadas por la mano del hombre, todavía inconmensurables, que hoy inundan de luz nuestras ciudades, surcan el cielo y transmiten el sonido del ecuador al polo en una fracción infinitesimal. Fuerzas gigantescas se acumulan en germen en estos humildes comienzos: el mundo de entonces lo presiente, también Mesmer lo sospecha…, sólo que él, como el príncipe de *El mercader de Venecia*, perseguido por la adversidad, de las tres arquitas elige la equivocada y concentra la enorme esperanza de expansión de la época precisamente en el elemento más débil, el imán: un error innegable, pero acorde con los tiempos, un error comprensiblemente humano.

Lo que nos sorprende no son, pues, los primeros métodos de Mesmer –imantar frotando un espejo, magnetizar un estanque–, sino los inimaginables efectos terapéuticos que un hombre solo consigue con ese insignificante hierro magnético. Pero incluso estas aparentes curas milagrosas, valoradas como es debido desde el punto de vista psicológico, no resultan tan maravillosas, pues es probable, incluso seguro, que desde los comienzos de toda medicina la humanidad enferma se haya curado mediante la sugestión mucho más a menudo de lo que suponemos y de lo que la ciencia médica está dispuesta a confesar. Nunca se ha demostrado todavía a lo largo de la historia la existencia de un método medicinal, por más absurdo que sea, que no haya ayudado al enfermo durante algún tiempo gracias a la fe puesta en él. Nuestros padres y abuelos se curaron por medios de los que nuestra medicina de hoy se sonríe, esa misma medicina cuyo tipo de tratamientos será tildado de ineficaz y quizá incluso de peligroso por la ciencia en los próximos cincuenta años, con la misma sonrisa. Pues, siempre que se produce una curación sorprendente, la sugestión ha tenido en ella una participación importante e insospechada. Desde los exorcismos de la Antigüedad hasta la *teriaca*, los excrementos de ratón cocidos de la Edad Media y la varilla de radio, los métodos terapéuticos de todos los tiempos deben una gran parte de su eficacia a la voluntad de sanar imbuida en el enfermo, y en tan alto grado, que el vehículo de esta fe en cada caso, sea imán, sanguinaria o inyección, en muchas enfermedades en realidad es casi superfluo frente a la energía que aporta el paciente al medicamento. Por esta razón no tiene nada de sorprendente, sino que es perfectamente lógico y natural que el último tratamiento recién descubierto consiga éxitos de lo más inesperados, porque, al ser todavía desconocido, es recibido con el máximo de esperanza por la gente. También por Mesmer. Tan pronto como se divulga la eficacia de su imán de hierro en algunos casos especiales, la fama del tratamiento omnímodo de Mesmer recorre toda Viena y el país entero. La gente de cerca y de lejos va en peregrinación a ver al mago a orillas del Danubio, todos quieren ser frotados con el imán milagroso. Distinguidos magnates llaman al médico vienés a sus palacios, en los periódicos aparecen artículos sobre el nuevo método, se discute, se debate, se ensalza y se denosta el arte de Mesmer. Pero lo más importante es que todos quieren probarlo o saber en qué consiste. Gota, convulsiones, zumbidos de los oídos, parálisis, calambres de estómago, trastornos menstruales, insomnio, dolores hepáticos, las mil y una enfermedades que hasta entonces se reían de todo tratamiento, son curadas por obra y gracia de su piedra magnética; los milagros se suceden uno tras otro en la casa de la Landstrasse 261, hasta ahora dedicada sólo al recreo y la distracción. Después de apenas un año, desde que aquella viajera dirigiera la curiosidad de Mesmer hacia el hierro mágico, la fama del médico desconocido hasta el momento ha cruzado las fronteras de Austria y ha llegado tan lejos, que médicos de Hamburgo, de Ginebra y de las ciudades más remotas le piden que les explique la aplicación de la cura magnética al parecer tan eficaz, a fin de que ellos mismos puedan continuar los ensayos y comprobar cuidadosamente los resultados. Y –¡peligrosa tentación para el amor propio de Mesmer!– los dos médicos a los que el vienés se ha confiado, tanto el doctor Unzer de Altona como el doctor Harsu de Ginebra, confirman plenamente la gran eficacia curativa que han conseguido con el imán siguiendo el método de Mesmer, y ambos publican entusiasmados un trabajo sobre las curas mesmerianas. Gracias a estos reconocimientos, Mesmer encuentra cada vez más adeptos apasionados, e incluso llega a ser llamado por el príncipe elector de Baviera. Lo que en Viena sobresale por sorprendente, resulta también asombroso en Munich. Allí la aplicación del imán en la parálisis total y en la vista debilitada del consejero académico Osterwald consigue un éxito tan espectacular, que este publica en 1776 en Augsburgo un informe sobre su curación en manos de Mesmer: "Todo lo que ha logrado aquí con diversas enfermedades hace suponer que ha imitado uno de los mecanismos más secretos de la naturaleza." El ex enfermo describe con precisión clínica el estado desesperado en el que lo había encontrado Mesmer y cómo, con una sola cura magnética, se vio libre, como por arte de magia, de la dolencia que padecía de antiguo y que hasta entonces no había sido accesible a ningún remedio. Y para anticiparse a cualquier posible objeción por parte de los médicos, escribe el sensato consejero: "Si alguien pretende decir que esa historia de mis ojos es pura fantasía, debo decir que me parece muy bien, pero que en lo sucesivo no voy a pedir a ningún médico del mundo, sino que acierte a hacerme imaginar que estoy sano". Por efecto de estos éxitos indiscutibles, Mesmer recibe, por primera –y última– vez, el reconocimiento oficial. El 28 de noviembre de 1775 la Academia del Electorado de Baviera lo nombra solemnemente nuevo miembro, "porque está convencida de que los esfuerzos de un hombre tan eminente, que ha perpetuado su fama con muestras singulares e irrefutables de una erudición y de descubrimientos tan inesperados como provechosos, contribuirá en sumo grado al lustre de la institución". En un solo año, Mesmer ha conseguido triunfar completamente, podría darse por satisfecho: una academia, una docena de médicos y cientos de pacientes curados y agradecidos hasta el éxtasis dan testimonio irrefutable de la virtud curativa del imán.

Sin embargo, cosa sorprendente: en el mismo momento en que testigos imparciales dan la razón a Mesmer, él se pone en duda. En el curso de ese mismo año cae en la cuenta de su error inicial, esto es, de que no es el hierro magnético en su mano lo que surte efecto, sino la mano misma. Reconoce, pues, que su asombrosa influencia sobre las personas no procede del mineral inerte con el que manipula, sino de él, del hombre vivo, y que no es el imán el mago medicinal, sino el magnetizador. Con este reconocimiento, el problema toma de improviso otro rumbo; con un nuevo impulso se podría llegar a reconocer la verdadera causa de la eficacia curativa: la persona. Pero la elasticidad espiritual de Mesmer no es suficiente para saltar todo un siglo. Sigue avanzando sólo paso a paso por sus descarríos y rodeos. Sin embargo, al rechazar con honradez y determinación su piedra milagrosa, el imán, se ha liberado del mágico pentagrama de las maravillas medievales; ha llegado el punto en el que su idea puede resultarnos comprensible y fecunda.

INTUICIONES Y CONOCIMIENTOS

Por ahora es imposible determinar cuándo Mesmer emprende este decisivo cambio histórico en su tratamiento. Pero su agradecido paciente Osterwald refiere desde Baviera ya en el año 1776 que "el doctor Mesmer lleva a cabo la mayoría de sus curas sin ningún tipo de imanes artificiales, con el simple contacto de sus manos en las zonas afectadas, en parte directa y en parte indirectamente". Así pues, Mesmer no ha tardado siquiera un año en darse cuenta de que el imán es completamente superfluo en las llamadas curas magnéticas, pues aun cuando ejecute estas fricciones a lo largo de los nervios sólo con la mano, con la palma y el reverso, los enfermos experimentan el mismo alivio y mejora. A Mesmer le basta con tocar a sus pacientes para que los nervios se tensen en súbitos espasmos, sin instrumento ni medicamento alguno; se produce un cambio en la enfermedad del organismo, primero excitante y luego calmante. Ya no puede dudar por más tiempo: es desde luego su mano la que produce un efecto desconocido, todavía más misterioso que el imán, para el que no se halla explicación ni en Paracelso ni en la antigua o moderna medicina. Y el descubridor observa estupefacto su propio hallazgo. Más allá del método magnético, ha descubierto uno nuevo.

Bien mirado, a fuer de sincero, ahora Mesmer debería decir: "Me he equivocado, el imán no sirve para nada, toda la fuerza que le atribuía de hecho no le pertenece y los efectos curativos que para mi asombro consigo todos los días dependen de causas incomprensibles para mí mismo". Y por supuesto debería dejar inmediatamente de seguir llamando magnéticas a sus curas y abandonar por embuste superfluo todo el grotesco aparato de botellas imantadas, cubas preparadas, tazas y árboles encantados. Pero, ¡qué pocos hombres en el mundo de la política, de la erudición, del arte y de la filosofía!, ¡qué pocos, incluso entre los más valerosos, han tenido el coraje de confesar claramente que sus ideas de ayer eran erróneas y disparatadas! Tampoco Mesmer. En vez de renunciar explícitamente a la insostenible teoría de la virtud curativa del imán, elige una tortuosa retirada; en una rebuscada maniobra empieza dando un doble sentido a la palabra "magnético" para explicar que es verdad que el imán mineral no tiene ninguna utilidad, pero que lo que produce efecto en sus curas también es magnetismo, un magnetismo "animal", la energía del hombre, análoga a la fuerza misteriosa del metal inerte. Se esfuerza con profusión de detalles y embrolladas explicaciones en hacer ver que nada esencial ha cambiado en su sistema. Pero en realidad este nuevo concepto añadido de magnetismo "animal" (con muy mala fortuna se suele traducir por magnetismo de las "bestias" en lugar de "magnetismo vital") significa algo diametralmente opuesto a la proclamada metaloterapia, y a partir de este momento habrá que poner mucha atención para no dejarse confundir por la similitud de las palabras, creada artificialmente. Desde 1776, magnetizar ya no significa, pues, para Mesmer tocar o influir con el imán, sino simple y llanamente hacer actuar sobre otras personas la misteriosa energía (la "animal") que emana de las terminaciones nerviosas de los dedos. Y aunque hasta hoy los practicantes de este tratamiento simpatético sigan llamándose magnetópatas, están confundidos de plano, pues es probable que ninguno de ellos tenga un imán en casa. Todo su tratamiento consiste exclusivamente en la acción personal, en una terapia de sugestión o de fluidos.

Así pues, un año después de su primer descubrimiento, Mesmer por fortuna ha dejado atrás su error más peligroso, pero ¡qué hermoso y qué cómodo había sido ese error! En aquellos días Mesmer se imaginaba todavía que, en casos de convulsiones y crisis nerviosas, bastaba con aplicar un imán al cuerpo del paciente y frotar arriba y abajo con un poco de arte para curarlo. En cambio, ahora, una vez que se ha venido abajo esa cómoda ilusión de la virtud mágica del imán, el investigador vuelve a sentirse perplejo ante el efecto mágico que consigue diariamente sólo con sus manos. Porque, ¿de qué elemento proviene realmente ese efecto maravilloso que se produce cuando frota las sienes de sus enfermos, o le echa el aliento, o cuando con ciertos movimientos circulares sobre sus músculos les provoca aquellos bruscos y misteriosos temblores nerviosos, aquellas sorprendentes convulsiones? ¿Es un fluido, una *force vitale*, que emana de él, del organismo de Franz Anton Mesmer? Y otra pregunta: ¿esta singular energía eléctrica procede sólo de su naturaleza particular o de cualquier persona por igual? ¿Se la puede aumentar a voluntad, distribuirla e intensificarla con otros elementos? ¿Y cómo se produce esta transmisión de energía? ¿Por medios psíquicos (animistas) o quizá como irradiación química y evaporación de partículas minúsculas e invisibles? ¿Es esa fuerza terrenal o divina? ¿Es física o psíquica o espiritual? ¿Viene de las estrellas o es la quintaesencia de nuestra sangre, un producto de nuestra voluntad? Mil preguntas asaltan de golpe al hombre sencillo, no especialmente inteligente, pero apasionado observador, mil preguntas a las que sabe que no puede dar respuesta y la más importante de las cuales –a saber: si las llamadas curaciones magnéticas se producen por medios animistas o por los fluidos– tampoco hoy tiene una respuesta lo suficientemente válida. ¡En qué laberinto se ha metido el ingenuo doctor desde que quiso seguir el ejemplo de aquella extranjera y aplicar el absurdo método de la herradura magnética! ¡Y qué lejos lo ha llevado ese extravío inicial! Han pasado los años y él sigue sin ver la luz. De una sola cosa está Mesmer seguro, aleccionado por una sorprendente experiencia, y en ella basa actualmente toda su teoría: que con más eficacia que todos los medicamentos químicos el hombre puede ayudar a otros en muchas crisis con su presencia e influyendo en sus nervios. "De todos los cuerpos de la naturaleza es el hombre el que actúa con más eficacia sobre el hombre". En su opinión, la enfermedad es un trastorno de la armonía de la persona, una peligrosa interrupción de la corriente entre flujo y reflujo. Pero en lo más profundo del ser humano anida una fuerza curativa, la voluntad de sanar, aquel instinto vital y primitivo de eliminar todo lo enfermo, y reforzar esta voluntad (que la medicina mecanicista ha menospreciado de hecho demasiado tiempo) mediante el magnetismo (digamos sugestión) es misión de la nueva terapéutica. En opinión de Mesmer, una opinión que es perfectamente correcta desde el punto de vista psicológico y que luego llegará a su punto culminante en la *Christian Science*, el deseo de curarse, esa voluntad de sanar, puede obrar verdaderos milagros de curación: por esta razón, es deber del médico provocar tal milagro. En cierto modo, el magnetópata se limita a recargar los nervios agotados para producir el golpe decisivo, llena y refuerza la batería de defensa interna del organismo. Sin embargo, Mesmer advierte que, en estos intentos de incrementar la energía vital, no hay que asustarse si, en lugar de atenuarse enseguida, ocurre lo contrario y al principio los síntomas de la enfermedad se hacen más agudos y convulsivos, pues esta es precisamente la misión de todo tratamiento magnético correcto: llevar la enfermedad hasta su punto álgido, a la crisis y a la convulsión espasmódica. No es difícil reconocer en esta famosa "teoría de la crisis" de Mesmer el más que probado exorcismo medieval y los métodos del padre Gassner, que él tan bien conocía. Sin sospecharlo, desde 1776 Mesmer practica curas sugestivas e hipnóticas en toda regla, y el secreto básico de su éxito estriba ante todo en su personalidad, que es especialmente fuerte y convincente, casi mágica. Sin embargo, aun sabiendo poco acerca de la causa de estos efectos, ya en aquellos primeros años ese extraño y solitario personaje llega a importantes observaciones sobre la psiquiatría, que luego abrirán nuevos caminos para su desarrollo ulterior. Sobre todo, Mesmer observa que varios de sus pacientes son especialmente sensibles al magnetismo (diríamos: sugestionables y mediumnísticos), otros son del todo insensibles, y que por lo tanto determinadas personas actúan como transmisoras de voluntad y otras como receptoras, pero si se aumenta el número de participantes, se produce una amplificación de la energía a causa de la sugestión en masa. Con semejantes observaciones Mesmer ensancha de golpe las posibilidades de diferenciación de la caracterología de su época; de modo totalmente inesperado el espectro del alma se descompone bajo esta nueva luz y presenta un aspecto más policromo y variado. Es obvio que un sinnúmero de estímulos lanza a este corredor de fondo, que sin querer ha tropezado con un gran obstáculo, en medio de su época, solo, sin alguien que lo asesore. Pero nadie puede darle una explicación del fenómeno, todavía hoy sin resolver, por cuya obra y gracia a las naturalezas especialmente dotadas, médico-mágicas, por decirlo así, les es dado realizar curaciones con la simple imposición de manos y la irradiación de su personalidad, curaciones que no puede explicar ni la ciencia más insondable e ilustrada.

Pero los enfermos no preguntan por el fluido ni por el cómo y el porqué, acuden en tropel, empujados por la fama de la novedad, atraídos por su singularidad. Pronto Mesmer tiene que construir su propio hospital magnético en su casa de la Landstrasse; lo visitan incluso pacientes de países extranjeros desde que se han enterado de la famosa curación de la joven Österlin y han leído los abundantes testimonios de agradecimiento de otros pacientes. Se ha acabado el tiempo de la música y de los galantes juegos de cartas para la casa 261 de la Landstrasse: Mesmer, que hasta el momento no ha utilizado su título de doctor, trabaja febrilmente de la mañana a la noche con varillas, cubetas y los más sorprendentes dispositivos en su nueva fábrica de salud. Alrededor del estanque de mármol del jardín, en el que antes había alegres peces de colores, se sientan ahora en cerrada cadena los achacosos, con los pies devotamente sumergidos en el agua medicinal. Cada día anuncia un nuevo triunfo de las curas magnéticas, cada hora atrae nuevos creyentes, pues los rumores de curaciones milagrosas penetran por puertas y ventanas; pronto en toda la población, llena de curiosidad, no se hablará de otra cosa que de ese Teofrasto Paracelso resucitado. Pero, en medio de todos los éxitos, un hombre permanece sereno y desapasionado: el propio maestro Mesmer. A pesar de la insistencia de sus amigos, todavía duda y vacila en pronunciarse definitivamente sobre el maravilloso fluido; sólo se atreve a esbozar vagamente en veintisiete frases axiomáticas una primera teoría del magnetismo animal. Pero se resiste obstinadamente a enseñar a los demás mientras crea que sólo a él le corresponde penetrar en el secreto de su virtud curativa.

LA NOVELA DE LA SEÑORITA PARADIES

En la misma medida que gana fama en Viena, Franz Anton Mesmer pierde popularidad. Toda la intelectualidad, literatos y profesores, ha tenido en gran estima al sabio sin ambición, rico y a la vez hospitalario, sociable y nunca arrogante, mientras ha estado jugando con nuevas ideas como diletante inofensivo. Pero, desde el momento en el que Mesmer lo hace en serio y sus curas novedosas causan sensación, de repente nota entre sus colegas médicos una hostilidad al principio disimulada, pero poco a poco evidente. En vano invita a los antiguos colegas a visitar su clínica magnética para demostrarles que opera, no con ungüentos ni embustes de curandero, sino con un sistema razonado: ninguno de los catedráticos y médicos invitados quiere vérselas en serio con esos singulares fenómenos curativos. Este tipo de terapia basada simplemente en las yemas de los dedos, sin intervención clínica, sin medicamentos ni prescripciones, eso de manipular con varitas mágicas y cubetas magnéticas, no les parece muy riguroso, y se comprende. Pronto siente Mesmer una fría corriente helada por la espalda. "La frialdad con que han recibido aquí mis primeras ideas, me deja atónito", escribe por estas fechas a Munich. Había esperado sinceramente encontrar por lo menos protesta o discusión entre los eruditos de su ciudad natal, entre sus antiguos amigos científicos y contertulios amantes de la música. Pero aquellos *academici* que tanto compañerismo habían mostrado, ahora no le hablan, sólo se burlan de él y lo escarnecen, y por doquier topa de antemano con un rechazo que lo enfurece. En marzo de 1776 informa de nuevo al secretario de la Academia de la Ciencia del Electorado de Baviera, de que, en Viena, su idea "está expuesta a persecuciones casi generales a causa de su novedad", y dos meses después reafirma su queja: "Sigo haciendo descubrimientos de física y de medicina en mi especialidad, pero dudo mucho que se cumplan mis esperanzas de ver explicado y dilucidado mi sistema, tanto más cuanto que aquí tengo que luchar constantemente con las trabas más infames. Me tratan de embaucador y llaman locos a todos los que creen en mí… Así va la nueva verdad."

Le ha sobrevenido el destino inevitable del que llega demasiado pronto: el eterno conservadurismo de las facultades lo rastrea y acosa, y no tardará en pronunciar contra él una irritada sentencia. A escondidas comienza en Viena una batida contra las curas magnéticas: en periódicos franceses y alemanes aparecen –naturalmente sin firma– artículos enviados desde Viena que ridiculizan los métodos de Mesmer. Pero el odio tiene que actuar todavía por la puerta falsa, pues la conducta personal intachable de Mesmer no ofrece ningún punto vulnerable para un ataque a campo abierto. Llamarlo embaucador, ignorante o curandero incompetente no procede en su caso, puesto que posee dos títulos de doctor, desde hace más de una década su diploma de medicina lleva la firma de autoridades como Van Swieten y Van Haen. Tampoco se le puede tender ningún lazo por charlatanería y codicia, porque ese hombre rico trata a la mayor parte de sus pacientes desinteresadamente. Y lo más penoso: ni siquiera se le puede desacreditar llamándole fanfarrón o petulante, pues Mesmer no exagera lo más mínimo el alcance de su descubrimiento. En ningún momento afirma (como por ejemplo más adelante hará Mary Baker-Eddy con la *Christian Science*) que ha encontrado una terapia universal que hace superfluo cualquier otro tratamiento médico; con muchas reservas consigna que su magnetismo animal sólo puede ser eficaz directamente en enfermedades nerviosas, y, en cualquier caso, indirectamente puede influir en sus secuelas físicas. En cierto modo se requiere paciencia para hacer frente a la irritación secretamente acumulada de sus colegas, que buscan poner la zancadilla al odiado innovador.

Finalmente se produce la ocasión tanto tiempo buscada. El momento decisivo viene a raíz del episodio de la señorita Paradies que convierte sin esfuerzo una pequeña novela en un drama impresionante, pues pocas veces se ha descrito una escena de la historia de una enfermedad con tanto efecto. Maria Theresia Paradies, una chiquilla de gran talento, se queda ciega a los cuatro años, irremediablemente, según los médicos, a causa de una parálisis de los nervios ópticos, y su singular talento para tocar el piano la hace famosa en toda Viena. La emperatriz en persona la apadrina: concede a los padres de la niña prodigio una pensión de doscientos ducados de oro y, además, corre con los gastos de su formación musical. Más adelante, la señorita Paradies dará muchos conciertos, uno incluso en presencia de Mozart, y todavía hoy la Biblioteca de Viena cuenta con un gran número de composiciones suyas inéditas.

Un buen día llevan a la muchachita a casa de Mesmer. Antes la han tratado durante años metódicamente, pero sin resultado, los primeros oftalmólogos de Viena, el conocido cirujano de cataratas, el catedrático Barth, y el médico de la corte Stoerk. Pero ciertos síntomas (contracciones convulsivas de los ojos, que salían de sus cuencas, un dolor del bazo y del hígado, que provocaba ataques parecidos a la locura) hacen suponer que la ceguera de la señorita Paradies no se debe a ninguna alteración del nervio óptico, sino simplemente a un trastorno psíquico. A título de ensayo la llevan a Mesmer, que le diagnostica una perturbación del sistema nervioso general y por esta razón declara que su caso posiblemente se pueda curar con su método. Para poder observar con exactitud los progresos de su cura magnética, hospeda a la niña en su casa, donde la trata desinteresadamente junto con otras dos pacientes.

Todos los informes de la época coinciden hasta este punto de forma unánime. Pero, a partir de este momento, aparece una discrepancia total entre las declaraciones de Mesmer, que afirma haberle devuelto la vista casi completamente, y las de los profesores, que niegan cualquier presunta mejoría tildándola de bufonada y "fantasía". (Esta palabra, *imagination*, desempeña a partir de ahora un papel decisivo en todos los juicios académicos sobre Mesmer.) Por supuesto hoy, después de ciento cincuenta años, no resulta fácil decidir entre afirmaciones tan rotundamente contrapuestas. Habla a favor de los médicos el hecho de que Maria Theresia Paradies tampoco más adelante recobró la vista, y a favor de Mesmer, en cambio, junto con los testimonios contemporáneos, el informe manuscrito que redactó el padre de la cieguita y que me parece demasiado evidente como para descartarlo de plano por considerarlo una invención. Pues conozco pocos documentos que describan de forma psicológicamente tan instructiva el primer descubrimiento del mundo de la luz por parte de una persona curada paulatinamente de su ceguera, y haría falta un poeta y un psicólogo mejores que el viejo secretario de la corte, el señor Paradies, o una naturaleza tan poco poética como la de Mesmer, para inventar unas observaciones tan sutiles y profundamente psicológicas. Dice en esencia este informe: "Tras un tratamiento magnético corto pero intenso del doctor Mesmer, ella empezó a distinguir los contornos de los objetos y de las figuras que se le colocaba delante. Pero el nuevo sentido era tan sensible, que ella sólo podía reconocerlos en una habitación muy oscura, protegida con postigos y cortinas. Si alguien pasaba con una luz, aunque fuera rápidamente, delante de los ojos cubiertos con cinco vendas superpuestas, la niña caía de golpe al suelo como tocada por un rayo. La primera figura humana que distinguió fue la del doctor Mesmer. Lo observó y siguió con gran atención los movimientos balanceantes de su cuerpo, que él hacía ante sus ojos para ponerla a prueba. La niña se asustó un poquito y dijo: "¡Es terrible ver esa figura! ¿Es esto la imagen de una persona?" A petición suya, llevaron a la casa un gran perro que era muy manso y había sido siempre su favorito. Lo observó con la misma atención. "Este perro", dijo, "me gusta más que el hombre; su vista me resulta mucho más soportable". Le chocaban sobre todo las narices en los rostros que veía. No podía contener la risa. Se manifestó a este respecto de la siguiente manera: "Es como si quisieran perforarme y sacarme los ojos". Desde que ha visto más rostros, se ha acostumbrado mejor a ellos. Lo que más le cuesta es aprender a distinguir los colores y las distancias, pues con respecto al restablecido sentido de la vista es tan inexperta y poco hábil como un recién nacido. Nunca se equivoca al comparar un color con los demás, pero confunde sus nombres, sobre todo si no se le ayuda a aplicarlos a los colores que ya ha aprendido. Al ver el negro, explica que es la imagen de su anterior ceguera. Este color le provoca siempre una cierta propensión a la melancolía, a la que se abandonaba a menudo durante la cura. En aquellos días rompió a llorar repetidas veces. Y una vez tuvo un ataque tan violento, que se echó en un sofá, luchó para arrancarse las vendas con las manos, las tiró al suelo y se comportó de un modo tan desesperado entre lastimosos quejidos y sollozos, que ni *madame* Sacco u otra famosa actriz hubiera sido capaz de hacer un mejor papel para representar a la persona acongojada por una aflicción extrema. Al cabo de pocos segundos desaparecía esta disposición de ánimo y recuperaba pronto su humor de antes, simpático y alegre, aunque poco después recaía en el mismo estado. Cuando corrió la voz de que había recuperado la vista y se produjo una gran afluencia de parientes, amigos y personajes distinguidos, al principio ella se enfadaba. En su enojo, me espetó un día: "¿Cómo se explica que ahora me sienta menos feliz que antes? Todo lo que veo me produce una desagradable agitación. ¡Ah, cuando estaba ciega me sentía mucho más tranquila!" Yo la consolaba con la idea de que su agitación actual se debía únicamente a la sensación que le producía la extraña esfera en la que se movía. Y le decía que se sentiría tan tranquila y contenta como los demás en cuanto se hubiera acostumbrado a ver. "Esto está bien", contestaba ella, "pues si cada vez que veo cosas nuevas tuviera que experimentar este desasosiego de ahora, preferiría volver al instante a la ceguera de antes."

"El sentido recuperado la trasladó al primer nivel de la naturaleza, por lo que la niña está totalmente libre de prejuicios y llama a las cosas sólo según la impresión natural que le producen. Juzga certeramente a las personas a partir de su fisonomía y saca de ahí conclusiones acerca de sus cualidades morales. Cuando vio un espejo, le causó un gran asombro; no podía comprender cómo era posible que la superficie de cristal del espejo atrapara los objetos y los presentara de nuevo al ojo. La llevaron a una suntuosa habitación donde había un alto espejo de pared. No podía dejar de mirarse en él. Adoptó las mil posturas más extravagantes, pero sobre todo no pudo menos de reírse al ver que la imagen que mostraba el espejo al acercarse ella iba a su encuentro y, en cambio, retrocedía cuando ella se alejaba. Todos los objetos en que repara a cierta distancia le parecen pequeños y cree que aumentan de tamaño a medida que se le acercan. Cuando se lleva un pedazo de pan a la boca con los ojos abiertos, le parece tan grande que no cree posible que pueda caberle dentro".

"Después la llevaron al estanque, que para ella era una gran sopera. Las espalderas a ambos costados le daban la impresión de que caminaban junto a ella y, al regresar a la casa, le pareció que el edificio salía a su encuentro, por lo que vio con especial agrado las ventanas iluminadas. Para complacerla, a la mañana siguiente tuvieron que llevarla al jardín con la luz del día. Contempló de nuevo todos los objetos con atención, pero no con el mismo placer que en la noche anterior. Dijo del Danubio, que discurría cerca de la casa, que era una cinta blanca, larga y ancha, e indicó con exactitud dónde ella veía el principio y el final del río. Con los brazos extendidos creía poder tocar los árboles del llamado Praterau, situados a una distancia de unos mil pasos al otro lado del río. Como era un día claro, no pudo soportar por mucho tiempo la luz en el jardín sin protegerse los ojos. Ella misma pidió que se los vendaran de nuevo, porque la sensación de la luz era todavía demasiado intensa para su débil sentido de la vista y le producía vértigo. Una vez vendada, no se atrevió a dar un paso adelante sin guía, cuando antes, estando ciega, iba de un lado para otro de la habitación que tan bien conocía. Con esta dispersión del sentido ocurre que tiene que concentrarse más cuando toca el piano, pues antes podía tocar grandes conciertos con la mayor precisión y a la vez conversar con los espectadores presentes. Ahora, con los ojos descubiertos, le resulta más difícil tocar una pieza. Se fija en cómo los dedos revolotean por el teclado, y se equivoca en muchas notas."

Esta exposición clara y verdaderamente clásica, ¿da la impresión de falsear los hechos? ¿De verdad se puede pensar que toda una serie de distinguidos testigos oculares se han dejado tomar el pelo y han informado a los periódicos de una curación milagrosa sin convencerse del estado de la niña, que vive dos calles más abajo? Pero precisamente a causa del revuelo que levanta esta cura magnética, el cuerpo médico interviene enfurecido, porque esta vez Mesmer ha penetrado en su terreno más propio y personal, y de un modo especial el catedrático Barth, oftalmólogo y cirujano, en quien la señorita Paradies había buscado la curación en vano durante años, promueve una enconada campaña contra el indeseable tratamiento. Afirma que hay que considerar todavía ciega a la señorita Paradies, "porque muchas veces no sabe y confunde el nombre de los objetos que se le muestran", un error perfectamente explicable desde el punto de vista psicológico e incluso probable en una persona ciega de muchos años, que ve objetos por primera vez, y por lo tanto nada concluyente en sí misma. Pero el poder está en manos de los médicos oficiales. Por de pronto, la injerencia de los médicos influyentes impide el propósito de Mesmer de presentar personalmente a la emperatriz María Teresa a su paciente ya en vías de curación, y los enojados colegas se empeñan cada vez con más ahínco en evitar que Mesmer prosiga con sus curas magnéticas. ¿Con qué derecho?, debemos preguntarnos, sin embargo, con toda objetividad. Pues, incluso en el peor de los casos, la cura de sugestión a la que se somete la señorita Paradies ya no puede matar aún más un nervio óptico muerto ni volver más ciega a una ciega. Así pues, ni con la mejor voluntad se puede deducir de ningún párrafo legal una base jurídica para privar de su paciente a un médico titulado en medio del tratamiento. Y, puesto que además la señorita Paradies confía plenamente en el hombre que la ha curado, los adversarios de Mesmer toman un camino tortuoso para privarlo del precioso objeto de experimentación: asustan atrozmente al matrimonio Paradies diciéndole que, si su hija realmente pudiera ver, al momento perdería la gratificación imperial de doscientos ducados anuales y se acabaría la original atracción de una pianista ciega. Momentáneamente, el argumento del dinero en peligro surte efecto sobre la familia. El padre, hasta ahora devoto de todo corazón de Mesmer, fuerza la puerta de su casa y le exige que le devuelva a la hija de inmediato y lo amenaza con el sable desenvainado. Pero, curiosamente, no es el médico quien se niega a entregarla. Al contrario, la señorita Paradies, apegada a su terapeuta, ya sea por sus oficios de médium, ya sea por motivos sentimentales, declara tajantemente que no quiere volver a casa de los padres, sino quedarse en casa de Mesmer. Esto disgusta de nuevo a la madre, que arremete iracunda contra la desobediente hija, la cual prefiere vivir con un extraño antes que con sus padres; pega a la indefensa niña y la maltrata de un modo tan horrible, que la pobre es presa de un ataque espasmódico. Pero, a pesar de todas las órdenes, amenazas y palizas, no consiguen que la resuelta señorita Paradies abandone a su auxiliador (y tal vez amante). Se queda en la clínica magnética; Mesmer ha obtenido la victoria, si bien es cierto que se trata de una victoria pírrica, porque a consecuencia de tantas emociones y violencias se apaga la vislumbre conseguida con tanto esfuerzo. La cura debe empezar de nuevo, desde el principio, para restablecer los nervios alterados. Pero no conceden tanto tiempo a Mesmer. Los facultativos ya han disparado su artillería pesada. Movilizan al arzobispo, al cardenal Migazzi, a la emperatriz y a toda la corte y, al parecer, a la instancia más poderosa de la Austria de María Teresa: la celebérrima comisión de la moral. Por encargo de la emperatriz, el profesor Stoerk, como presidente del colegio de médicos austríaco, da la consigna de "poner fin a este fraude". Y así, la autoridad pública rompe el poder del magnetizador sobre su médium. Mesmer se ve obligado a interrumpir inmediatamente la cura y a devolver a los padres a la señorita Paradies en estado de convalecencia, a pesar de sus desesperadas lamentaciones. Por falta de documentos fehacientes, es imposible determinar con claridad las ulteriores consecuencias de este penoso asunto. O bien Mesmer fue expulsado de Austria con más o menos urgencia por las autoridades, estigmatizado como "extranjero indeseable", o bien él mismo se cansó de sus colegas médicos de Viena. Sea como fuere, después del caso Paradies, abandona su consulta de la Landstrasse 261, se marcha de Viena y busca una nueva patria, primero en Suiza y luego en París.

La Facultad de Viena puede estar satisfecha, ha conseguido su objetivo. Ha quitado de en medio al incómodo francotirador, ha desacreditado y (en sus palabras) despachado los primeros intentos de un tratamiento psicoterapéutico, ciertamente poco claro, pero ya próximo a los conceptos modernos. Ahora reina de nuevo durante un cuarto de siglo, en la Facultad de Viena, una soberbia calma *in rebus psychologicis*, hasta que aparezca otro innovador pesado, Sigmund Freud con el psicoanálisis, contra el que sus profesores combatirán con los mismos prejuicios y la misma saña, pero esta vez, por fortuna, con un éxito significativamente inferior.

PARÍS

El siglo XVIII es cosmopolita en su manera de pensar y de vivir. La ciencia y el arte de Europa siguen siendo una gran y única familia, no se ha inventado todavía la obtusa cerrazón actual entre los Estados tan perjudicial para los intelectuales. El artista y el sabio, el músico y el filósofo, pasan de un domicilio a otro sin ninguna traba patriótica, se sienten como en casa en cualquier lugar y pueden cultivar su talento y llevar a cabo su misión, amigos solícitos de todas las naciones, de todos los pueblos y príncipes. Por esta razón, para Mesmer no representa una decisión especialmente difícil trasladarse a París, y desde el primer momento no tiene motivo para arrepentirse del cambio. Sus pacientes aristocráticos de Austria le abren las puertas de la legación; María Antonieta, vivamente interesada en todo lo nuevo, singular e interesante, le promete su apoyo, y su indudable pertenencia a la poderosa masonería de entonces lo coloca enseguida en el centro de la intelectualidad francesa. Además, su teoría se manifiesta en un momento excelente, pues precisamente gracias al hecho de que Voltaire y los enciclopedistas, ironizando con su escepticismo agresivo, hubieran extirpado la fe de la Iglesia de la sociedad dieciochesca, en vez de aplastar (*¡écrasez l'infâme!*) la eternamente indestructible necesidad de fe del hombre, la empujan a andar por toda clase de singulares derroteros y a refugiarse en la mística. Nunca había sentido París tanto afán de innovaciones y de superstición como en aquellos días de la incipiente Ilustración. Desde que la gente ya no cree en las leyendas de los santos bíblicos, se busca ella misma nuevos y singulares santos y los descubre en los charlatanes que aparecen en tropeles, partidarios de la *Rose-croix*, alquimistas y filaletas, pues todo lo inverosímil, todo lo que se opone con atrevimiento a la ciencia escolar oficial encuentra una acogida entusiasta en la sociedad parisina, aburrida y tocada por la moda filosófica. La pasión por las ciencias ocultas, la magia blanca y la magia negra, penetra hasta en los círculos más altos. Madame de Pompadour, guía de Francia, sale furtivamente de noche por una puerta lateral de las Tullerías y visita a madame Bontemps para que le lea el futuro en los posos de café; la duquesa de Urfé se hace construir un árbol de Diana (consúltese a Casanova) para rejuvenecer fisiológicamente; la *marquise de l'Hôpital* es encerrada por una anciana en un local apartado, donde deberá presentársele Lucifer en persona para oficiar una misa negra, pero mientras la buena marquesa y su amiga esperan en cueros al anunciado diablo, la bribona huye con sus pertenencias. Los hombres más conspicuos de Francia se estremecen con profundo respeto cuando el legendario conde de Saint-Germain sufre un lapsus durante la cena y sin querer revela su edad milenaria, al hablar de Jesucristo o de Mahoma como de conocidos suyos. A su vez, los fondistas y posaderos de Estrasburgo se frotan las manos al ver sus locales llenos, porque el príncipe de Rohan aloja en uno de los más distinguidos palacios de la ciudad al taimado granuja siciliano Balsamo, que se hace llamar conde de Cagliostro. De todos los rincones de Francia acuden aristócratas en diligencias, en palanquines y a caballo, para comprar brebajes y otros hechizos a este curandero analfabeto. Damas de la corte y señoritas de sangre azul, princesas y baronesas, instalan cocinas de alquimia en sus castillos y hoteles y ni siquiera el pueblo llano se sustrae al contagio de la epidemia de prodigio manía. Apenas se propaga la noticia de una serie de curaciones milagrosas ante la tumba del archidiácono de París en el cementerio de Saint-Médard, miles de personas cercan el camposanto y no tardan en ser presas de violentas convulsiones. Ninguna extravagancia parece demasiado absurda, ningún prodigio lo bastante milagroso, y nunca la truhanería ha resultado tan fácil como en esta época a la vez racionalista y ávida de sensaciones, que compra cualquier estimulante, se traga toda chifladura y se entrega con más o menos credulidad a cualquier hechicería. En estas condiciones, un médico con una nueva cura universal había ganado ya de antemano la partida.

Pero Mesmer (hay que subrayarlo una y otra vez) no quiere en absoluto abrir para un Cagliostro o un Saint-Germain una galería de oro en la mina de la estupidez humana. Médico titulado, muy orgulloso de su teoría, fanático, incluso prisionero, de su idea, sólo quiere y desea una cosa por encima de todo: ser reconocido por la ciencia oficial. Menosprecia el valioso y lucrativo entusiasmo de los que siguen la moda: para él sería más importante el dictamen aprobatorio de un solo académico que el griterío de cien mil locos. Pero los conspicuos catedráticos no se sientan con él ante la mesa de experimentación. La Academia de Berlín se ha limitado a responder lacónicamente a sus declaraciones: "está en un error", y el consejo médico de Viena lo ha llamado embaucador públicamente. Se comprende, pues, su pasión verdaderamente desesperada por hacerse merecedor al fin de un justo reconocimiento. Los primeros pasos, apenas llegado a París en febrero de 1778, lo llevan a Le Roy, presidente de la Academia de las Ciencias, por medio del cual invita con la máxima urgencia a todos los miembros, rogándoles le hagan el honor de examinar con el mayor rigor su nuevo tratamiento en su provisional hospital de Créteil (cerca de París). Siguiendo las normas, el presidente saca a debate la propuesta. Pero al parecer la Facultad de Viena ya ha precalentado los ánimos, pues la Academia de las Ciencias manifiesta lisa y llanamente su aversión a ocuparse de los experimentos de Mesmer.

No abandona de forma tan fácil un hombre que, honda y apasionadamente penetrado del convencimiento de haber mostrado al mundo algo nuevo e importante, quiere ver reconocida científicamente una idea científica. Acude entonces sin demora a la recién fundada Sociedad de Medicina. Como médico, allí puede reclamar su derecho indiscutible e irrefutable. De nuevo reitera su ofrecimiento de presentar a sus pacientes curados en Créteil y dar cumplida respuesta a todas las preguntas. Pero también la Sociedad de Medicina se muestra poco proclive a oponerse a la sociedad hermana de Viena. Elude la incómoda invitación con el gastado pretexto de que sólo puede dictaminar curaciones cuando ha conocido de antemano el estado de los pacientes y este no era el caso.

Por cinco veces ha intentado Mesmer conseguir de todas las facultades del mundo un reconocimiento o al menos un examen atento de su sistema: imposible proceder de modo más recto, honrado y científico. Sólo ahora, cuando las camarillas de eruditos lo condenan con su silencio, sin haberse formado siquiera una idea de los hechos, sólo ahora acude a la suprema y más decisiva instancia: a la opinión pública, a todas las clases cultas y a todos los interesados, y lo hace con la publicación en 1779, en francés, de su *Informe sobre el descubrimiento del magnetismo animal.* Con palabras elocuentes y realmente sinceras pide ayuda para sus ensayos, colaboración y benevolencia, sin prometer en ningún momento prodigios ni imposibles: "El magnetismo animal no es en absoluto lo que los médicos se imaginan que se oculta bajo un remedio secreto. Es una ciencia, con sus causas, sus efectos y sus hipótesis. Hasta la fecha se desconoce en su totalidad, lo confieso. Pero, precisamente por eso, sería contradictorio pretender asignarme como jueces a personas que no entienden nada de lo que tienen el atrevimiento de juzgar. No necesito jueces, sino alumnos. Precisamente por esta razón, todo mi propósito va encaminado a obtener públicamente de algún gobierno una casa donde tener en tratamiento a los enfermos y donde poder ocuparme, sin demasiado esfuerzo y sin más subordinaciones, en demostrar de manera cabal los resultados del magnetismo animal. Después quisiera encargarme personalmente de enseñar mi método a un número determinado de médicos y someter a criterio de este mismo Gobierno la difusión amplia o limitada, rápida o lenta, del descubrimiento. Si mis propuestas son denegadas en Francia, la abandonaría ciertamente a disgusto, pero sin dudar un instante. Si en todas partes son rechazadas, espero encontrar al menos un lugar de retiro y descanso. Arropado en mi honestidad, asegurado contra todos los reproches de mi conciencia, reuniré a mi alrededor una pequeña parte de la humanidad a la que tanto he deseado ser útil, y después llegará el momento de no pedir consejo sino a mí mismo sobre lo que tengo que hacer. Si actuara de otra manera, el magnetismo animal sería considerado como una moda. Todos tratarían de lucirse con él y encontrar en él más o menos de lo que realmente es. Se abusaría de él y su utilidad degeneraría en un problema cuya solución tardaría quizá siglos en llegar".

¿Es este el lenguaje de un charlatán, son estos los embustes o desvaríos de un hombre ímprobo? Sin embargo, se nota ya un cierto tono animado en esta publicación de alguien que ha venido suplicando hasta ahora: Mesmer emplea por primera vez el lenguaje del éxito. En estos pocos meses, su método para tratar mediante la sugestión las enfermedades nerviosas ha encontrado importantes adeptos e influyentes aliados, sobre todo Charles Desion, médico de cabecera del conde d'Artois, que lo defendió públicamente en un folleto. Con él se le ha abierto definitivamente el camino de la corte; a su vez, una dama de honor de la reina María Antonieta, curada por Mesmer de una paresia, hace propaganda a su favor ante su señora. La alta nobleza, madame Von Lamballe, el príncipe de Condé, el duque de Bourbon, el barón Montesquieu y en particular el héroe del día, el joven marqués de Lafayette, se declaran partidarios apasionados de su doctrina. Y así, a pesar de la actitud hostil de la Academia, a pesar del fracaso en Viena, el Gobierno empieza a tratar directamente con Mesmer por orden de la reina, a fin de atar a Francia al promotor de estas ideas trascendentales; el ministro Maurepas le concede, por mandato real, un sueldo vitalicio de veinte mil libras, además de diez mil libras para la vivienda, pagaderas tan pronto como tres discípulos formados para el servicio del Estado reconocieran la utilidad de la magnetoterapia. Pero Mesmer está harto de tener que batallar una y otra vez con los cerriles prejuicios de los especialistas, no admite más negociaciones con *síes* y *peros*, no acepta limosnas. Rehúsa con orgullo: "No puedo aceptar un contrato con ningún gobierno si antes no se reconoce de manera explícita, sin rechazos, la rectitud de mi descubrimiento." Y Mesmer, expulsado de Viena, se ha hecho tan fuerte ahora en París tras dos años de curas magnéticas, que puede lanzar la amenaza de abandonar la ciudad y presentar un ultimátum a la reina en este sentido: "Exclusivamente por respeto a su majestad le participo la seguridad de prolongar mi estancia en París hasta el 18 de septiembre y otorgar mis curas a todos los pacientes que sigan honrándome con su confianza. Busco, majestad, otro gobierno que reconozca la necesidad de admitir en el mundo, no frívolamente, una verdad que influye en la psique humana y produce cambios en ella, unos cambios que desde el principio deben ser controlados por un verdadero saber, con la energía conveniente y guiados con la mejor de las intenciones. En una cuestión que afecta a toda la humanidad, quizás el dinero pasa a segundo término a los ojos de su majestad: cuatrocientos o quinientos mil francos empleados para semejantes fines no tienen importancia. Mi descubrimiento y yo mismo debemos ser recompensados con una generosidad digna del monarca con el que me comprometo". Este ultimátum de Mesmer no es aceptado, probablemente por la renuencia de Luis XVI, cuya manera de pensar prosaica y moderada se rebela contra cualquier experimento extravagante. Pero Mesmer hablaba en serio. Abandona París y se dirige a territorio del Reich, a Spa.

Sin embargo, este exilio voluntario y provocador es diferente del de Viena, que parecía una huida o un destierro desesperados. Abandona el imperio de los Borbones cual potentado, como un pretendiente al trono, y todo un enjambre de prosélitos entusiastas acompaña al venerado maestro en su exilio voluntario. Pero muchos más se quedan en París y en Francia para obrar en pro de su causa. Poco a poco la indignación general por haber dejado salir de Francia con total indiferencia a un hombre como él, a causa de las intrigas de la Facultad, alcanza un auténtico grado de paroxismo. Aparecen docenas de escritos en su defensa. Desde el púlpito de la catedral de Burdeos, el padre Hervier predica públicamente el dogma del magnetismo; Lafayette, poco antes de partir para América, comunica a Washington como un asunto de la mayor importancia que, además de fusiles y cañones para la guerra de independencia, llevará a los norteamericanos la nueva doctrina de Mesmer (*un docteur nommé Mesmer, ayant fait la plus grande découverte, a fait des eleves, parmi lesquels votre humble serviteur est appelé un des plus enthousiastes... Avant de partir, j'obtiendrai la permissión de vous confier le secret de Mesmer, qui est una grande découverte philosophique*). Y la francmasonería, que en la esfera científica defiende todo lo nuevo y revolucionario tanto como en política, cierra filas en torno a su hermano. Y así, estos partidarios entusiastas de Mesmer intentan, en contra del Gobierno, de la reina, del colegio de médicos y de la Academia, forzar su regreso a París bajo las condiciones por él dictadas: lo que el rey niega a Mesmer se lo ofrecen ahora la nobleza y la burguesía por iniciativa propia. Unos discípulos suyos, acaudillados por Bergasse, el conocido abogado, fundan una sociedad anónima para procurar al maestro la oportunidad de abrir una academia propia en contra de la real; muchos de sus seguidores reúnen cientos de Luises de oro *pour acquitter envers Mesmer la dette de l'humanité*, a cambio de lo cual Mesmer se compromete a instruirlos en su ciencia. Apenas abierta la suscripción, las acciones magnéticas se agotan, en doce meses se han suscrito 340.000 libras, mucho más de lo que Mesmer había pedido en principio. Además, sus discípulos forman una Sociedad de la Armonía en cada ciudad, a saber, en Burdeos, Lyon, Estrasburgo, Ostende, incluso en las colonias, en Santo Domingo. Mesmer regresa a París triunfante, solicitado, suplicado, festejado y saludado como soberano no coronado de un reino sobrenatural invisible. Lo que un rey le negara, lo consigue con sus propios medios: libertad para investigar, vida independiente. Y si la ciencia oficial y académica llega a conjurarse para declararle la guerra, Mesmer está ahora preparado.

MESMEROMANÍA

Mesmer, quien promete mitigar todos los estados de excitación con su método magnético, lleva él mismo a París una nueva fiebre: la mesmeromanía. Hace décadas que nada pone en tal estado de pasión, incluso en tal paroxismo de entusiasmo, al *faubourg* Saint-Germain, a aquella buena sociedad de entonces y de siempre, que se aburre en su lujo, como el consultorio magnético. En pocos meses, Mesmer y el magnetismo se convierten en *la grande mode* de París, *le dernier cri*. Ante su lujosa vivienda de la plaza Vendôme se detienen de la mañana a la noche las carrozas y los cabriolés de la nobleza; junto a las sillas de monta adornadas con escudos de armas esperan lacayos luciendo los colores de las primeras familias de Francia, y como el consultorio ha resultado demasiado pequeño para una afluencia tan inesperada y sólo dispone de tres grandes cubetas curativas, esos pacientes, buenos pagadores, reservan sitio en la cubeta unos días antes, del mismo modo que hoy se alquila un palco en la ópera para un estreno. Pero, puesto que la filantropía está igualmente de moda en la época, Mesmer instala también cubetas –desde luego, más pequeñas– para los menos acomodados, pues cualquiera, rico o pobre, tiene derecho a participar de la medicina de la "armonía". Sólo excluye de la cura a los enfermos con heridas abiertas, a los epilépticos declarados, a dementes y mutilados, remarcando con honradez que sólo puede conseguir una mejoría del estado general de salud tratando los nervios, pero de ninguna manera modificar la estructura del organismo con milagros.

En estas habitaciones magnéticas, y pronto en un palacio propio, el hotel Bouillom de la calle de Montmartre, que Mesmer adecua como clínica, se agolpan desde hace ya cinco años pacientes de todas las condiciones, enfermos de verdad e imaginarios, fisgones y esnobs de todas las clases sociales. Todo parisino curioso –¿y qué parisino de la buena sociedad no lo es?– tiene que haber probado sin falta al menos una vez el milagroso fluido, para luego, en los salones elegantes, jactarse de esta sensación burbujeante en los nervios, quizá con la misma superficialidad diletante con que hoy se habla de la teoría de la relatividad o del psicoanálisis en el té de *five o'clock*. Mesmer es moda, y por esta razón su método, que él se toma muy en serio, actúa sobre la sociedad no como ciencia, sino como teatro.

Que de hecho hay algo deliberadamente teatral en la escenificación de sus curas, Mesmer nunca lo ha negado, al contrario, incluso lo ha declarado abiertamente. "*Mes procédés, s'ils n'étaient pas raisonné, paraîtraient comme des grimaces aussi absurdes que ridicules, auxquelles il serait en effet impossible d'ajouter foi.*" Como buen conocedor del alma humana, sabe que toda curación por la fe necesita de un cierto ceremonial mágico o religioso para aumentar su eficacia, y así, por convencimiento psicológico, rodea su persona de un aura mágica, como todo médico psicólogo, acrecienta su autoridad mediante el misterio. Ya el mismo lugar obra sobre el visitante efectos inquietantes y estimulantes con su especial disposición. Las ventanas están veladas con cortinas para crear un claroscuro crepuscular; gruesos tapices y alfombras amortiguan el sonido; unos espejos reflejan desde todos los costados la luz de matices dorados, extraños y simbólicos signos del zodíaco atraen la atención sin satisfacerla. Algo indeterminado acrecienta las expectativas, el misterio aumenta la tensión, el silencio y el disimulo intensifican la fuerza del sentimiento místico; por eso, en el cuarto mágico de Mesmer los sentidos de la vista, el oído y el tacto son activados y estimulados a la vez del modo más refinado. En el centro de la alta sala se halla, amplia como un pozo, la gran cubeta mágica. En un profundo silencio, como en una iglesia, los enfermos se sientan conteniendo el aliento alrededor de este altar magnético, no les está permitido moverse ni proferir sonido alguno para no turbar las vibraciones de la tensión que se respira en la estancia. De vez en cuando, a una señal convenida los enfermos reunidos alrededor de la cubeta forman la famosa cadena magnética (adoptada más tarde por el espiritismo).

Cada uno toca las yemas de los dedos del vecino a fin de que, reforzada la pretendida corriente al ser transmitida de un cuerpo a otro, pase por todo el círculo de devotos. En este recogido silencio, no interrumpido por palabra alguna, como mucho por un ligero suspiro de vez en cuando, resuenan, procedentes de la estancia vecina, apenas audibles, acordes de piano o tenues voces corales; a veces el propio Mesmer toca su armónica de cristal, para calmar la excitación con dulces ritmos o aumentarla con otros más penetrantes. Así, durante una hora, el organismo se carga de fuerza magnética (o, como diríamos hoy, la excitación nerviosa de la monotonía y la espera prepara la tensión sugestiva). Luego aparece en escena Mesmer en persona.

Entra con porte serio, tranquilo, lento y majestuoso, irradiando calma en el desasosiego general y, apenas se acerca a los enfermos, un ligero temblor recorre la cadena como el susurro del viento. Lleva una larga toga de seda lila que recuerda a Zoroastro o la túnica de un mago hindú, y serio, recogido en sí mismo como un domador de fieras que, con una diminuta vara en la mano refrena el salto con la sola fuerza de su voluntad, va de un enfermo a otro con su delgada varita de hierro. Se detiene ante uno, le pregunta en voz baja por su dolencia, luego pasa la varita magnética en una determinada dirección por un lado del cuerpo, de arriba abajo y de abajo arriba, mientras retiene tenaz e insistente la mirada esperanzada del enfermo. En algunos casos prescinde por completo del contacto con la varita y, dibujando un aura invisible en el aire, se limita a trazar círculos significativamente alrededor de la frente o del centro del dolor, pero siempre concentrando la atención con la pupila fija en el paciente y captando así la suya. Durante este procedimiento, los demás contienen respetuosamente el aliento y por un tiempo no se oye otra cosa en la espaciosa estancia, amortiguada con alfombras, que sus pasos pausados y a veces un suspiro oprimido o de alivio. Pero, por lo común, no transcurre mucho tiempo antes de que uno de los enfermos se ponga a temblar al contacto de Mesmer; movimientos convulsivos recorren sus miembros y empieza a sudar, gritar, suspirar o gemir. Y apenas aparece en este un síntoma visible de espasmos nerviosos, los demás enfermos unidos a la cadena creen sentir igualmente la famosa y benéfica "crisis". Una especie de sacudidas eléctricas recorre la cadena, se produce una psicosis colectiva, un segundo paciente sufre espasmos, y un tercero, y de pronto se completa el aquelarre. Algunos se revuelcan por el suelo presas de convulsiones y con los ojos extraviados, otros prorrumpen en risas estridentes, gritan, jadean y gimen, muchos bailan como diablos llevados de un lado para otro por convulsiones nerviosas, y otros –todas estas observaciones se pueden ver reproducidas sinópticamente en los grabados de la época– parecen sumidos en una especie de desmayo o de sueño hipnótico bajo la influencia de la varita o de la mirada penetrante de Mesmer. Con una sonrisa tranquila y muda en los labios permanecen indolentes en cataléptica rigidez, mientras en la habitación contigua sigue sonando la música para elevar más y más el estado de tensión, pues según la famosa "teoría de la crisis" de Mesmer toda enfermedad de origen nervioso debe ser llevada al punto máximo de su evolución, tiene que sudarse, por decirlo así, para hacer posible la curación del cuerpo. Los afectados por una crisis demasiado violenta, los que gritan, se enfurecen y se retuercen entre espasmos, son trasladados rápidamente por los criados y auxiliares a una habitación acolchada e insonorizada, la *salle de crises*, para que se calmen (lo que, claro está, dio motivo a cientos de sátiras que afirmaban que allí las damas nerviosas eran tranquilizadas por medios fisiológicos). Todos los días se producen escenas de lo más sorprendentes en el gabinete mágico de Mesmer: enfermos que saltan fuera de la cubeta, se separan de la cadena y se declaran curados; otros caen de rodillas y besan las manos del maestro; otros le suplican que intensifique la corriente y los toque de nuevo. Poco a poco la fe en la magia de su personalidad se convierte para sus pacientes en una especie de delirio religioso, y el mismo Mesmer en un santo y salvador de innumerables personas. Apenas sale a la calle, se le acerca toda suerte de achacosos sólo para tocar sus vestiduras; princesas y duquesas le piden de rodillas que las visite; los que han llegado tarde y no han conseguido plaza en la cubeta, compran las llamadas pequeñas cubetas, *petits baquets*, para su uso particular con el fin de magnetizarse en casa siguiendo el método de Mesmer. Y un día París presencia un extravagante espectáculo: en plena calle Bondi cientos de personas se atan a un árbol magnetizado por Mesmer, esperando la "crisis". Nunca médico alguno consiguió un éxito tan rápido y estruendoso como Mesmer; durante cinco años la sociedad parisina no habla de otra cosa que no sean sus curas mágico-magnéticas.

Pero para una ciencia naciente nada puede ser más peligroso que el convertirse en moda y en tema de charla social. En contra de su voluntad, Mesmer incurre en un peligroso *quid pro quo*: como médico honrado quería mostrar a la investigación un nuevo procedimiento curativo y en realidad lo que hace ahora es proporcionar a la moda y a los catacaldos un tema ameno para sus aburridos momentos de ocio. La sociedad debate a favor o en contra de Mesmer con la misma superficialidad que a favor de Glück o Puccini, de Rousseau o Voltaire. Además, una época tan dada a la cantárida como el siglo XVIII aprovecha enseguida cualquier ocasión para llevarla al plano erótico: los señores de la corte buscan como efecto principal del magnetismo un estímulo de su disminuida fuerza varonil y a las damas se les repite como un disco rayado que lo que buscan en la *salle de crises* es una manera natural de templar los nervios. Cualquier escritorzuelo echa a la palestra su opúsculo, estúpido, embelesado o despectivo; anécdotas y panfletos añaden pimienta a la controversia médica, finalmente incluso el teatro se apropia de la mesmeromanía. El 16 de noviembre de 1784, los actores italianos del rey ponen en escena una bufonada titulada *Les docteurs modernes*, en la que Radet, un poetastro de tercera fila, convierte el magnetismo en farsa. Pero les sale mal la jugada, pues los fanáticos de Mesmer no toleran burlas acerca de su salvador ni siquiera en el teatro. Y así los señores de las familias ilustres –naturalmente demasiado nobles para dignarse mover ellos mismos los labios– envían a sus lacayos al teatro para que silben la obra. En plena representación un consejero real del Estado lanza a los espectadores desde un palco un opúsculo en defensa del magnetismo; y cuando el insensato de Radet pretende visitar al día siguiente el salón de la duquesa de Villerois, esta ordena a sus criados que lo pongan de patitas en la calle: no recibirá a un individuo que ha osado "cual un Aristófanes ridiculizar al nuevo Sócrates". La locura crece de día en día y, cuantos más intrusos se dedican al nuevo juego de sociedad, más grotescas y rabiosas llegan a ser las exageraciones; en presencia del príncipe de Prusia y de todos los magistrados en uniforme de gala, se magnetiza en Charenton a un viejo caballo. En parques y palacios surgen arboledas y grutas magnéticas, en las ciudades círculos secretos y logias; se producen auténticas riñas entre partidarios y detractores, incluso duelos. En una palabra, la fuerza conjurada por Mesmer desborda su propia esfera, la medicina, e inunda toda Francia con un peligroso y contagioso fluido de esnobismo e histeria: la mesmeromanía.

LA ACADEMIA INTERVIENE

Ante una epidemia que se extiende con tanta virulencia ya no es posible por más tiempo considerar a Mesmer como no existente desde el punto de vista de la ciencia. La posibilidad o imposibilidad del magnetismo animal ha dejado de ser un tema de charla ciudadana para convertirse en una cuestión de Estado. El París intelectual y la nobleza se han pronunciado casi unánimemente a favor de Mesmer; en la corte, la reina María Antonieta, influida por la princesa de Lamballe, está completamente de su parte, todas sus damas de honor idolatran al "divino alemán". Una sola persona en el palacio de los Borbones mira con impávida desconfianza ese mágico ajetreo: el rey. Hombre nada neurasténico, con los nervios bien acolchados en la flema y la gordura, comilón rabelesiano, dueño de un buen aparato digestivo, Luis XVI es incapaz de sentir curiosidad por una terapia mental, y cuando Lafayette va a despedirse antes de partir para América, el monarca bonachón se burla de él afectuosamente diciéndole: "¿Qué dirán en Washington cuando sepan que se ha prestado a hacerse aprendiz de boticario del señor Mesmer?" El bueno y gordo de Luis XVI es enemigo de alborotos y agitaciones, por un instinto profético abomina las revoluciones e innovaciones, también en la esfera del espíritu. Como amante del orden, práctico y metódico, desea que de una vez para siempre se ponga en claro la interminable disputa acerca del magnetismo, y en marzo de 1784 firma una orden ministerial por la que la sociedad médica y la Academia deberán investigar oficial e inmediatamente las consecuencias útiles y perjudiciales del magnetismo.

Raras veces vio Francia una comisión tan imponente como la que nombraron ambas sociedades para aquella causa: casi todos sus nombres gozan todavía hoy de fama mundial. Entre los cuatro médicos se halla un tal doctor Guillotin, que siete años más tarde inventará la bonita máquina que cura todas las enfermedades terrenales en un segundo: la guillotina. Entre los demás nombres, brillan por su notoriedad el de Benjamín Franklin, inventor del pararrayos, el de Bailly, astrónomo y futuro alcalde de París, el de Lavoisier, el renovador de la química, y el de Jussieu, el famoso botánico. Pero ni toda la erudición deja entrever a esos espíritus, por lo general tan previsores, que dos de ellos, el astrónomo Bailly y el químico Lavoisier, pocos años después pondrán la cabeza bajo la máquina de su colega Guillotin, con el que ahora investigan en amistosa colaboración el mesmerismo.

Las prisas no son propias de la dignidad de una academia, sino que deben ser sustituidas por el método y el detenimiento. Y así transcurren algunos meses antes de que la ilustre entidad emita su voto definitivo. El documento oficial reconoce en primer lugar honrada y lealmente los innegables efectos de las curas magnéticas.

> "Unos están tranquilos, quietos y extasiados; otros tosen, escupen, experimentan un ligero dolor, un calorcillo tópico en todo el cuerpo y sudores; otros sufren convulsiones. Las convulsiones son extraordinarias en número, duración e intensidad. En cuanto empiezan en un paciente, se manifiestan asimismo en los demás. La comisión ha visto algunas que han durado hasta tres horas, acompañadas de la expulsión por la boca de un agua turbia y viscosa, debida a la violencia de estos esfuerzos. En ella aparecen también algunos rastros de sangre. Dichas convulsiones se caracterizan por rápidos e incontrolables movimientos de los miembros y de todo el cuerpo, contracciones de la garganta, espasmos en la región del abdomen (hipocondrio) y del estómago (epigastrio), por una turbación y fijeza de la mirada, gritos estridentes, eructos, lloros y risotadas desbocadas; las siguen largos estados de lasitud y fatiga, abatimiento y consunción. El ruido más insignificante, inesperado, los sobresalta, y hemos observado que los cambios de tono y de ritmo en las melodías tocadas al piano influyen en los enfermos, de modo que un movimiento

acelerado los estimula aún más y aumenta la impetuosidad de sus accesos nerviosos. Nada más asombroso que el espectáculo de estas convulsiones: quien no las ha visto, no puede hacerse una idea de ellas. En todo caso, sorprende, por un lado, la calma de toda una serie de enfermos y, por otro, la excitación de otros, los diversos incidentes que se van repitiendo y la simpatía que nace entre los enfermos; se ve a algunos que se sonríen y se hablan afectuosamente, y esto modera sus espasmos. Todos están sometidos al que los magnetiza. Aun cuando se hallen en un aparente estado de agotamiento, la mirada y la voz del magnetizador los reanima al instante."

Ahora, pues, queda oficialmente certificado que Mesmer ejerce una influencia sugestiva o de otra índole en sus pacientes. Algo está allí en juego, hacen constar los profesores, lo cual resulta inexplicable y para ellos, a pesar de toda su erudición, desconocido. "Después de ver estos resultados continuos, no se puede negar una cierta fuerza que actúa sobre las personas y las domina y cuyo vehículo es el magnetizador." En realidad, con esta última formulación los expertos han puesto el dedo muy cerca de la llaga: al punto caen en la cuenta de que estos fenómenos sorprendentes proceden del hombre, de la singular acción personal del magnetizador. Un paso más hacia ese inexplicable *rapport* entre magnetizador y médium y se habría dado un salto de cien años, acercando el problema al punto de vista de la observación moderna. Pero la comisión no da este paso. A tenor del rescripto real, su misión consistía en comprobar si existe o no un fluido magnético-animal, es decir, un nuevo elemento físico. Siguiendo estrictamente las normas, plantea dos preguntas: A mayúscula y B mayúscula. La primera, si, después de todo, este magnetismo animal se puede demostrar; la segunda, si es útil para la medicina, "pues –argumenta *more geometrico*–, por un lado, puede que el magnetismo animal exista y no sea útil, pero, por otro, en ningún caso puede ser útil si no existe".

De modo, pues, que la comisión no se ocupa del misterioso contacto entre médico y paciente, entre magnetizador y médium –es decir, del problema propiamente dicho–, sino sólo de la *présence sensible* del enigmático fluido y de la posibilidad de demostrar su existencia. ¿Se puede ver? No. ¿Se puede oler? No. ¿Se puede pesar, palpar, medir, gustar, observar por el microscopio? No. La comisión en vista de ello hace constar la imposibilidad para los sentidos externos de percibir esta sustancia.

"*S'il existe en nous et autour de nous, c'est doncs d'une manière absolument insensible.*" Después de esta verificación no demasiado difícil, la comisión pasa a investigar si por lo menos se puede demostrar algún efecto de esa sustancia invisible. A tal fin, los investigadores primero se hacen magnetizar a sí mismos. Pero, como es sabido, la sugestión no obra efecto alguno en los hombres rebosantes de salud.

"Ninguno de nosotros ha sentido nada o por lo menos nada que pueda explicarse como reacción al magnetismo; uno sólo ha experimentado un cierto nerviosismo por la tarde, pero ninguno ha llegado a la crisis." Ya desconfiados, investigan, con más prevención si cabe, el hecho incontestable de los efectos en los demás. Someten a los pacientes a una serie de pruebas. Por ejemplo, presentan a una mujer unas cuantas tazas, una sola de las cuales está magnetizada y, en efecto, la mujer se equivoca y escoge una de las que no lo están. Lo cual parecería demostrar que tales efectos son pura patraña, *imagination*, fantasía. Sin embargo, los académicos tienen que reconocer al mismo tiempo que en esta paciente se produce una crisis tan pronto como el magnetizador le ofrece la taza. La solución, pues, está de nuevo muy cerca, en realidad en la palma de la mano; por lógica ahora deberían consignar que esos fenómenos se producen por un determinado contacto entre el magnetizador y el médium, y no a causa de una materia mística. Pero, como el mismo Mesmer, los académicos hacen caso omiso del candente problema de la influencia personal a través de la transmisión sugestiva o fluidal, y como conclusión declaran solemnemente la *nullité du magnétisme.* Donde no se ve nada, no se siente ni huele nada, nada existe, declaran, y aquella notable influencia se basa en la pura *imagination*, en la fantasía, lo cual, naturalmente, sólo es una palabra muy desacertada, por cierto, para explicar el concepto de sugestión.

Con esta solemne declaración sobre la inexistencia del magnetismo se despacha también, naturalmente, la segunda cuestión sobre la eventual utilidad del tratamiento magnético (nosotros decimos psíquico). Pues un efecto cuya causa ignora una academia en modo alguno puede ser tenido por útil o curativo para el mundo. Así, los expertos (es decir, los que en esta ocasión no entienden nada del asunto en cuestión) afirman que el método del señor Mesmer entraña un peligro, porque las crisis y las convulsiones provocadas artificialmente pueden hacerse crónicas. Y en una larga frase que hace contener la respiración durante un tiempo considerable emiten su veredicto final: "Una vez los miembros de la comisión han comprobado que el fluido del magnetismo animal no se puede percibir por ninguno de nuestros sentidos, pues no ejercía ningún efecto sobre los mismos ni sobre los enfermos a él sometidos, y tras verificar que los toques y las fricciones sólo algunas veces han producido cambios favorables en el cuerpo y siempre trastornos peligrosos de la imaginación, puesto que por otra parte han demostrado que la fantasía puede provocar convulsiones también sin magnetismo, han concluido unánimemente que nada prueba la existencia de un fluido magnético-animal y que, en consecuencia, este fluido indemostrable no tiene utilidad alguna, que los poderosos efectos que se han observado en el tratamiento presentado son atribuibles en parte al contacto físico, a la imaginación con él excitada y al automatismo, que nos obliga a repetir contra nuestra voluntad procesos que actúan sobre nuestros sentidos. Asimismo, esta comisión se siente en el deber de añadir que estos contactos físicos, estas repetidas excitaciones destinadas a provocar crisis, pueden ser nocivas, y que el hecho de presenciarlas puede ser peligroso porque alienta a imitarlas, algo que la naturaleza nos ha impuesto, y por esta razón este tipo de tratamiento a la larga sólo puede tener consecuencias perniciosas."

A este informe público de 11 de agosto de 1784 la comisión adjunta otro secreto, manuscrito, dirigido al rey, que con lóbregas palabras señala los peligros para la moral que comporta la excitación nerviosa y la promiscuidad de sexos. Con este voto de la Academia y el informe desfavorable, igualmente furibundo, del colegio médico, queda definitivamente liquidado para el mundo erudito el método psíquico, la curación por influencia personal. De nada sirve que unos meses más tarde se descubran los fenómenos del sonambulismo, de la hipnosis y de la influencia mediumnística de la voluntad y sean presentados tras muchos experimentos como tan evidentes e irrefutables, que sumen a todo el mundo intelectual en una agitación inmensa: para la erudita Academia de París, después de haber expuesto por escrito su opinión en el siglo XVIII, ya no habrá fenómenos suprasensibles y de sugestión hasta comienzos del XX. Cuando en 1830 un médico francés quiere presentarle pruebas, de nuevo las rechaza. También las rechaza cuando en 1840, Braid, con su "neurohipnología", ya hace tiempo que ha convertido la hipnosis en un instrumento usual de la ciencia. En todos los pueblos y ciudades de Francia, Europa y América, aparecen magnetizadores profanos ya desde 1820 en salas abarrotadas haciendo gala de los efectos más sorprendentes, y ya no hay persona medio, o casi, erudita que pretenda negarlos. Pero la Academia de París, la misma que desechara el pararrayos de Franklin y la vacuna antivariólica de Jenner, que tildara de utopía el barco de vapor de Fulton, persiste en su insensata arrogancia, vuelve la cabeza y afirma no ver ni haber visto nada.

Y esta actitud perdura a lo largo de cien años, hasta que, por fin, en 1882, el científico francés Charcot consigue que la ilustre Academia se digne tener conocimiento oficial de la hipnosis; así, el voto erróneo de la Academia sobre Franz Anton Mesmer ha retrasado y desaprovechado en más de un siglo en París un conocimiento que, de haberle prestado una atención más justa y decidida, la ciencia hubiera podido poseer ya en 1784.

LA LUCHA POR LOS INFORMES

Una vez más –¿cuántas van ya?– la justicia académica ha condenado el método psíquico de curación. Apenas la Sociedad de Medicina hace pública su recusación, estalla un júbilo clamoroso entre los adversarios de Mesmer, como si se hubiera liquidado para la eternidad todo tratamiento psicoterapéutico. En las librerías se venden divertidos grabados en cobre que representan la "victoria de la ciencia" lo suficientemente claros incluso para analfabetos: envuelta en una deslumbrante aureola, la comisión de sabios despliega el decreto aniquilador, y ante esta "luz siete veces rutilante" huyen, montados en una escoba de bruja, Mesmer y sus discípulos, cada uno adornado con una cabeza y una cola de asno; otra estampa muestra la ciencia lanzando rayos contra los charlatanes, que se precipitan en el infierno tropezando con las cubetas de salud hechas pedazos; una tercera representa a Mesmer magnetizando un orejudo asno con la inscripción: "*Nos facultés son en rapport*". Aparecen docenas de libelos difamatorios, y en las calles se canta una nueva canción:

Le magnétisme est aux abois,
La faculté, l'Académie
L'ont condamné tout d'une voix
Et même couvert d'infamie.
Après ce jugement, bien sage et bien légal,
Si quelque esprit original
Persiste encore dans son délire,
Il sera permis de lui dire:
Crois au magnétisme... animal!

Y, en verdad, todo hace suponer que, como en Viena, el violento golpe de cetro propinado por la Academia a Mesmer le ha roto definitivamente la cerviz también en París. Pero estamos en 1784. Cierto que todavía no ha estallado la tormenta de la revolución, pero la agitación y la sedición yerran ya como peligrosos fantasmas por la atmósfera de la ciudad. El cristianísimo rey promueve un decreto que es promulgado solemnemente por la Academia; nadie hubiera osado oponerse a un anatema tan aniquilador dictado por el rey Sol. Pero bajo el reinado del débil Luis XVI, un sello real ya no representa una protección frente a la burla y la discusión; el espíritu revolucionario ha calado hace tiempo en la sociedad, que se coloca de buen grado en apasionante oposición a la opinión real. Y, así, un enfurecido enjambre de escritos apologéticos circula por París y Francia justificando a Mesmer. Abogados, médicos, comerciantes y miembros de la alta nobleza publican con nombres y apellidos informes agradecidos sobre sus curaciones, y en medio de mamarrachadas vacías y chapuceras se descubren en estos panfletos palabras claras y audaces. Por ejemplo, J.B. Bonnefoy, del cuerpo de cirujanos de Lyon, pregunta enérgicamente si los señores de la Academia podrían ofrecer un tratamiento mejor. "¿Cómo proceden con las enfermedades nerviosas, esas enfermedades todavía hoy completamente desconocidas? Someten a los enfermos a baños fríos y calientes, emplean medicamentos excitantes, refrescantes, estimulantes o sedativos, y ninguno de estos tristes paliativos ha logrado hasta ahora efectos tan sorprendentes como el método psicoterapéutico de Mesmer." En *Doutes d'un provincial*, un autor anónimo culpa a la Academia de no haber abordado por cerril altanería el problema propiamente dicho. "No basta, señores míos, que su espíritu se eleve por encima de los prejuicios del siglo. Sería necesario también olvidar los intereses de casta en aras del bien público." Un abogado profetiza: "El señor Mesmer ha edificado un gran sistema sobre la base de sus descubrimientos. Este sistema puede que sea tan malo como todos los precedentes, pues siempre es peligroso recurrir a las primeras causas, pero si, independientemente del sistema, ha puesto en claro algunas ideas, aunque sean dispersas, si una sola verdad le debe su existencia, entonces tiene el derecho inalienable al respeto de la gente. En este sentido será juzgado por una época futura, sin que todas las comisiones y todos los gobiernos del mundo le puedan quitar su mérito."

Pero las academias y las instituciones doctas no discuten, deciden. Una vez han tomado una decisión, pasan por alto con arrogancia cualquier objeción. Sin embargo, en este caso especial se encuentran con una situación desagradable e inesperada, a saber: un hombre de sus propias filas se levanta para formular una acusación; es un miembro de la comisión y nada más y nada menos que el famoso botánico Jussieu. Ha participado en las investigaciones por orden del rey, las ha acometido más a fondo y con menos prejuicios que la mayoría y por esta razón, en el momento de emitir el veredicto, se ha negado a estampar su firma al pie del acta de condena. Al ojo sagaz del botánico, acostumbrado a observar con respetuosa paciencia los restos de fibras y de semillas, aun los más diminutos e insignificantes, no se le ha escapado el punto débil de la investigación, a saber, que la comisión ha arremetido contra las aspas de molino de la teoría y, por consiguiente, ha golpeado en el vacío, en vez de investigar las posibles causas de la cura mesmeriana a partir de sus innegables efectos. Sin aceptar las fantasías de Mesmer, su magnetización de árboles, espejos, aguas y animales, Jussieu se limita a constatar lo nuevo, propio y sorprendente: que en esta nueva cura hay alguna fuerza que actúa sobre los enfermos. Y, aunque, como los demás, no puede verificar la existencia de este fluido mediante el tacto y la vista, sin embargo, por lógica, deja abierta la posibilidad de un agente que "se puede transferir de una persona a otra y que a menudo ejerce en esta última una influencia visible". Este honrado empírico no se aventura a ningún tipo de conjetura acerca de qué clase de fluido sea, si magnético, psíquico o eléctrico. Tal vez, dice, sea la propia fuerza vital, pero en todo caso no cabe la menor duda de que hay en juego una fuerza, y el deber de expertos sin prejuicios hubiera sido investigar esta fuerza y sus efectos, en lugar de negar de antemano un fenómeno que aparece por primera vez con una palabra tan vaga e imprecisa como imaginación. Un apoyo tan inesperado por parte de un hombre completamente imparcial significa para Mesmer una importante ayuda moral. Ahora toma él mismo la ofensiva, presenta una queja ante el Parlamento, en la cual protesta porque la comisión en su examen pericial se ha dirigido únicamente a Desion, en vez de interrogarlo a él, el verdadero descubridor del método, y exige una nueva investigación imparcial. Pero la Academia, feliz de haber cerrado al fin el embarazoso caso, no responde. Desde el momento en el que se ha publicado su fallo, en su opinión la propuesta de Mesmer a la ciencia ha quedado definitivamente liquidada.

Sin embargo, en este asunto la Academia de París ha tenido mala mano, pues justo en el momento en el que arroja por la puerta de la medicina el indeseable y desconocido fenómeno de la sugestión, este entra de nuevo por la de la psicología. Ese mismo año 1784, en el que la Academia cree haber ajusticiado con su dictamen el procedimiento de medicina natural, sospechosa de magia, es en realidad el año del nacimiento de la psicología moderna, pues es entonces cuando Puységur, discípulo y colaborador de Mesmer, descubre el fenómeno del sonambulismo inducido y con ello pone de relieve, bajo una nueva luz, las interacciones subterráneas entre cuerpo y alma.

EL MESMERISMO SIN MESMER

La vida resulta siempre más imaginativa que cualquier novela. Ningún artista hubiera sido capaz de inventar, para el trágico infortunio que persiguió implacablemente a Mesmer durante toda su vida y más allá de la muerte, un símbolo más irónico que el hecho de que este buscador e investigador desesperado no hiciera él mismo su decisivo descubrimiento y que, por lo tanto, lo que desde entonces se llama mesmerismo no sea la teoría ni el hallazgo de Franz Anton Mesmer. Ciertamente fue el primero en provocar aquella manifestación de energía, decisiva para conocer la dinámica psíquica, pero –¡oh, fatalidad!– no se percató de ella. La vio y a la vez no la vio. Pero, como por acuerdo generalmente aceptado, un descubrimiento no pertenece a quien lo ha ido preparando, sino a quien repara en él y lo formula. Así, la fama de haber demostrado por primera vez la posibilidad de influir psíquicamente en el hombre mediante la hipnosis y haber iluminado de este modo esa inmensa región entre consciencia e inconsciencia, no recae en Mesmer, sino en su fiel discípulo, el conde Maxime de Puységur. Pues en el año fatal de 1784, mientras Mesmer lucha a brazo partido por sus queridos molinos de viento, por el fluido magnético, contra academias y sociedades científicas, su discípulo publica un sobrio y objetivo *Rapport des cures opérées à Bayonne par le magnétisme animal, adressé à M. l'abbé de Poulanzet, conseiller-clerc au parlament de Bordeaux*, 1784, que explica de forma clara hechos innegables que el metafísico alemán había buscado en vano en lo cósmico y en su místico fluido universal.

Los experimentos de Puységur fuerzan la entrada al mundo psíquico por el lado más insospechado. Desde los tiempos primitivos, tanto en la Edad Media como en la Antigüedad, la ciencia había considerado, siempre con nuevo estupor, el fenómeno del sonámbulo y del sonambulismo como un hecho fuera de lo normal. Entre cientos de miles o millones de personas normales siempre nace uno de esos singulares noctámbulos que, tocado en su sueño por el claro de luna, se levanta de la cama con los ojos cerrados, sube por escaleras y escalerillas hasta el tejado, sin ver ni palpar, una vez allí recorre con los párpados cerrados los peligrosos bordes, los tejadillos y los aleros, y luego vuelve a su lecho sin que, al día siguiente, conserve el más mínimo recuerdo ni la menor idea de su correría nocturna por el mundo del inconsciente. Ante este fenómeno evidente, hasta Puységur fracasaron todas las explicaciones. No se podía llamar dementes a esta clase de personas, pues en estado de vigilia ejercían su profesión con destreza y seguridad. Tampoco se las podía considerar normales, pues su conducta en estado de sonambulismo contradecía todas las leyes vigentes del orden natural: cuando una de estas personas camina a oscuras y, sin embargo, con los párpados cerrados, las pupilas completamente ocultas, sin la vista diurna, percibe las irregularidades más pequeñas del suelo que pisa; cuando sigue los senderos más peligrosos (que jamás superaría despierta) con la seguridad del sonámbulo, ¿quién la guía para que no se caiga? ¿Quién la sostiene? ¿Quién ilumina su sentido de la vista? ¿Qué clase de visión interior detrás de sus párpados cerrados, qué *sens intérieur*, qué *second sight* conduce a ese soñador diurno o ensoñado como un ángel alado a través de todos los peligros? Así, los sabios no cesan de preguntarse desde la Antigüedad: a lo largo de mil, dos mil años, el espíritu investigador hace frente aquí a uno de esos juegos mágicos de la vida que de vez en cuando la naturaleza lanza al orden regulado de las cosas, como si con esta desviación incomprensible de sus leyes universales quisiera volver a recordar a la humanidad el respeto que debe a lo irracional.

Entonces, de pronto, tan molesto como inoportuno, un discípulo de ese endiablado Mesmer, que ni siquiera es médico, sino un simple magnetizador aficionado, comprueba con experimentos irrefutables que el fenómeno de este estado crepuscular no es un descuido en el programa de trabajo de la naturaleza, una anomalía aislada, como un niño con cabeza de buey o gemelos siameses, entre las miríadas de casos normales, sino un grupo orgánico de fenómenos, y –¡más importante y delicado aún!– demuestra que este estado de sonambulismo, en el que la voluntad pierde fuerza y el hombre actúa inconsciente durante el sueño magnético (nosotros decimos hipnótico), se puede provocar por medios artificiales en casi todas las personas. Puységur, un conde rico y distinguido, filántropo en sumo grado a tenor de la moda, se había interesado muy pronto y muy apasionadamente por la teoría de Mesmer. Impelido por un diletantismo humanitario y una curiosidad filosófica, practica desinteresadamente en su hacienda de Buzancy curas magnéticas según las prescripciones del maestro. Sus pacientes no son marquesas histéricas ni aristócratas decadentes, sino soldados de caballería, jóvenes campesinos, material de experimentación en bruto, sano, sin asomo de neurastenias (y por ello doblemente valioso). También ahora una serie de personas ávidas de curación acude a él, y el filantrópico conde, fiel a los preceptos mesmerianos, se afana por provocar en sus enfermos las crisis más violentas. Pero un día se asombra, se asusta incluso. Un joven pastor llamado Víctor, en vez de reaccionar a los frotamientos magnéticos con los espasmos, las convulsiones y los temblores esperados, se queda simplemente laxo y se duerme tan tranquilo en manos del magnetizador. Ante tal comportamiento, que va en contra de la regla según la cual el magnetizador provoca ante todo convulsiones y no sueño, Puységur trata de despertar a ese palurdo sacudiéndolo. ¡Pero en vano! Puységur le habla a gritos, sin embargo, el muchacho no se mueve. Lo zarandea, pero, cosa rara, el joven duerme con un sueño completamente distinto del normal. Y, de repente, cuando le ordena de nuevo que se levante, el muchacho realmente obedece y empieza a dar unos cuantos pasos, pero con los ojos cerrados. A pesar de ello, se comporta del todo como una persona despierta, dueña de todos sus sentidos, aunque todavía sumida en el sueño. Se ha convertido en un sonámbulo a pleno día. Desconcertado, Puységur trata de hablar con él, de interrogarlo. Y he aquí que el joven campesino responde a todas las preguntas con total claridad y sensatez, incluso en un lenguaje más refinado que de costumbre. Puységur, enardecido por tan inesperado resultado, repite el experimento. Y, en efecto, no sólo consigue provocar ese estado de duermevela, por medio de la magnetización (más correctamente, sugestión) en el joven pastor, sino también en toda una serie de personas. Puységur, entusiasmado por este inesperado descubrimiento, prosigue sus ensayos con pasión y doble empeño. Da las llamadas órdenes post-hipnóticas, es decir, manda a la persona dormida que, al despertar, ejecute determinados actos. Y, en efecto, los médiums, incluso una vez recuperada su consciencia normal, llevan a cabo con absoluta perfección las órdenes recibidas en estado de sonambulismo. Ahora Puységur sólo necesita anotar en su folleto estos sorprendentes procesos y habrá cruzado el Rubicón de la psicología moderna, fijando por vez primera el fenómeno de la hipnosis.

Por supuesto, la hipnosis no apareció en el mundo por primera vez con Puységur, pero sí entonces se tuvo conciencia de ella. Ya Paracelso cuenta que, en un monasterio de Kärntner, los monjes, mientras trataban a los enfermos, distraían su atención con objetos brillantes; en la Antigüedad, desde Apolonio de Tiana, se encuentran indicios de procedimientos hipnóticos. Más allá del ámbito humano, en el reino animal, era conocida desde hacía mucho tiempo la mirada cautivadora y paralizante de la serpiente, que era el mismo símbolo mitológico de la Medusa, ¿qué otra cosa significa sino la neutralización de la voluntad por una fuerza sugestiva? Sólo que este entumecimiento obligado de la atención nunca se había utilizado como método, ni siquiera por el propio Mesmer, que lo había empleado inconscientemente infinidad de veces con sus fricciones y miradas fijas. Claro que a menudo había caído en la cuenta de que, bajo su mirada o por efecto de los roces, algunos de sus pacientes de pronto sentían los ojos pesados, bostezaban y se relajaban, sus párpados empezaban a temblar nerviosamente y se cerraban poco a poco; incluso Jussieu, testigo casual, describe en su informe uno de estos casos: un paciente con los ojos cerrados de pronto se levanta, magnetiza a otros pacientes y, siempre con los ojos cerrados, retrocede y se sienta de nuevo tranquilamente, sin tener noción de sus actos, sonámbulo en pleno día. Docenas de veces, cientos quizá, Mesmer ha visto, durante sus muchos años de consulta, esta relajación de sus pacientes, este abismarse en sí mismos y volverse insensibles. Pero, como sea que él sólo perseguía la crisis, la convulsión como remedio, pasó siempre por alto obstinadamente esos curiosos estados crepusculares. Hipnotizado por su idea del fluido universal, mientras él mismo hipnotiza, este hijo del infortunio se fija sólo en este punto y se pierde en su teoría, en vez de actuar siguiendo las sapientísimas palabras de Goethe: "Lo más importante sería comprender que todo lo real es ya teoría; no se busque tras los fenómenos, pues ellos mismos son la doctrina". Así, pues, Mesmer deja de lado la idea reina de su vida y de esta manera, otro cosecha lo que sembrara el audaz precursor. El fenómeno determinante del "lado nocturno de la naturaleza", el hipnótico, lo descubre su discípulo bajo mano. Y, estrictamente hablando, en cierto modo el mesmerismo toma el nombre de Mesmer con tan poca propiedad como América el de Américo Vespucio.

Las consecuencias futuras de esta observación, al parecer insignificante, realizada en la consulta de Mesmer por su ayudante, difícilmente se pueden abarcar de una ojeada. De la noche a la mañana, el campo de observación se ha ensanchado hacia dentro, como si se hubiera encontrado una tercera dimensión. Pues, al comprobarse en aquel simple campesino de Buzancy que, en la esfera del pensamiento, entre blanco y negro, entre sueño y vigilia, entre raciocinio e instinto, entre voluntad y coerción, entre consciencia e inconsciencia, existe toda una serie de estados escurridizos, fluctuantes e inestables, se ha introducido una diferenciación respecto de lo que llamamos alma. Aquel experimento en si tan baladí evidencia de modo irrefutable que incluso los fenómenos psíquicos más extraordinarios, que parecen salir proyectados como meteoros fuera del espacio de la naturaleza, obedecen a unas normas fijas y determinadas. El sueño, considerado hasta entonces un estado negativo, como ausencia de vigilia y por tanto como un vacío negro, revela, en estos estados intermedios de la duermevela o de vigilia-sueño recién descubiertos, un sinnúmero de fuerzas misteriosas que se contraponen en el cerebro humano, más allá de la razón consciente y que, precisamente por efecto de la distracción de la conciencia censora, se manifiesta con toda evidencia la vida psíquica: una idea, aquí sólo torpemente esbozada, que cien años más tarde el psicoanálisis desarrollará y explotará. Con este cambio de rumbo, con la atención puesta en el inconsciente, todos los fenómenos del espíritu adquieren un sentido completamente nuevo, innumerables reacciones se precipitan hacia fuera por una puerta abierta gracias al azar más que a propósito por la mano del hombre: "gracias al mesmerismo el hombre se ve obligado por primera vez a investigar los fenómenos de la concentración y la desconcentración, de la fatiga, la atención, la hipnosis, las crisis nerviosas y la simulación, que, juntos, constituyen la psicología moderna" (Pierre Janet). Por primera vez, la humanidad puede comprender y dar un sentido lógico a muchas cosas que hasta entonces le parecían mágicas y sobrenaturales.

Este súbito ensanchamiento del universo interior a raíz de una pequeña observación de Puységur despierta enseguida un inmenso entusiasmo en todos sus contemporáneos. Y resulta difícil describir el efecto, inquietante y rápido, que el mesmerismo, como primera noción de fenómenos hasta entonces ocultos, provoca en las clases cultas de Europa. Montgolfier acababa de conquistar el éter y Lavoisier de descubrir el orden químico de los elementos, cuando he aquí que a eso se añade con éxito una primera irrupción en el mundo suprasensible: no es de extrañar que toda aquella generación se sienta animada por una delirante esperanza de poder al fin desvelar el misterio del alma, tan primitivo como el hombre mismo. Poetas y filósofos, esos eternos geómetras del reino espiritual, son los primeros, apenas se han explorado las ignotas orillas, en internarse por el nuevo continente: un oscuro presentimiento les dice que hay innumerables tesoros por desenterrar de sus profundidades. El Romanticismo ya no busca lo romántico y extraordinario en los bosques de los druidas, en la caverna de Polifemo y en las cocinas de las brujas, sino en estas nuevas esferas sublunares entre el sueño y la vigilia, entre la voluntad y la coacción. De todos los poetas alemanes, el más fuerte y profundo, es Heinrich von Kleist, el que se siente más penetrado por este "lado nocturno de la naturaleza". Como, por su manera de ser, todo abismo lo atrae, se abandona totalmente al placer de arrojarse a estas profundidades con talante creador y describir como poeta esos estados de vértigo que oscilan entre sueño y vigilia. De golpe, con el ímpetu que lo caracteriza, se adentra en los misterios más profundos de la psicopatología. Nunca se ha descrito de modo más genial un estado crepuscular como en su *Marquesa de O*, nunca la literatura de ficción ha relatado con tanta perfección clínica y a la vez de modo tan diferente casos de sonambulismo como en *Käthchen von Heilbronn* y en el *Príncipe de Homburg*. Mientras Goethe, entonces ya más moderado, sigue de lejos, sólo con mesurada curiosidad, los nuevos descubrimientos, los jóvenes románticos se acercan a ellos apasionadamente. E.T.A. Hoffmann, Tieck y Brentano; en filosofía Schelling, Hegel y Fichte, se confiesan partidarios entusiastas de esta concepción revolucionaria; Schopenhauer encuentra en el mesmerismo el argumento decisivo a favor de la primacía de la voluntad sobre la razón en estado de vigilia, que es lo que trataba de demostrar. En Francia, Balzac, en *Louis Lambert*, su libro más personal, presenta prácticamente una biología de la fuerza de voluntad, capaz de transformar el mundo, y lamenta que la magnitud de los descubrimientos de Mesmer –*si importante et si mal appréciée encore*– no hayan triunfado todavía en todas partes. Al otro lado del océano, Edgar Allan Poe crea, con claridad cristalina, la novela clásica de la hipnosis. Se ve, pues, que dondequiera que la ciencia abre una rendija en el negro muro de los secretos de la naturaleza, al instante se infiltra en ella, cual gas de color, la fantasía del escritor y anima las esferas recién descubiertas con hechos y figuras; con la renovación de la psicología –y Freud es un ejemplo en nuestros días– empieza siempre también una nueva literatura psicológica. Y aun si cada palabra, cada teoría y cada pensamiento de Mesmer estuvieran cien veces equivocados (cosa muy dudosa), ha sido más fecundo que todos los eruditos e investigadores de su tiempo y ha señalado la dirección de una ciencia en ciernes, largo tiempo necesaria, atrayendo la mirada de la nueva generación hacia los misterios del alma.

La puerta está abierta, la luz penetra en un espacio nunca hasta entonces iluminado por la ciencia. Pero siempre sucede lo mismo: apenas se abre en algún sitio una puerta a lo nuevo, con los primeros exploradores entra también un confuso tropel de frívolos curiosos, exaltados, locos y charlatanes. Pues es característica de la humanidad, sana y a la vez peligrosa, la ilusión de que puede franquear de golpe y de un salto las fronteras de lo terrenal y unirse al misterio del universo. Y si en algún punto se logra ensanchar siquiera en una pulgada el espacio de la ciencia, en el acto y con este sólo descubrimiento, la crédula insaciabilidad espera poseer la llave del universo entero. También esta vez. Apenas descubierto el hecho de que, en el sueño provocado artificialmente, el hipnotizado puede responder a las preguntas, se cree ya que los médiums pueden responderlas todas. Con peligrosa precipitación los soñadores son declarados de inmediato videntes, los sueños diurnos son equiparados a sueños proféticos. Otro sentido del hombre, más profundo, el llamado sentido "interior", se despierta en este encantamiento. "En la clarividencia magnética el espíritu recibe ese instinto que guía al pájaro a través del mar hasta una tierra que nunca ha visto, ese instinto que impulsa al insecto a una actividad profética en pro de sus crías todavía no nacidas; dicho en un lenguaje inteligible: contesta a nuestras preguntas" (Schubert). Los extremistas del mesmerismo pregonan literalmente que "en los estados de crisis los sonámbulos pueden ver el futuro, sus sentidos pueden extenderse a cualquier distancia y en todas las direcciones"; hacen profecías y vaticinios; sumidos en un estado de introspección (un tipo particular de examen interior) son capaces de percibir el interior de su propio cuerpo y del ajeno y así diagnosticar enfermedades infaliblemente. Estando en trance, incluso los analfabetos saben hablar en latín, hebreo, arameo y griego, citar nombres nunca oídos, solucionar los problemas aritméticos más complicados sin ningún esfuerzo; al parecer, los sonámbulos, arrojados al agua, no se hunden; su espíritu adivino les permite leer, "con la fosa epigástrica", libros cerrados y sellados, puestos sobre su cuerpo desnudo; pueden ver con claridad meridiana acontecimientos que ocurren simultáneamente en otras partes del planeta, descubrir mediante su sueño crímenes cometidos décadas antes. En suma, no hay trampería, por absurda que sea, que no se pueda descubrir a través de los médiums. Se lleva a los sonámbulos a cuevas donde se supone que hay tesoros escondidos y se cava un hoyo en la tierra hasta la altura del pecho a fin de que el contacto mediumnístico descubra oro o plata. O se los coloca con los ojos vendados en medio de una farmacia para que, gracias a su "sentido superior", adivinen la medicina correcta para los enfermos, y he aquí que, entre centenares de fármacos, escogen a ciegas el único que es benéfico. Sin el menor escrúpulo se atribuye a los médiums las cosas más increíbles, todos los fenómenos y las prácticas ocultas que proliferan todavía hoy en nuestro despierto mundo como fantasmas errantes: videncia, adivinación del pensamiento, exorcismo espiritista, artes telepáticas y teleplásticas, todo ello proviene del primitivo entusiasmo por "el lado nocturno de la naturaleza". No tarda mucho en tomar cuerpo un nuevo oficio: el del sonámbulo profesional. Y puesto que un médium es más valorado cuanto más sorprendentes son sus revelaciones, los prestidigitadores y simuladores se valen de todos los trucos y engaños para elevar sin escrúpulos su fuerza "magnética" hasta extremos increíbles. Ya en tiempos de Mesmer empiezan a celebrarse aquellas famosas veladas espiritistas en habitaciones oscuras donde se conversa con Julio

César o con los apóstoles; los espíritus son enérgicamente conjurados y "realizados". Todos los crédulos, necios y supersticiosos, todos los poetastros como Justinus Kerner, y pseudointelectuales como Ennemoser y Kluge, hablan y escriben maravillas sobre el sonambulismo artificial. Es muy comprensible, pues, que, ante sus ruidosas y a menudo ridículas exaltaciones, la ciencia se encoja incrédula de hombros y termine por evitarlos con enojo. Poco a poco, en el siglo XIX, el mesmerismo va cayendo en el descrédito. Demasiado ruido en torno a una idea la vuelve ininteligible. Y nada hace retroceder más fatalmente el efecto de una idea productiva que su exageración.

REGRESO A CASA, OLVIDADO DEL MUNDO

¡Pobre Mesmer! Nadie está más aterrorizado por la tumultuosa irrupción del mesmerismo que él, el inocente padre que le dio nombre. Donde él trataba honradamente de descubrir con sus investigaciones un método curativo, una báquica horda de livianos nigromantes, pseudomagos y ocultistas entra en estampida, presa de un arrobamiento desmedido; y por haber tenido la desdicha de haberle dado el nombre, Mesmer se siente responsable de los daños morales. En vano se defiende el culpable-inocente de sus espurios sucesores: "En la falta de escrúpulos y de cuidado de los que imitan mi método está la causa de muchos prejuicios formulados contra mí" Pero, ¿cómo desmentir a sus propios seguidores exaltados? Desde 1785, el "magnetismo animal" de Mesmer ha sido superado y liquidado por el mesmerismo, su feroz bastardo. Lo que no lograron todos sus enemigos juntos, la Academia y la ciencia, lo consiguen sus escandalosos y horribles seguidores: durante décadas, pasará Mesmer por un embaucador casquivano y el inventor de una charlatanería de feria.

En vano protesta y lucha durante unos años el dinámico Mesmer contra el malentendido mesmerismo, pero siempre prevalece el error de miles sobre la verdad de uno solo. Ahora están todos contra él: sus enemigos, por haber ido demasiado lejos; sus amigos, porque no respalda sus exageraciones; y, sobre todo, lo abandona la época, hasta entonces tan favorable. La Revolución Francesa barre de golpe el trabajo de años de Mesmer y lo relega al olvido. Una hipnosis de masas, mucho más desenfrenada que las convulsiones delante de la cubeta, sacude el país entero; ahora, en lugar de las curas simplemente magnéticas de Mesmer, la guillotina efectúa sus curas de acero, infalibles. Ahora los príncipes, las duquesas y los filósofos aristócratas ya no tienen tiempo para lucir su ingenio charlando del fluido; se han terminado las reuniones espiritistas en los palacios y los palacios mismos han quedado destruidos. El mismo acero afilado cae sobre las cabezas de amigos y enemigos, de la reina y el rey, de Bailly y Lavoisier. Pasados son los tiempos en los que la gente se entusiasmaba filosóficamente con las curas mágicas y sus maestros; ahora el mundo no piensa sino en política y, ante todo, en la propia cabeza. Mesmer ve cómo queda desierta su clínica, desocupada su cubeta, y el millón de francos ganado con tanto esfuerzo, deshojado y convertido en asignados sin valor; no le queda más que su propia vida, y aun ésta parece amenazada. El destino de sus compatriotas alemanes Trenck, Cloots, Kellermann y Adam Lux, pronto enseñará cuán poco segura está la cabeza de un extranjero sobre su cuello durante el Terror, y que lo mejor que puede hacer un alemán es cambiar de residencia. De forma que, Mesmer cierra su casa y huye de París y de Robespierre en el año 1792, completamente arruinado y olvidado.

Hic incipit tragoedia. Arrancado de la noche a la mañana de la fama y la riqueza, solo y con cincuenta años, un hombre cansado y desengañado abandona ahora el lugar de sus triunfos europeos, sin saber qué hacer ni dónde reposar su cabeza. De repente el mundo ya no necesita ni quiere al que todavía ayer festejaba como a un salvador y colmaba de todos los honores y agasajos. ¿No será más aconsejable ahora esperar tiempos mejores en la tranquila patria a orillas del lago de Constanza? Entonces recuerda que todavía tiene una casa en Viena que ha heredado a la muerte de su esposa, la hermosa casa de la Landstrasse; allí espera encontrar el reposo necesario para su edad y sus estudios. Quince años, piensa, tienen que bastar para aplacar el odio más encendido. Los viejos médicos, sus enemigos de antaño, hace tiempo que yacen en la tumba; María Teresa ha muerto y dos emperadores tras ella, José II y Leopoldo. ¡Quién piensa todavía en el desgraciado asunto de la señorita Paradies!

El anciano cree, pues, que puede hallar reposo en Viena. Pero la muy loable policía de la corte tiene buena memoria. Apenas llegado, el 14 de septiembre de 1793, "el desacreditado médico" doctor Mesmer es citado urgentemente ante el juez para responder de su "precedente ubicación". Como declara que sólo ha estado en Constanza y "sus alrededores", se piden inmediatamente "los informes pertinentes" al distrito de Freiburg sobre sus "sospechosas opiniones"; la vieja máquina burocrática austríaca empieza a chirriar y se pone en movimiento. Pero lo cierto es que las noticias que llegan del jefe de la policía de Constanza son favorables, diciendo que allí Mesmer se "ha comportado irreprochablemente" y "llevado una vida muy solitaria" y que "nadie ha notado nada en relación con principios erróneos y peligrosos". De modo que hay que esperar para tenderle un lazo más fuerte, como en el caso de la señorita Paradies. Y, en realidad, no pasa mucho tiempo antes de que se presente un nuevo caso. En el pabellón del jardín de la casa de Mesmer vive una tal princesa Gonzaga. Como hombre cortés y bien educado, el doctor Mesmer hace una visita de cumplido a su inquilina. Puesto que él viene de Francia, la princesa le habla, naturalmente, de los jacobinos, y lo hace utilizando las mismas expresiones que hoy se pueden oír en ciertos círculos sociales hablando de los revolucionarios rusos. Llena de indignación, los llama –cito textualmente las palabras en francés de la informadora– "*ces gueux comme des régicides, des assassins, des voleurs*". Pues bien, Mesmer, pese a que también él ha huido del terror y ha perdido toda su fortuna por culpa de la Revolución, como intelectual encuentra demasiado simple esa definición de un movimiento de trascendencia mundial con respecto a la cultura y dice, poco más o menos que al fin y al cabo aquellos hombres luchan por la libertad, que personalmente no son ladrones, sino gravan con impuestos a los ricos en beneficio del Estado, que también el emperador cobra impuestos. La pobre princesa Gonzaga por poco se desmaya. ¡Si tenemos a un jacobino de carne y hueso en casa! Apenas Mesmer ha cerrado la puerta, ella corre con la espantosa noticia a casa de su hermano, el conde Ranzoni, y a la del consejero de la corte Stupfel. Precisamente se encuentra allí (estamos en la vieja Austria) un soplón, un pretendido *chevalier* Desalleur, al que los informes de la policía conocen sólo por un "tal" Desalleur. Este confidente ve ahí una magnífica oportunidad para ganarse unos cuantos billetes y en el acto redacta un informe de lo más sumiso a la augusta cancillería. Allí infunde el mismo lúgubre terror en el conde Colloredo: ¡un jacobino en la noble ciudad de Viena! No bien regresa de la cacería su majestad el emperador Francisco, que Dios guarde muchos años, se le comunica con la debida precaución la terrible noticia de que un partidario del "desenfreno francés" reside en la ciudad, y su majestad "resuelve" en el acto que se proceda a una investigación exhaustiva. Y así, "evitando todo escándalo", el 18 de noviembre, Mesmer es conducido a la comisaría de policía bajo arresto y encerrado en una celda de aislamiento.

Pero una vez más se demuestra la estupidez de dar crédito prematuro a los informes de un soplón. La respuesta inmediata de la policía al emperador resulta sumamente endeble, pues "de la investigación realizada se desprende que legalmente no se puede declarar a Mesmer ni convicto ni confeso de discursos insolentes o peligrosos para el Estado", y el ministro de la policía propone, lamentándolo mucho, en su "respetuoso y atento informe", que el detenido "sea puesto en libertad con un severo aviso y una enérgica reprimenda". Qué otra cosa puede hacer el emperador Francisco sino hacer pública su "soberana resolución": "Hay que dejar en libertad a Mesmer y, puesto que él mismo declara la intención de partir lo antes posible hacia su ciudad natal, hay que velar por que emprenda el viaje enseguida y, durante este corto tiempo de estancia aquí, no se lance a dar discursos sospechosos". Pero la muy loable policía no se siente demasiado satisfecha con esta decisión. Ya antes el ministro había manifestado que la detención de Mesmer "ha causado no poca agitación entre sus partidarios, de los cuales tiene varios aquí"; y ahora se teme que Mesmer eleve una protesta pública contra el infame proceder. De modo que, *ad mandatum Excellentissimi,* y para tapar el asunto, las autoridades superiores de policía redactan la siguiente acta, que es más bien propia de un museo como muestra del antiguo estilo curial austríaco: "Considerando que no se puede tomar la puesta en libertad de Mesmer como prueba de su inocencia, siendo así que, mediante rebuscadas tergiversaciones, no ha depurado plenamente las sospechas que se le imputan de los comprometidos discursos por él pronunciados, según consta, y visto que con el expreso beneplácito de los *consilii abeundi* se le ha perdonado, tomando en consideración que el infrascripto ha manifestado espontáneamente su propósito de partir sin demora, es preciso indicar que no se dará curso a la impresión, por lo que Mesmer obraría bien desistiendo de cualquier justificación pública y reconociendo el trato benigno que ha recibido y que en verdad se le ha dispensado." Así pues, la "impresión", la publicación, no tiene lugar, el asunto queda tapado, tan bien tapado, que durante ciento veinte años nada se llegaría a saber de esta nueva expulsión de Viena. Pero la Facultad puede estar satisfecha: ahora Austria se ha librado para siempre de este incómodo *medicus*.

¿Y dónde irá ahora, el pobre viejo? Ha perdido la fortuna, en su patria de Constanza acecha la policía imperial, en Francia arrecia el terror, en Viena le espera la cárcel. La guerra, una guerra de todas las naciones contra todas, avanza y retrocede incesante y despiadada como una marea cruzando todas las fronteras. Y a él, el anciano investigador tantas veces puesto a prueba, empobrecido y olvidado, le repugna ese frenético tumulto del mundo. Sólo quiere la paz y una hogaza de pan para continuar con nuevos experimentos la obra que ha comenzado y dar a conocer al fin a la humanidad su amada idea. De modo que huye al eterno refugio de la Europa espiritual, Suiza. Se establece en algún lugar de un pequeño cantón, en Frauenfeld, y, para ganarse la vida, abre una consulta para pobres. Durante unas décadas lleva allí una vida oscura, nadie del diminuto cantón sospecha que el canoso y tranquilo médico, que practica su medicina con los campesinos, queseros, labriegos y sirvientas, es el mismo doctor Franz Anton Mesmer al que condenan y lisonjean reyes y emperadores, a cuyas estancias acudían los nobles y los caballeros de Francia, por quien se acaloran todas las academias y facultades de Europa y sobre cuya doctrina se han escrito y publicado cientos de estudios y folletos en todos los idiomas, probablemente más que sobre cualquiera de sus contemporáneos, incluso más que sobre Rousseau y Voltaire. Ninguno de sus antiguos discípulos y partidarios va a visitarlo, quizá ninguno de ellos ha sabido de su nombre y de su paradero durante todos estos años de oscuridad, tanto rehúye el mundo el solitario, escondido en las sombras de ese pequeño y remoto pueblo de montaña donde pasa la ardua época napoleónica trabajando sin cesar. En toda la historia del mundo difícilmente se encontrará el ejemplo de un hombre que haya caído tan deprisa de las crestas fragorosas de la fama en el abismo del olvido y del anonimato, difícilmente se encontrará una biografía en la que la desaparición más completa esté tan cerca del triunfo más sorprendente como en el singular y verdaderamente único destino de Franz Anton Mesmer.

Pero nada acredita mejor el carácter de una persona como la prueba de oro del éxito y la prueba de fuego del fracaso. Si mientras gozó de su inmensa fama, no se mostró nunca arrogante ni altivo, ahora, ya entrado en años y recluido en el olvido, se muestra grandiosamente humilde y lleno de estoica sabiduría. Sin resistirse, casi podríamos decir: regresa gustoso a la oscuridad sin hacer el más mínimo intento de atraer de nuevo sobre sí la atención. En vano lo animan algunos fieles amigos en 1803, esto es, tras toda una década de olvido, a que regrese a París, la capital de nuevo apaciguada y pronto imperial, reabra allí su clínica y reúna nuevos discípulos a su alrededor. Mesmer declina la invitación. No quiere más polémicas, rencillas ni murmuraciones; ha lanzado su idea al mundo, que allí flote o se hunda. Con noble resignación responde: "Si, a pesar de mis esfuerzos, no conseguí ilustrar a mis contemporáneos sobre algo que redundaba en su propio interés, me queda la satisfacción íntima de haber cumplido con mi deber para con la sociedad". Prosigue sus experimentos sólo para él, en silencio y pasando desapercibido, de forma completamente anónima, y ya no se pregunta si servirán de algo al ruidoso e indiferente mundo: el futuro, y no esta época –presiente proféticamente– hará justicia a su obra, y, sólo después de su muerte, empezarán a vivir sus ideas. Sus cartas no traslucen ninguna inquietud, ninguna queja por la gloria extinguida y el dinero perdido, sino únicamente esa firme confianza que es la base de toda gran paciencia.

Sólo la gloria terrenal puede apagarse como una luz, nunca un pensamiento vivo. Una vez sembrado en el corazón de la humanidad, hiberna y supera los tiempos más desfavorables para florecer de nuevo cuando menos se espera. Ninguna iniciativa, por pequeña que sea, no se pierde nunca del todo para el espíritu eternamente curioso de la ciencia. La Revolución y las guerras napoleónicas han dispersado a los seguidores de Mesmer y ahuyentado a los posibles nuevos adeptos; visto superficialmente, se podría creer que la semilla todavía en agraz ha muerto aplastada sin remedio bajo las botas militares. Pero la idea inicial sigue viva, escondida, sin que el propio Mesmer, el olvidado, lo sospeche, en medio del tumulto mundial, en el corazón de algunos hombres silenciosos. Pues, como por milagro, los tiempos de guerra acrecientan en las naturalezas reflexivas la necesidad de refugiarse en lo espiritual para protegerse de la crudeza y la brutalidad que los rodea; Arquímedes permanecerá eternamente como el más bello símbolo del hombre sabio, que impasible sigue trazando círculos mientras la soldadesca irrumpe en su casa. Así como, en medio de nuestra guerra mundial, Einstein, imperturbable a pesar de la bestialidad de la época, calcula el principio espiritual que ha de transformar el mundo, así también, mientras las tropas de Napoleón marchan a través de Europa y el mapa varía sus colores todos los años, mientras docenas de reyes son destronados y otros son coronados, unos pocos médicos humildes reflexionan, allá en las más remotas provincias, sobre las iniciativas de Mesmer y Puységur y siguen trabajando en el mismo sentido, concentrados bajo la bóveda del sótano, por decirlo así. Todos estos hombres trabajan por separado en Francia, Alemania e Inglaterra, la mayoría no se conoce entre sí y ninguno sabe nada de Mesmer, el desaparecido, ni Mesmer de ellos. Moderados en sus afirmaciones, prudentes en sus conclusiones, revisan una y otra vez los hechos expuestos por Mesmer, y subterráneamente –para usar la misma metáfora– el nuevo método avanza vía Estrasburgo gracias a las cartas de Lavater desde Suiza. El interés crece sobre todo en Suabia y en Berlín; el famoso Hufeland, médico de cabecera de la corte de Prusia y miembro de todas las comisiones de sabios, usa sus influencias para convencer al rey en persona. Así, finalmente, una orden ministerial decide crear una comisión para revisar de nuevo el mesmerismo.

Mesmer se había dirigido por primera vez a la Academia de Berlín en 1775: recuerde el lector con qué deplorable éxito. Ahora que, casi cuarenta años después, en 1812, la misma institución pretende examinar de nuevo el magnetismo, el auténtico promotor del método, está ya tan olvidado, que la palabra mesmerismo no evoca en nadie el nombre de Franz Anton Mesmer. Con gran sorpresa levantan los ojos los miembros de la comisión cuando, de repente, uno de ellos propone como la cosa más natural del mundo llamar a Berlín al descubridor del magnetismo, Franz Anton Mesmer, para que justifique y explique sus métodos. ¡Pero, cómo! –exclaman todos a la vez, asombrados– ¿Franz Anton Mesmer todavía vive? Entonces ¿por qué guarda silencio, por qué no aparece orgulloso y triunfante, ahora que lo espera la gloria? Nadie puede explicarse que un hombre tan grande, famoso en todo el mundo, pueda recluirse en el olvido, de esta manera tan humilde y callada. Inmediatamente sale una invitación urgente al médico del cantón de Frauenfeld rogándole que honre la academia con su visita. Le espera una recepción del rey, el agasajo de Alemania entera, quizás incluso una rehabilitación después de las indecibles injusticias sufridas. Pero Mesmer declina la invitación, diciendo que es demasiado viejo y que está demasiado cansado. No desea volver jamás a las controversias. De modo que, el 6 de septiembre de 1812, el profesor Wolfart es enviado como comisario real con plenos poderes "para solicitar del descubridor del magnetismo, el señor doctor Mesmer, cuanta información pueda proporcionar para ratificar, justificar y aclarar este importante tema, y facilitar todo lo posible la labor de la comisión con su viaje".

El profesor Wolfart parte de inmediato. Y, al cabo de treinta años de secreto, al fin volvemos a tener noticias del desaparecido. Wolfart informa: "Mi primer encuentro con el descubridor del magnetismo superó todas mis expectativas. Lo encontré ocupado en la humanitaria esfera de actividad por él mismo elegida. Su avanzada edad hacía más admirable todavía su espíritu abierto, claro y penetrante, su incansable y vivo afán de comunicarse, su exposición sencilla a la vez que expresiva, con un lenguaje original colmado de ágiles metáforas, así como la exquisitez de sus finos modales y la afabilidad de su trato. Añádase a todo eso un acervo de conocimientos positivos en todas las ramas del saber, como no resultan fáciles de acumular para un erudito, y una gran bondad de corazón que se manifiesta en todo su ser, en sus palabras, sus actos y su entorno; por encima de todo, una fuerza de sugestión casi maravillosa ejercida sobre los enfermos, mediante una mirada penetrante o una simple mano mantenida en alto, y todo esto acrecentado por una figura noble que infunde respeto. He aquí, a grandes rasgos, la imagen que hallé de Mesmer como individuo". Sin ninguna reserva, Mesmer expone al visitante sus experiencias e ideas, le permite participar en el tratamiento de los enfermos y le entrega una compilación de sus apuntes para que la transmita a la posterioridad. Pero, rechaza con auténtica y grandiosa serenidad toda ocasión de darse importancia, de atraer la atención sobre su persona. "Puesto que sólo me queda por recorrer un pequeño trecho del sendero de mi vida, no conozco una ocupación más importante que dedicar el resto de mis días a la aplicación práctica de un remedio cuya extraordinaria utilidad he aprendido de mis observaciones y experiencias, a fin de que mi última obra acreciente el número de las cosas que se han hecho". Por casualidad, el profesor Wolfart nos ha legado una imagen crepuscular de este hombre maravilloso que ha pasado por todas las fases de la gloria, el odio, la riqueza, la pobreza y finalmente del olvido, para hacer frente a la muerte con serenidad y grandeza, y con pleno convencimiento de la continuidad e importancia de la obra de su vida.

Sus últimos años son los de un sabio, de un investigador esclarecido y experimentado. Ya no lo asedian apuros económicos, porque el gobierno francés le ha concedido una renta vitalicia como indemnización por el millón de francos perdido en fondos del Estado. De modo que, libre e independiente, puede regresar a la patria, a orillas del lago de Constanza, y así cerrar simbólicamente el círculo de su existencia. Allí vive como una especie de noble rural entregado por entero a su afición, que seguirá siendo la misma hasta el final: servir a la ciencia, a la investigación, con nuevos experimentos. Con la vista clara, el oído despierto y el espíritu lúcido hasta el último momento, aplica su fuerza magnética a todos los que acuden a él confiados; muchas veces recorre en carruaje enormes distancias para visitar a un enfermo interesante y, en lo posible, curarlo con su método. Entretanto realiza experimentos físicos, modela y dibuja, y nunca se pierde el concierto semanal en casa del príncipe Dalberg. En este círculo musical, cuantos lo tratan ensalzan la extraordinaria cultura universal del anciano, siempre erguido, siempre tranquilo y majestuosamente sereno, que con una benévola sonrisa habla de su pasada gloria y, sin odio ni encono, de sus adversarios más resentidos y furibundos. Cuando el 5 de marzo de 1814, a los ochenta años, presiente que se acera su fin, pide a un seminarista que toque una vez más su amada armónica de cristal. Es la misma con la que hiciera sus ensayos el joven Mozart en la casa de la Landstrasse, la misma de la que Glück arrancase nuevas y desconocidas armonías en París, la misma que lo ha seguido en todos los viajes y odiseas de su vida hasta el momento de su muerte. Sus millones se han disipado, su fama se ha eclipsado: después de tanto alboroto, de tanto palabreo vacío y de tantas controversias en torno a sus teorías, al viejo ermitaño no le queda otra cosa que este instrumento y su amada música. Así afronta la muerte –como un verdadero sabio, firmemente convencido de que regresa a la armonía, al flujo universal– un hombre al que el odio ha descrito despectivamente como charlatán vanidoso y embustero, y su legado atestigua de modo conmovedor su voluntad de un olvido total, es decir, de ser enterrado sin pompa, como un hombre cualquiera. Este último deseo se ve cumplido. Ningún periódico anuncia su fallecimiento al mundo. Como un desconocido cualquiera recibe sepultura en el precioso cementerio de Meersburg, donde reposa también Annette von Droste-Hülshoff, un anciano cuya fama un día inundó el mundo y cuya obra sólo ahora se empieza a comprender. Los amigos le dedican una lápida simbólica, un bloque triangular de mármol con dibujos místicos, un reloj de sol y una brújula, alegorías del movimiento en el espacio y en el tiempo.

Pero el destino de lo extraordinario es siempre provocar el odio de los hombres: manos maliciosas ensucian y destruyen el reloj y la brújula, esos símbolos, para ellos incomprensibles, en la lápida de Mesmer, tal como hicieran con su nombre escritores e investigadores ignorantes. Tendrán que transcurrir muchos años antes de que la lápida tumbada vuelva a ser colocada dignamente sobre su sepultura, y más años todavía hasta que finalmente una generación más sabia se acuerde del nombre olvidado y del sino de precursor de este gran médico alemán.

LA SUCESIÓN

Siempre se produce una tragedia moral cuando un descubrimiento es más genial que su descubridor, cuando una idea concebida por un artista o un investigador no le resulta comprensible a él mismo, y tiene que dejarla salir de sus manos a medio modelar. Es el caso de Mesmer. Ha tomado entre las suyas el problema más importante de la edad moderna sin solucionarlo, ha lanzado una pregunta al mundo y se ha afanado en vano por encontrar la respuesta. Si bien ha tomado un camino equivocado, no deja de ser un precursor, un pionero y un guía, pues un hecho es innegable: todos los métodos psicoterapéuticos de hoy y buena parte de los problemas psicotécnicos planteados se remontan directamente a este hombre, Franz Anton Mesmer, el primero en demostrar de manera evidente el poder de la sugestión con una práctica ciertamente primitiva y tortuosa, pero, con todo, el primero en demostrarlo frente a las risas, las burlas y el desprecio de una ciencia puramente mecanicista. Esto solo ya basta para elevar su vida a la categoría de hazaña e inscribir su talento en las páginas de la Historia.

Mesmer, como primer médico experto de la era moderna, ha experimentado y provocado el efecto curativo que emana de una personalidad sugestiva, de su proximidad, de sus palabras, de su modo de hablar y de sus órdenes, sobre enfermos en estado de excitación; pero no pudo interpretarlo sin ver en la mecánica psíquica, para él incomprensible, otra cosa que magia medieval. Le falta (como a todos sus coetáneos) el concepto decisivo de la sugestión, esa transmisión de energía psíquica que cura y que (sobre este punto difieren las opiniones todavía hoy) surte efecto bien por la acción a distancia de la voluntad, bien por la irradiación de un fluido interior. Sus discípulos ya se acercan más al problema, cada uno desde un enfoque diferente: se crean dos escuelas, la fludística y la animística. Deleuze, el representante de la teoría fludística, sigue fiel a la idea de Mesmer acerca de la exhalación de una sustancia nerviosa corporal, cree –como los espiritistas en la telequinesia y algunos investigadores en la teoría del vacío– que es realmente posible una secreción orgánica de nuestro yo corporal. El discípulo animístico de Mesmer, el *chevalier* Barbarin, niega a su vez la transmisión de sustancia del magnetizador al magnetizado y no ve en ella otra cosa que una mera transferencia psíquica de la voluntad a la conciencia ajena. De modo que no necesita en absoluto la hipótesis mesmeriana del fluido insondable. *Croyez et veuillez*, es toda su fórmula mágica, un concepto que adoptarán sin más la *Christian Science*, la *Mind Cure* y Coué. Pero cada vez va penetrando más la noción psicológica de que la sugestión es uno de los principales y más decisivos factores en todas las relaciones espirituales. Y este proceso de influencia sobre la voluntad, de coerción, en una palabra, la hipnosis, lo describe por fin Braid, de modo experimental y completo, en su *Neurología* de 1843. Ya en 1818 le llamó la atención a un magnetizador alemán llamado Wienholt que su sonámbulo se durmiera más rápidamente cuando lo magnetizaba ataviado con una determinada túnica provista de botones de vidrio brillantes. Pero este observador iletrado no descubrió todavía la relación fundamental entre una cosa y la otra, es decir, que al desviar la vista hacia el objeto brillante se aceleraba la fatiga del sentido externo y con ello la ductilidad interna de la conciencia. Braid es el primero en utilizar en la práctica la técnica de cansar primero la mirada del médium con bolitas de cristal brillantes antes de proceder con los pases magnéticos: así se introduce la hipnosis como método y tratamiento desprovistos de misterio en el campo de la ciencia, tanto tiempo desconfiada. Por primera vez, profesores de universidades francesas se atreven ahora a aplicar el hipnotismo en el aula, aunque primero sólo a enfermos mentales: Charcot en la Salpêtrière de París; Bernheim, en la facultad de Nancy. El 13 de febrero de 1882, Mesmer es rehabilitado (aunque sin una sola sílaba siquiera para mencionar que había sido víctima de una recusación injusta) al ser reconocida la sugestión –antes llamada mesmerismo– como procedimiento científico por la misma facultad que lo había tenido proscrito durante cien años. Ahora que el gran anatema se ha roto, la psicoterapia, tanto tiempo entorpecida, va de éxito en éxito. Un discípulo de Charcot y joven neurólogo, Sigmund Freud, estudia en la Salpêtrière y aprende la hipnosis, un puente que pronto quemará tras de sí tan pronto como entre en el reino del psicoanálisis; será pues también un heredero de Mesmer en tercera generación, que saboreará los frutos de la semilla que el maestro había sembrado en tierra aparentemente estéril. Igualmente fecundo, resulta el mesmerismo en los movimientos místicos y religiosos de la *Mind Cure* y de la autosugestión. Mary Baker-Eddy jamás hubiera podido fundar su *Christian Science* sin conocer el lema *veuillez et croyez*, sin la terapia de la persuasión de Quimby, que a su vez recibe la inspiración del discípulo de Mesmer, Poyen. El espiritismo sería inimaginable sin la cadena utilizada primero por Mesmer, sin el concepto de trance y de la clarividencia ligada a él; inconcebible sería también *madame* Blavatsky y su movimiento teosófico. Todas las ciencias ocultas, todos los experimentos telepáticos y telequinésicos, los videntes y los intérpretes de sueños descienden en último término del laboratorio "magnético" de Mesmer. Una ciencia completamente nueva nace de la tan difamada convicción de este hombre olvidado (un hombre que era sincero en sus propósitos, acertado en sus intuiciones y equivocado sólo en el intento de explicar su propia e importante obra): la convicción de que mediante la sugestión se pueden elevar las fuerzas psíquicas del hombre hasta logros nunca alcanzables por la medicina sistematizada.

Pero quizá –nos hemos vuelto cautos en una época en la que los descubrimientos se siguen atropelladamente unos a otros, en la que las teorías de ayer se marchitan de la noche a la mañana y reverdecen de improviso otras teorías seculares–, quizá yerran incluso aquellos que hoy tachan arrogantemente de quimera la tan controvertida idea de Mesmer de un fluido personal que se transmite de persona a persona, pues es posible que llegue la hora cósmica en la que, cuando menos se espere, se convierta en verdad. Nosotros, a cuyos oídos llega al instante una palabra, sin cable ni diafragma, pronunciada en el mismo segundo desde Honolulu o Calcuta, nosotros, que sabemos que el éter vibra por efecto de invisibles ondas y emisiones que lo cruzan y estamos dispuestos a creer que innumerables centrales de energía como estas, desconocidas y no utilizadas por nosotros, actúan en el cosmos, la verdad es que ya no tenemos el valor de rechazar a priori la idea de que de una piel viva y de un nervio excitado emanen corrientes de influencia como la que Mesmer llamó por defecto "magnética", y que en las relaciones humanas intervenga un principio parecido al "magnetismo animal". Pues, ¿por qué la proximidad del cuerpo humano, la misma que devuelve su brillo a la perla palidecida y reaviva su luminosa fuerza vital, no puede crear a su alrededor un aura de calor o de luz que actúe sobre los nervios de otros como excitante o como sedante? ¿Por qué no han de producirse entre cuerpos y almas, de un individuo a otro, corrientes y meandros secretos, atracciones y repulsiones, simpatías y antipatías? ¿Quién aventura hoy en esta esfera un expeditivo sí o un osado no? Tal vez mañana, una física que trabaje con aparatos de medición cada vez más perfeccionados llegue a demostrar que lo que ahora tomamos sólo por ondas de energía psíquica en realidad es una sustancia, una onda de calor visible, un efecto eléctrico o químico, energía susceptible de ser pesada y medida, y demostrar también que debemos tomarnos muy en serio aquello de lo que nuestros antepasados hicieron burla. Quizá reaparezca la idea de Mesmer de una energía anímica que irradia fuerza creadora, pues ¿qué es la ciencia sino la realización continua de los viejos sueños de la humanidad? Cada nuevo descubrimiento revela y confirma sólo presentimientos de un individuo; en todas las épocas las ideas preceden a los hechos. Pero la Historia, demasiado presurosa para ser justa, sólo está al servicio del éxito. Sólo encomia la fama, el intento coronado por la gloria, no la tentativa osada, perseguida por el despecho y la ingratitud. Sólo celebra al que termina, no al que comienza, sólo realza con su luz al vencedor y arroja a las tinieblas a los luchadores: también a Mesmer, el primero de los nuevos psicólogos, que tomó sobre sí el ingrato destino de los que se anticipan prematuramente, porque siempre se cumple la antiquísima y bárbara ley de la humanidad, antaño en sangre y hoy en espíritu, aquel mandato inexorable que exige que, en todas las épocas, los primogénitos sean sacrificados.

Mary Baker-Eddy

Oh, the marvel of my life! What would be thought of it, if it was known in a millionth of its detail? But this cannot be now. It will take centuries for this.

¡Oh, la maravilla de mi vida! ¿Qué se pensaría de ella, si se conociese siquiera en una millonésima parte de su detalle? Pero ahora es imposible. Habrán de pasar siglos.

MARY BAKER-EDDY en una carta
a la señora Stetson, 1893

VIDA Y DOCTRINA

El momento más misterioso de una persona es aquel en el que toma conciencia; el más misterioso en la historia de la humanidad es el nacimiento de sus religiones, aquel en el que una idea única, salida de una sola persona, impregna cual río impetuoso a cientos, miles y cientos de miles de individuos; una chispa fortuita que abrasa de repente la tierra igual que una estepa en llamas elevándose al cielo. Estos momentos se manifiestan siempre como los verdaderamente místicos, los más espléndidos de la historia. Pero en la mayoría de los casos resulta imposible, más adelante, encontrar el manantial de esas corrientes religiosas. El olvido lo ha sepultado, y así como el individuo raras veces recuerda, pasado un tiempo, el momento en el que tomara sus decisiones más íntimas, así también la humanidad pocas veces sabe cuál fue el punto de partida de sus entusiasmos religiosos.

Es una suerte, pues, para todos los que amamos la psicología de las masas y del individuo el poder seguir al fin paso a paso y de muy cerca el nacimiento, el desarrollo y la expansión de un pujante movimiento religioso. Pues la *Christian Science* nace rayando ya casi nuestro siglo, en el mundo de la luz eléctrica y de las calles asfaltadas, en una época luminosa que no tolera ni vida privada ni secretos, que sin piedad y con precisión registra el movimiento más insignificante con su aparato de alarma periodístico. Por primera vez podemos seguir día a día la curva de crecimiento de este método curativo mediante contratos, pleitos, talonarios de cheques, cuentas bancarias, hipotecas y fotografías; por primera vez podemos trasladar al laboratorio el fenómeno o la maravilla de una sugestión colectiva. Y el hecho de que, en el caso de Mary Baker-Eddy, una idea filosóficamente infantil y pasmosamente simple tenga una difusión tan enorme, diríamos incluso que, a escala mundial, y de que un granito de arena provoque una auténtica avalancha, el hecho mismo de esta desproporción todavía hace más insólito el prodigio de su enorme expansión. Si otros grandes movimientos religiosos de nuestros días, si el anarquismo de Tolstói inspirado en el cristianismo primitivo, si la ideología de la no-resistencia de Ghandi, han influido en millones de seres uniéndolos y dignificándolos, podemos entender también que esta corriente desemboque en miles de almas, y que aquello que se comprende con la mente clara nunca nos haya de parecer, en último término, prodigioso. En estos grandes hombres de espíritu, la fuerza nacía de la fuerza y su poderosa influencia era fruto de un poderoso empuje. Tolstói, este soberbio cerebro, este genio artístico, en realidad sólo prestó su palabra viva, su fuerza creadora, a la idea, errabunda e informe en el pueblo ruso, de la sublevación contra la autoridad del Estado. Gandhi no hizo, en último término, sino reformular la tradicional pasividad de su raza y de su religión y traducirla en una actividad nueva. Ambos edificaron sobre la base de convicciones antiquísimas, a ambos los arrastró la corriente del tiempo. De ambos se podría decir que no expresaron una idea, sino que la idea, el genio innato de su nación, se manifestó en ellos; pero esto no es ninguna maravilla, sino todo lo contrario: obedece a una lógica estricta y a una consecuencia normal el hecho de que su doctrina, una vez mostrada, atrajera a millones. Pero, ¿quién es Mary Baker-Eddy? Una mujer entre tantas, normal y corriente, ni bella ni arrebatadora, no del todo veraz, no del todo inteligente y, además, pseudoerudita o ni siquiera eso, una persona aislada y anónima, sin posición social heredada, sin dinero, sin amigos ni relaciones. No tiene el respaldo de ningún grupo, de ninguna secta, no tiene en la mano otra cosa que una pluma y en su mediocre cerebro nada más que una idea, una sola idea. Desde el primer momento lo tiene todo en contra: ciencia, religión, escuelas, universidades y, más aún, el *common sense*, el sentido común, y ningún país parece de entrada menos propicio para una doctrina tan abstracta como su patria, América, la más práctica, la más apática y menos mística de todas las naciones. A todas estas resistencias ella no tenía otra cosa que oponer sino su fe tenaz, obstinada, casi estúpida, su fe en esta misma fe, y sólo con su obsesión monotemática trueca en verdadero lo inverosímil. Su éxito es absolutamente antilógico. Pero precisamente lo absurdo frente a la realidad es siempre el síntoma más visible de lo prodigioso.

Esta norteamericana de frente de acero no tiene sino una idea, una idea única y, además, muy cuestionable, pero no piensa en nada más que no sea en ella, ni tiene otro punto de vista que este. Pero se mantiene firme en él, con los pies en el suelo, inmóvil, imperturbable, sorda a toda objeción, y con su diminuta palanca saca al mundo de quicio. En el espacio de veinte años convierte un fárrago metafísico en una nueva ciencia médica, una ciencia profesada y ejercida por millones de adeptos, con universidades, periódicos, profesores y manuales; edifica templos con enormes cúpulas de mármol, un sanedrín de predicadores y sacerdotes, y para ella misma amasa una fortuna de tres millones de dólares. Pero, más allá de todo esto, y gracias a sus exageraciones, da un impulso hacia delante a toda la psicología contemporánea y se asegura una página aparte en la historia de esta ciencia. En empuje, en rapidez de éxito y en número de adeptos, esta mujer semiletrada, pseudointelectual, sólo medio sana y de una ambigüedad característica, supera a todos los líderes e investigadores de nuestro tiempo: que sepamos por experiencia, nunca una sola persona de mediana categoría ha provocado tanta agitación espiritual y religiosa como esta hija de granjeros norteamericanos, "*the most daring and masculine and masterful woman, that has appeared on earth in centuries*", como la llama encolerizado su compatriota Mark Twain.

La fantástica vida de Mary Baker-Eddy ha sido narrada dos veces, y de modos completamente opuestos. Existe una biografía oficial, aprobada por la iglesia de la *Christian Science* y canonizada por su dirección espiritual; el *pastor emeritus*, es decir, la propia Mary Baker-Eddy recomendó este retrato de su vida en un escrito de su puño y letra a la comunidad de creyentes, demasiado creyentes; así pues, pensaban, esta biografía escrita por *miss* Sibyl Wilbur, debe de ser fidedigna; en realidad es el arquetipo del artificio bizantino. En esta biografía, escrita "a la manera del evangelio de San Marcos" –cito textualmente– para edificación y fortalecimiento de los ya convencidos, la descubridora de la *Christian Science* aparece rodeada de una aureola de santidad y de una luz rosada (por eso la cito siempre a lo largo de este estudio como *biografía rosa*, para abreviar). Llena de gracia divina, dotada de una sabiduría sobrenatural, mensajera del cielo en la tierra, modelo de plenitud, Mary Baker-Eddy se nos aparece inmaculada a nuestra indigna mirada. Todo lo que hace está bien hecho, reúne todas las virtudes del libro de oraciones, su carácter resplandece en los siete colores del arco iris: bueno, femenino, cristiano, maternal, filantrópico, modesto y dulce; todos sus adversarios, en cambio, se muestran como personas obtusas, ruines, envidiosas, blasfemas y obcecadas. En una palabra, no existe ángel más puro. Con ojos lacrimosos de emoción, la piadosa discípula contempla el retocado retrato de santa del que se ha borrado con sumo cuidado todo rasgo terrenal (y como tal, característico). Este espejo dorado lo rompe en pedazos la otra biógrafa, la de *miss* Milmine, con el árido bastón de los documentos: trabaja tan consecuentemente en negro como la otra en rosa. En su libro, la gran descubridora se revela como una vulgar plagiaria que había robado toda su teoría del pupitre de un precursor desprevenido, como una mentirosa patológica, una histérica maligna, una negociante fría y calculadora y una furia astuta. Con admirable celo de reportero, Milmine aporta todos los testimonios posibles para subrayar drásticamente la hipocresía, la mentira, la astucia y la burda codicia comercial de su persona, a la vez que lo absurdo y ridículo de su doctrina. Como es natural, esta biografía fue perseguida con tanta furia por la comunidad de la *Christian Science* como elogiada con pasión la de color de rosa. Y por una transacción singular y misteriosa casi todos los ejemplares desaparecieron del mercado (lo mismo que una tercera biografía, recién publicada, la de Frank A. Dakin, que fue retirada enseguida de los escaparates de la mayoría de librerías).

Y así se enfrentan decididamente el evangelio y el panfleto, el rosa y el negro azabache. Pero, cosa singular: para un observador imparcial de este caso psicológico, los dos libros permutan curiosamente el efecto pretendido. La biografía de *miss* Milmine, que trata a toda costa de presentar a Mary Baker-Eddy como un personaje ridículo, la hace psicológicamente interesante, y la biografía rosa, con su banal y desmedida idolatría, ridiculiza sin remedio a esta mujer sin duda cautivadora. Pues el atractivo de su complicada alma radica única y exclusivamente en la amalgama de ese carácter contradictorio, en la inimitable complicidad de la candidez espiritual y la codicia material, en el emparejamiento irrepetible de histeria y cálculo. Así como el carbón y el salitre, dos elementos completamente heterogéneos, mezclados en la justa proporción, dan por resultado la pólvora y originan una enorme fuerza explosiva, así también esta mezcla única de dotes místicas y comerciales, histéricas y psicológicas, da lugar a un compuesto único; y quizá América no ha engendrado –a pesar de Ford y Lincoln, de Washington y Edison– un espíritu que represente de forma tan clara y manifiesta la doble vía del idealismo y del espíritu práctico norteamericanos como Mary Baker-Eddy, si bien es verdad, lo admito, que en forma de una distorsión caricaturesca, de un quijotismo espiritual. Pero, así como Don Quijote, en su exaltación soñadora y en su loca rusticidad, encarna, a pesar de todo y de todos, el ideal del hidalgo español de modo más plástico que todas las novelas de caballería de su tiempo, así también esta mujer, que lucha igualmente por lo absurdo como loca heroína, nos ayuda a comprender el romanticismo norteamericano mejor que todo el idealismo teórico oficial de un William James. Todo Don Quijote de lo absoluto –hace tiempo que lo sabemos– lleva a un loco, a un chiflado en el cuerpo, y siempre trota detrás de él, montado en su buen asno, el eterno Sancho Panza, la razón llana. Pero, así como el hombre de la Mancha descubre el yelmo encantado de Mambrino y la isla Barataria en la tierra de Castilla quemada por el sol, así también esta mujer enclenque e inculta de Massachusetts redescubre, entre los rascacielos y las fábricas, en medio del insensible mundo de números de las bolsas, los bancos, los consorcios y las especulaciones, el reino de la utopía. Y quienquiera que enseñe al mundo una nueva ilusión, enriquece a la humanidad.

CUARENTA AÑOS PERDIDOS

Una casita de madera de una sola planta y sin revocar, en Bow, cerca de Concord: la construyeron con sus propias manos los Baker, granjeros modestos, ni pobres ni ricos, de origen anglosajón y establecidos en New Hampshire durante más de cien años. Del padre, Mark Baker, un campesino recio, muy severo, muy piadoso y muy terco, de cráneo duro como un puño, dicen los vecinos: "*you could not move him more than you could move old Kearsarge*", es decir, que es tan difícil hacerlo desistir de algo como mover el viejo monte Kearsarge, que domina la región. Esta férrea obstinación, esta inalterable fuerza de voluntad, la ha heredado también su séptimo vástago, Mary Baker (nacida el 16 de julio de 1821), pero no su salud y robustez, ni su cabal equilibrio. Muchacha inquieta, debilucha, pálida y nerviosa, crece sensible, incluso hipersensible. Si alguien grita, se sobresalta, una palabra brusca la altera en extremo: ni siquiera puede asistir a la escuela del distrito, una escuela como otra cualquiera, porque no soporta el ruido y el barullo de los compañeros. Los padres, indulgentes, permiten que la delicada Mary se quede en casa y aprenda lo que quiera, lo cual, es fácil de imaginar, no es mucho, en una remota granja norteamericana, a millas de distancia de pueblos y ciudades. La pequeña Mary no llama especialmente la atención por su belleza, aunque sus pupilas, grandes y redondas, a veces centellean con una luz gris de acero y una extraña agitación, y una boca firme y tensa confiere a su carita una expresión de energía. Pero lo que quiere ante todo esta criatura singular, terca y nerviosa es precisamente llamar la atención. Quiere, siempre y en todas partes, parecer diferente de los demás: muy pronto se perfila este rasgo predominante de su carácter. Desde el principio desea ser apreciada como alguien "superior", especial, y a este fin la pequeña hija de granjeros no encuentra nada mejor al principio que hacerse la remilgada. Se da "aires de superioridad", adopta un modo de andar peculiar, en las conversaciones emplea todo tipo de palabras extranjeras absurdas que pesca a escondidas en el diccionario y a las que obliga a nadar alegremente en aguas impropias. En cuestión de atuendo, actitud y comportamiento se mantiene a distancia de ese entorno demasiado "ordinario". Pero los granjeros norteamericanos no tienen la mentalidad ni el tiempo para reparar en las afectaciones de una niña: nadie mira ni admira a la pequeña Mary. ¿Qué más natural, pues, que esta voluntad insatisfecha de figurar (una de las más fuertes del siglo, como se verá) recurra a medios más burdos para hacerse notar? Todo impulso que no puede exteriorizarse se repliega hacia dentro, donde retuerce y destroza en primer lugar los propios nervios. Ya antes de la pubertad habían acometido a la pequeña Mary frecuentes convulsiones, espasmos e insólitos ataques de irritabilidad. Y, como advirtió que, cuando se producían estos trastornos, en casa le prodigaban atenciones y mimos especiales, los nervios –conscientemente o no, es una frontera vacilante– se conectaron para provocar estos *fits* histéricos cada vez con más frecuencia. Sufre pues o finge (una vez más: ¿quién puede distinguir con exactitud los auténticos fenómenos de histeria de los que son simulados?) ataques de angustia y fuertes alucinaciones; de pronto profiere gritos estridentes y se desploma exánime. Los padres sospechan que la peculiar niña sufre de epilepsia, pero el médico que va a visitarla sacude escéptico la cabeza. No se toma el caso demasiado en serio: "*Hysteria mingled with bad temper*", reza su diagnóstico un tanto irónico. Y como estos ataques se repiten a menudo, sin resultar peligrosos, y se producen de modo muy sospechoso precisamente cuando Mary quiere imponer su voluntad o rechazar una petición ajena, incluso el padre, profano en cuestiones médicas, se va volviendo más y más desconfiado. Y cuando, tras una agitada escena, la niña cae de nuevo al suelo, tiesa y rígida, la deja allí tendida y, sin preocuparse lo más mínimo, se va a trabajar; al regresar a casa por la noche, la encuentra sentada tranquilamente en su habitación, leyendo un libro, sin que nadie la haya ayudado a levantarse.

Sin embargo, una cosa consigue con estas escenas de nervios (o, mejor dicho: poniendo los nervios en escena) y es precisamente lo que en el fondo quería: obtener a todo trance una posición especial en la casa. No tiene que fregar, cocinar, coser ni ordeñar como las hermanas, ni salir al campo como los hermanos, sino que, desde muy temprano, sabe sustraerse al trabajo "vulgar", cotidiano y banal de las mujeres. Y lo que a esta chiquilla de quince años le da buen resultado en casa de los padres, lo consigue ya adulta en todas partes y contra todos. Nunca, ni siquiera en los años de la más amarga de las miserias y de la más terrible de las privaciones, realizará Mary Baker trabajos caseros, vulgares y reservados a las mujeres. Desde el primer momento, consciente de su propósito, consecuente en su voluntad más íntima y secreta, sabe imponer un modo de vivir "especial" y superior. De todas las enfermedades es sin duda la histeria la más inteligente, la más ligada al impulso más íntimo de la personalidad: tanto en ataque como en defensa sabe siempre manifestar el objeto más profundo del deseo de una persona; por esta razón ningún poder sobre la tierra puede obligar a Mary Baker, esta maestra de la voluntad, a hacer lo que en lo más hondo de su corazón no quiere hacer. Mientras las hermanas se derrengan en los establos y los campos, la pequeña Bovary americana lee libros y se deja cuidar y compadecer. Guarda silencio en tanto nadie le lleva la contraria, pero si alguien intenta obligarla a algo que no es de su agrado, pone en marcha al instante sus *fits* y *tantrums* y saca los nervios a escena. Y llega un momento en que, bajo el techo paterno, no resulta una compañía agradable esta criatura dominante y solipsista, que no quiere amoldarse ni adaptarse a ningún ambiente. Y, como es normal, esta tiránica afirmación de la propia voluntad provocará de continuo y por doquier tensiones, conflictos y crisis, pues Mary Baker no tolera a nadie en plano de igualdad, sino sólo sumisión a su yo tan exorbitante, que apenas le basta un universo para contenerlo.

Así la, en apariencia dulce y tranquila Mary Baker, es y será una compañía desagradable y peligrosa en casa. Por esta razón los buenos y burgueses padres celebrarán doblemente la fiesta de Navidad de 1843 en la que Washington Glover, o "Wash" como lo llamaban cariñosamente, un agradable joven comerciante, va a buscar a su hija de veintidós años para llevarla a la iglesia. Tras la boda, los jóvenes esposos se marchan a los estados del sur, donde Glover tiene su negocio; y durante este breve interludio con el apuesto y jovial Wash no se tienen noticias de alucinaciones ni histerias. Las cartas de Mary hablan exclusivamente de felicidad total y respiran salud; como a muchas otras compañeras de fortuna, la vida en matrimonio con un joven robusto le sujetó los nervios. Pero no durarán mucho los tiempos de felicidad y salud, apenas un año y medio, pues en 1844 la fiebre amarilla le arrebata, en cosa de nueve días, a Wash Glover, en Carolina del Sur. Mary Baker-Glover queda en una situación terrible: ha perdido el poco dinero que aportó a su matrimonio y ahora se encuentra en Wilmington, ante el ataúd de su marido, encinta y desesperada, sin saber adónde ir. Por fortuna, los compañeros francmasones de su marido reúnen penosamente unos cuantos dólares para al menos poder enviar a la viuda de vuelta a Nueva York. Allí la recoge un hermano; poco después, en casa de los padres, Mary da a luz a un hijo.

La vida no ha sido nunca buena con Mary Baker. A los veintitrés años el oleaje la arroja de nuevo al punto de partida; después de cada intento de independizarse naufraga y queda encallada en su familia: hasta los cincuenta, Mary Baker no come otro pan que el regalado o el mendigado, hasta los cincuenta duerme en cama ajena, se sienta a la mesa de otros. Precisamente ella, que posee una voluntad tan fuerte, sin saber en realidad lo que quiere, y un orgullo tan furioso, sin la menor justificación o mérito, precisamente ella, con el sentimiento secreto de ser algo extraordinario, tiene que ser siempre una carga para gentes indiferentes y, en su opinión, inferiores. Al principio, el padre acoge a la joven viuda, después ella se traslada a casa de su hermana Abigail, donde permanecerá nueve años enteros, huésped cada vez más molesto y pesado, porque, desde la muerte de Wash Glover, los nervios vuelven a desgarrar a la joven viuda, y, a pesar de su condición de pupila no invitada, tiraniza toda la casa con su irritabilidad. Nadie osa contradecirla para no provocar sus *fits*; todos en la casa tienen que cerrar las puertas con cuidado y andar de puntillas para no molestar a la "enferma". A veces yerra por las habitaciones con la mirada inerte como una sonámbula; otras, permanece en cama el día entero en un estado de completa quietud, afirmando que es incapaz de caminar, de estar de pie, pues cualquier movimiento le produce dolor. A toda prisa echa de casa a su propio hijo: esta mujer de alma dura no quiere tener que ocuparse de nadie que no sea ella, aunque se trate de su propia carne y sangre; su agitado yo no conoce otra ocupación que él mismo. Toda la familia tiene que colmarla de atenciones, correr tras ella para satisfacer su veleidosa voluntad, como aquel negro del *Narcissus*, de la conocida novela de Conrad, oprime a toda la familia sólo con su presencia pasiva y sufridora, con su estar echada inmóvil en la cama, con su dejarse mimar. Finalmente inventa una manía especial. Descubre que sus nervios sólo se aplacan cuando alguien la mece en una hamaca. Por supuesto –lo hacen todo para que los deje tranquilos– compran esta cama colgante, y a los rapazuelos de Tilton les espera ahora una nueva forma de ganar dinero: columpiar a Mary Baker-Glover por unos peniques a la hora. Narrado así, fríamente, puede parecer cómico, pero en realidad es muy serio. Cuanto más se queja, peor se encuentra, porque, a consecuencia de su insatisfacción anímica, también su estado físico se va haciendo visiblemente cada vez más preocupante a lo largo de estos nueve años. Su debilidad y su fatiga adoptan formas totalmente patológicas: acaba por no poder bajar sola las escaleras, le fallan los músculos, y el médico empieza ya a sospechar que se trata de una parálisis espinal. Sea como fuere, en 1850 Mary Baker-Glover es una criatura completamente incapaz de vivir, una enferma crónica, una tullida.

Pues bien, en estas innegables manifestaciones de parálisis de la joven viuda, ¿Cuánto hay de verdadero sufrimiento físico y cuánto es mero producto de la voluntad y de la imaginación? Haría falta una buena dosis de osadía para decidirlo, pues la histeria, la actriz más genial del mundo patológico, puede representar tanto la apariencia de enfermedad con los síntomas más creíbles, como la enfermedad misma. Juega con ella, pero este juego a menudo, y a pesar suyo, se convierte en realidad, y el histérico, que al principio sólo pretendía hacer creer a los demás que estaba enfermo, acaba por creérselo él mismo. Por eso, en un caso tan embrollado y desde una distancia de cincuenta años, tenemos que renunciar a querer esclarecer si aquellos estados catalépticos de Mary Baker eran parálisis reales o sólo huidas nerviosas a la enfermedad. De todos modos, siempre será sospechoso el que, a veces, de pronto fuera capaz con su voluntad de dominar sus achaques. Un episodio de sus últimos años de parálisis suscita todo tipo de recelos: se halla de nuevo inmóvil en la cama, inválida e impotente, cuando de repente oye gritar a su (futuro) marido pidiendo socorro en la planta baja. Se ha metido en una pelea y al parecer está en peligro porque su adversario lo amenaza. Pues bien, he aquí que la mujer completamente tullida se levanta de un brinco de la cama y corre escaleras abajo para ayudarlo. Semejantes episodios (este no es el único) hacen suponer que Mary Baker en realidad hubiera podido vencer ya antes, con su fuerza de voluntad, las más burdas manifestaciones de su parálisis, pero es probable que no quisiera o que algo en su interior se lo impidiera. Probablemente por su instinto egocéntrico (muy por debajo del estrato de la consciencia) sabe que, en caso de encontrarse en notorio y perfecto estado de salud, se le pediría de inmediato, en calidad de pupila, que contribuyera a las labores domésticas. Pero ella no quiere trabajar con otros, para otros o junto a otros, y para salvaguardar su independencia se atrinchera en su enfermedad, armada con espinas cargadas de electricidad. Sin duda, en este caso, la histeria, a menudo arma defensiva de un impulso primitivo del destino, muy arraigado en el interior de la persona, opera como escapatoria para refugiarse en la enfermedad. Y nadie puede romper este muro nervioso alrededor de su yo más secreto; su férrea voluntad destruiría antes el cuerpo que doblegarse a los deseos de otros.

De la enorme fuerza de sugestión que encerraba aquel cuerpo frágil y ya entonces caduco, esta sorprendente mujer nos da una prueba asombrosa en 1853. Cuenta treinta y dos años de edad y lleva nueve de viudez, cuando aparece en Tilton un dentista ambulante, un autoproclamado "doctor", el Dr. Daniel Patterson, hombre de barba cerrada, prototipo de la figura del médico que resulta atractivo a las mujeres. Con su extremada elegancia de gran ciudad –lleva siempre una levita negra y una chistera de seda cuidadosamente planchada–, a este Brummel de la estepa no le cuesta demasiado conquistar los corazones nada pretenciosos de las mujeres de Tilton. Pero a él –¡oh, asombro!– no le seducen las mujeres exuberantes, capaces y ricas: le fascina únicamente la mujer pálida, enfermiza y nerviosa, la inválida que guarda cama. Porque, cuando Mary Baker quiere ser algo, puede serlo al instante, incluso puede llegar a parecer cautivadora, y de su doliente y risueña dulzura emana un encanto que atrae irresistiblemente a aquel hombre recio y ancho de espaldas. El 21 de junio de 1853 el doctor le pide la mano.

¿Ha sido jamás cortejada una mujer en semejante estado? La prometida de Daniel Patterson tiene tan quebrantada la salud, que ni siquiera puede andar los cuatro pasos hasta la iglesia. El corpulento novio, decidido, levanta la inválida del sofá y la lleva abajo. Ante la puerta de la casa la suben a un coche y, una vez convertida en la señora Patterson, es devuelta a su habitación en brazos de su marido. Pero la carga que este hombre tan fácilmente ha tomado en brazos, pesará durante años en su vida. El doctor Patterson no tardará mucho tiempo en descubrir el desagradable temperamento de la incómoda mujer a la que se ha unido: a cada traslado, hay que cargar en el coche a la eterna paciente y con ella la imprescindible hamaca; en el gobierno doméstico se muestra tan inepta, que Patterson, a pesar de sus pobres ingresos, se ve obligado a tomar un ama de llaves. Entretanto, la heroína de sus propios sueños "se sumerge en los libros", como dice con admiración la biografía rosa, esto es, permanece tendida en la otomana o en la cama, fatigada por la neurastenia, leyendo novelas; en vez de acoger en casa al hijo del primer matrimonio, que se hunde espiritualmente en algún lugar del Oeste en casa de labradores ignorantes, se dedica al ocultismo y fisgonea en los periódicos, de vez en cuando garabatea articulillos y poemas sentimentales para periódicos de provincias, pues tampoco en su nuevo matrimonio se ha despertado su verdadera vocación. En su impotente letargo, su enrevesada vanidad espera y sueña de continuo con algo grande, algo importante, y así, inactiva, ociosa, pero secretamente consciente de su misión, uno de los talentos más geniales del siglo, espera durante años que le den la entrada para el papel que le está reservado. Pero pasarán años, casi una década todavía, y su papel seguirá siendo el mismo, el papel monótono de mujer enferma e incurable, digna de compasión, desahuciada por médicos y amigos, la mujer "incomprendida". Muy pronto también el bueno de Patterson se dará cuenta de lo que muchos antes de él sabían y todos después de él sabrán: que a la larga no resulta nada cómodo vivir con esta mujer de voluntad despótica, encaprichada hasta la crispación en ser admirada. Hogar y matrimonio le resultan cada vez más insoportables. Empieza por alargar más de lo debido sus viajes; finalmente, la Guerra Civil que estalla en 1863 le proporciona el oportuno motivo para zafarse definitivamente de aquel matrimonio. Marcha al frente como médico del ejército norteño, pero cae prisionero ya en la primera refriega y es internado hasta el final de la contienda. Mary Baker-Patterson vuelve a quedar tan sola y desvalida como veinte años atrás al enviudar de Glover. Una vez más la resaca devuelve a la náufraga a la vieja playa, una vez más le cae encima a la hermana. Ahora, a los cuarenta años, su destino parece definitivamente enterrado en la pobreza y en la monotonía provinciana: su vida está acabada.

Mary Baker tiene cuarenta años y todavía no sabe para qué y para quién vive. El primer marido yace bajo tierra, el segundo está en prisión a mil millas de distancia, su hijo vive en algún lugar con gente extraña, y ella sigue comiendo pan de limosna en mesa ajena, sin amar a nadie y sin ser amada por nadie, sigue siendo el ser humano más superfluo entre el océano Atlántico y el Pacífico. En vano procura ocuparse en algo. Da algunas clases en las escuelas, pero sus nervios no soportan una actividad regular, lee libros y escribe articulillos para periódicos de provincias, casi antediluvianos; pero su instinto más profundo sabe perfectamente que estas migajas no liberan todavía lo más genuino y propio de su ser. Haraganea malhumorada y sin objeto en casa de su hermana, mientras permanecen tapiadas, profundas e invisibles las titánicas fuerzas demoníacas de esta enigmática mujer. Y cuanto más absurda considera su situación en la vida, con cuanta más claridad ve definitivamente acabado su destino de mujer, a sus cuarenta y un años, tanto más fermenta y crece en su cuerpo la fuerza vital, estancada y oculta, que nunca pudo liberar. Cada vez con más violencia se desatan las crisis nerviosas, cada vez con más dolor muerden las convulsiones y los espasmos, cada vez más entumecedoras son las parálisis. Ni siquiera en sus mejores días es capaz de andar a pie media milla sin fatigarse. Permanece en cama cada vez más pálida, debilitada e inmóvil, impotente pedazo de ser humano, enferma crónica, que se da asco a sí misma y supone un lastre para todos los demás. Los médicos han abandonado la lucha contra sus nervios; en vano ha probado ella los experimentos más disparatados, el mesmerismo y el espiritismo, todas las hierbas y curas; la hermana se juega la última carta mandándola a un sanatorio de hidroterapia, en New Hampshire. Pero el tratamiento no hace sino empeorar su estado en vez de mejorarlo. Después de la segunda terapia, es incapaz de dar un solo paso y, horrorizada, se da por irremisiblemente perdida.

¡Ningún médico, ningún ser humano puede salvarla!, concluye. Debería ocurrir un milagro, un verdadero milagro, para convertir de nuevo en una criatura viva a esa mujer tullida, psíquica y físicamente destrozada.

Y en este milagro, en este taumaturgo, confía Mary Baker y lo espera con todo el ardor de la desesperación, con todas las fuerzas de su fanático corazón, a los cuarenta y dos años de una vida hasta ahora inútil.

QUIMBY

De milagros y de un verdadero taumaturgo precisamente se viene hablando y cuchicheando en New Hampshire desde hace algún tiempo: dicen que un médico llamado Phineas Pankhurst Quimby realiza curas mágicas e incomparables, siguiendo un método nuevo y secreto. Este practicante no utiliza masajes ni medicamentos ni magnetismo ni electricidad y, sin embargo, consigue fácilmente su objetivo allí donde los otros médicos con sus métodos han fracasado. Los rumores se convierten en comentarios y los comentarios en certeza, por lo que no transcurre mucho tiempo antes de que pacientes de todos los rincones del país afluyan a la consulta de ese maravilloso doctor de Portland.

Ahora bien, el legendario doctor Quimby, digámoslo pronto, no es doctor ni erudito latinista ni licenciado en medicina, sino sólo un antiguo relojero de Belfast, hijo de un pobre herrero. Artesano laborioso, inteligente y hábil, había fabricado pacientemente Dios sabe cuántos relojes, cuando en 1838 llegó a Belfast, en una de sus conferencias propagandísticas, un tal doctor Poyen que muestra por primera vez en público sus experimentos hipnóticos. Este médico francés, discípulo de Mesmer (en todas partes del mundo se encuentran huellas de este hombre extraordinario), ha causado honda impresión en toda América con sus demostraciones hipnóticas; además, ha encontrado en las emocionantes novelas de Edgar Allan Poe el eterno sedimento de la curiosidad por el "lado nocturno de la naturaleza", y el suelo norteamericano, en apariencia árido y estéril, se convierte en ideal tierra fértil para todos los ensayos suprasensibles, precisamente por no haber sido labrada. Aquí las doctas academias y las sociedades reales no rechazan arrogantes –como en la escéptica Europa en tiempos de Mesmer– los fenómenos telepáticos más evidentes tachándolos de pura «imaginación», y el ingenuo optimismo de los norteamericanos, a los que nada parece imposible de antemano, se abre curioso a estas insospechadas iniciativas. Una enorme ola espiritualista (y pronto espiritista) se forma tras las conferencias del mesmerista francés; en todos los pueblos y ciudades la gente acude a sus sesiones y las discute con ardor. El modesto relojero Quimby forma parte también del grupo de espectadores fascinados. Asiste a todas las conferencias, no se cansa de contemplar las maravillas causadas por la hipnosis; en su afán de saber sigue al doctor Poyen de lugar en lugar, y finalmente a este le llama la atención de un modo especial, entre todos sus seguidores, aquel hombre simpático, ancho de hombros, de duros e inteligentes ojos norteamericanos. Poyen lo examina y enseguida determina que el hombre posee una inequívoca aptitud para la hipnosis activa. Lo utiliza en más de una ocasión para inducir al sueño a los médiums y se da cuenta, asombrado, de su aptitud, desconocida hasta entonces, para transmitir su voluntad. El enérgico artesano rápidamente toma la decisión de abandonar los relojes y convertir en oficio su talento de sugestión. Descubre un médium ideal en un joven alemán de quince años llamado Lucius Burgmayr. Ambos, él como magnetizador y Burgmayr como dócil objeto de sugestión, se asocian. A partir de este momento el nuevo doctor recorre el país con Burgmayr como un adivino con su mono o su papagayo y practica con él, en pueblos, caseríos y ciudades, un tipo particular de cura medicinal, a saber, la terapia hipnótico-telepática.

En sus inicios, el nuevo método curativo del relojero Quimby se basa en aquella ilusión del primitivo mesmerismo, tiempo ha superada, según la cual los sonámbulos poseerían una capacidad de introspección, de observar su propio interior. Como es sabido, tras el descubrimiento del sueño hipnótico, prosperó la creencia de que todo hipnotizado podía contestar, como un clarividente, a cualquier pregunta que se le formulara sobre el futuro o el pasado, lo visible o lo invisible. Entonces, ¿por qué no podría ver también la enfermedad invisible, escondida en otra persona, y determinar qué posibilidades tenía de curación? En vez del diagnóstico clínico, que suele preceder a todo tratamiento, Quimby, convencido de su poder mediumnístico, implanta el diagnóstico clarividente. En realidad, su método es muy simple. En primer lugar, adormece ante el público a Lucius Burgmayr. Tan pronto como éste se halla en trance, le es presentado el enfermo, al que, desde su sueño hipnótico y con los ojos cerrados, Burgmayr pronostica su dolencia y, sin salir de su estado hipnótico, prescribe la medicina adecuada. Esta clase de diagnóstico nos podrá parecer un tanto divertida y menos segura que los análisis de sangre y las radiografías, sin embargo, no se puede negar que a muchos enfermos les emociona oír contar por boca de un sonámbulo sus propios males y escuchar su remedio como quien dice desde el otro mundo. Por doquier se encuentran pacientes en abundancia, y la *Limited Quimby & Burgmayr* hace un excelente negocio.

Ahora, pues, el buen doctor, una vez ha encontrado el famoso truco, sólo necesita seguir tirando de su carro y recetando medicinas con la ayuda de su fiel médium. Pero este Quimby, aunque sin estudios y sin la carga de la responsabilidad científica, en el fondo no es un estafador, sino una persona honrada y un sincero investigador, lleno de curiosidad por los fenómenos suprasensibles. No le basta con seguir acumulando dólares con su método grotesco; el viejo relojero, el mecánico de profesión que lleva dentro, no se concederá descanso hasta que no logre descubrir dónde se esconde la secreta rueda motriz de la maquinaria que produce tan desconcertantes efectos terapéuticos. Finalmente, la casualidad viene en su ayuda. Su Burgmayr, sumido en trance, acaba de anunciar las medicinas a un paciente, pero este es tan pobre que no puede costearse el remedio recetado, y entonces Quimby lo sustituye por otro más barato que el prescrito por Burgmayr. Y he aquí que produce el mismo efecto. Por primera vez a Quimby le asalta la sospecha de que no son los trances ni los vaticinios hipnóticos, como tampoco las píldoras y las pócimas, lo que cura, sino tan sólo la fe de los enfermos en estas píldoras y pócimas, y de que únicamente la sugestión o la autosugestión producen la magia curativa. En una palabra: Quimby pasa por la misma experiencia que en su día Mesmer con el imán. Al igual que este, ante todo descarta, a título de ensayo, el eslabón intermedio; si Mesmer renunció al imán, Quimby abandona la hipnosis. Rescinde el contrato con su médium Burgmayr, deja a un lado todo aquel arte del sueño artificial y basa su tratamiento exclusivamente en la sugestión consciente. Su método curativo, el llamado *mind cure* (que más adelante Mary Baker convierte en la *Christian Science*, haciéndola pasar por descubrimiento propio, inspirado por Dios), en el fondo es muy sencillo. Gracias a sus propias experiencias de vidente, Quimby ha llegado a la convicción de que muchas enfermedades residen en la imaginación y de que la mejor manera de suprimir las dolencias es extirpar la creencia del enfermo en la enfermedad. La naturaleza debe ayudarse a sí misma, y la única misión del médico consiste en darle apoyo. Por esta razón, Quimby ya no tratará en adelante a sus pacientes según el procedimiento habitual de combatir la dolencia con medicinas, sino eliminando psicológicamente la idea misma de la enfermedad, es decir, disuadiendo al enfermo de su afección. En la circular de propaganda impresa de Quimby se dice textualmente: "Al ser mi tratamiento distinto de todos los demás tratamientos médicos, quiero hacer constar que no doy medicina alguna ni aplico remedios externos, sino que me siento delante del enfermo y le explico lo que pienso de su enfermedad, y esta mera explicación representa ya la cura. Si consigo modificar su punto de vista erróneo, modifico también el fluido de su sistema corporal y restablezco la verdad. Mi cura es la verdad". Hombre ingenuo, pero reflexivo, desde luego sabe perfectamente que con su método ha traspasado los límites de la ciencia y se ha adentrado en la esfera de la influencia religiosa. "Me preguntan", escribe, "si mi practica tiene relación con alguna ciencia conocida. Y yo contesto: ¡No! Forma parte de una sabiduría que está por encima de los hombres y que fue enseñada hace dieciocho siglos. Desde entonces nunca ha vuelto a ocupar un lugar en el corazón de los hombres, pero está en el mundo, sólo que el mundo la ignora". Así pues, también esta alusión a Jesús como primer *healer*, como primer médico del alma, la formula Quimby antes de la *Christian Science*, claro está que con la diferencia (que no señalan los críticos adversos a Mary Baker) de que Quimby sólo practica un tratamiento individual basado en el poder de simpatía y de sugestión de su persona, mientras que Mary Baker, mucho más osada y absurda, basa la negación de la enfermedad y la omnipotencia de la fe sobre el dolor en un sistema que se atreve a explicar y mejorar el mundo entero.

El nuevo método de Phineas Quimby, aunque a menudo mágico en sus resultados, no tiene nada de magia. Este hombre bueno, de pelo cano y pupilas claras e imperturbables que inspiran confianza, se sienta frente al enfermo, le sujeta las rodillas entre las suyas, le toca y frota la cabeza con dedos humedecidos (últimos vestigios de la práctica magnético-hipnótica con miras a la concentración), le pide que le describa la enfermedad y trata de disuadirlo con gran persistencia. No investiga los síntomas científicamente, sino que simplemente los elimina negándolos; no suprime la sensación de dolor del cuerpo con calmantes, sino que la arrebata a la sensibilidad mediante la sugestión. Se dirá que es un poco insubstancial y primitivo ese método de curar a base de decir simplemente que no duele. Sin embargo, en realidad sólo hay un paso entre el método del relojero de 1860 y el del farmacéutico Coué de 1920, muy acreditado científicamente. Y, en cuanto a éxito, igual que a su famoso sucesor, no le falta tampoco al desconocido Quimby: miles de pacientes acuden a su *mind cure*, hasta el punto que el médico tiene que recurrir incluso a las curas a distancia, a los llamados *absent treatments*, a base de cartas y circulares, porque su consulta resulta insuficiente para la afluencia de visitantes, y la fama del doctor curalotodo empieza a extenderse por todo el distrito.

Llegado hacía años la noticia de la maravillosa *Science of Health* que practicaba el relojero Quimby, y el 14 de octubre de 1861, poco antes de su partida a los estados del sur, escribe el "doctor" (o, mejor dicho, el también "no doctor") Patterson al milagrero preguntándole si podía llegarse a Concord: "Mi mujer se ha convertido en una inválida desde hace unos años a consecuencia de una parálisis espinal, sólo puede incorporarse a medias, por lo que desearíamos probar sus maravillosos poderes." Pero la enorme clientela no permite al taumaturgo emprender semejante viaje y declina cortésmente la invitación. No obstante, Mary Baker se aferra desesperada a esta última esperanza de curación. Años más tarde –Patterson ya ha caído prisionero del ejército sureño–, la inválida postrada en cama manda una nueva llamada de socorro todavía más vehemente y apasionada, suplicándole que acuda a "salvarla". Escribe literalmente (la misma mujer que más adelante borrará el nombre de Quimby de todos sus escritos): "¡Ante todo es preciso que lo vea personalmente! Tengo confianza absoluta en su filosofía, tal como la expone en sus circulares. ¿Puede y quiere visitarme? Moriré, si usted no puede salvarme. Mi enfermedad es crónica. No puedo darme la vuelta, y nadie puede moverme excepto mi marido. Soy presa de los más terribles suplicios. ¡Por favor, ayúdeme! Perdone los errores de esta carta, escribo en la cama y sin condiciones. Esta vez Quimby tampoco puede acudir, y la desesperada enferma le escribe de nuevo, ahora desde el establecimiento terapéutico, preguntándole si cree que ella podría aventurarse a emprender el viaje. "Suponga que tengo la suficiente confianza en usted para ir a verlo, ¿cree que conseguiría llegar sin morir en el intento? Mi congoja es tan grande, que no pierdo la esperanza de llegar con vida. Pero la cuestión es si su intervención bastará para restablecerme." A esta estremecedora llamada Quimby responde que puede emprender el viaje sin temor alguno.

Ahora sólo falta una cosa: el dinero para el viaje. A Abigail, la hermana que siempre ha estado dispuesta a ayudar, no le inspira la más mínima confianza este oscuro medicucho, que cura sin intervenciones ni tratamiento, sólo *by mind*, es decir, a través de la mente. Está definitivamente harta de las constantes locuras de su hermana. Declara terminantemente que no dará ni un penique para tan ladina patraña. Pero cuando Mary Baker, esta cabezota, quiere algo, echa abajo cualquier resistencia. Uno a uno consigue el puñado de dólares necesario, pidiéndolos prestados a amigos, conocidos y extraños. Finalmente consigue el dinero del rescate, de la salvación, y a finales de octubre de 1862 compra el billete y sale para Portland. De este viaje no se saben más detalles que lo siguiente: completamente agotada y extenuada llega la inválida a la desconocida ciudad. Lo más lógico y natural hubiera sido descansar un poco antes de la consulta médica. Pero esta alma indómita no se concede ningún reposo: energías insondables acuden siempre en ayuda de esta gran fanática cuando quiere algo de veras. Directamente de la estación, cansada, exhausta y polvorienta, se arrastra sin demora al Hotel Internacional, donde el doctor Quimby ha instalado su consultorio, y de hecho las fuerzas la sostienen hasta el primer tramo de la escalera. Después, la inválida no puede proseguir, de modo que tienen que sostenerla y ayudarla los criados y otros voluntarios casuales. Levantan y arrastran a la macilenta y escuálida mujer peldaño tras peldaño hasta arriba. La puerta de la sala se abre bruscamente, introducen el desvalido cuerpo, y ella se desploma exánime en una butaca: una inválida, una ruina de criatura humana. Y sus ojos angustiados se vuelven suplicantes al hombre cano y bondadoso que se sienta enfrente y que, frotándole las manos y las sienes, empieza a infundirle consuelo con voz suave.

Y una semana después –¡oh, maravilla!– esa misma Mary Baker, esa inválida desahuciada por todos los médicos, que daban su caso por perdido, está completamente curada. Los músculos, los tendones y los miembros la obedecen sanos y flexibles. Puede volver a andar y correr, sube a pequeños saltos los ciento diez peldaños de la torre de Portland, habla, pregunta, lanza gritos de júbilo, se regocija y exulta; es una mujer radiante, rejuvenecida, casi hermosa, trémula de actividad y rebosante de una nueva energía sin igual, incluso más que en su patria americana. Una energía que pronto conquistará y dominará a millones de personas.

PSICOLOGÍA DEL MILAGRO

¿Cómo puede caer el azul del cielo en un día radiante? ¿Cómo pudo ocurrir un milagro como este, que se burla de todas las reglas médicas y de la sana razón? Sobre todo, creo yo, gracias a la incansable predisposición de Mary Baker para el milagro. Así como el rayo no se desprende de la nube sin más, sino que su caída presupone una cierta carga eléctrica y una tensión polar de la atmósfera, así también el milagro necesita, para producirse, una determinada predisposición, un estado de ánimo que se inflama con la tensión nerviosa o religiosa: nunca ha sobrevenido un milagro a alguien que no lo hubiera esperado fervientemente en su interior durante mucho tiempo. Es cosa sabida que "el milagro es el hijo predilecto de la fe", pero también esta procreación espiritual requiere una polaridad como la de hombre-mujer; si la fe es el padre del milagro, la desesperación es sin duda la madre: sólo del apareamiento de una esperanza ilimitada, basada en la fe, y del desvalimiento más absoluto, puede el milagro tomar forma en la tierra. Y aquel día de octubre de 1862, Mary Baker se encuentra precisamente en el fondo de la desesperación: Phineas Quimby era su última apuesta, y los pocos dólares que llevaba en el bolsillo, su último dinero. Sabe que, si la cura no tiene éxito, no habrá más esperanza para ella. Nadie le volverá a prestar dinero para nuevas tentativas; inválida sin remedio, irá languideciendo; rechazada por todos, será una carga para la familia y un horror para ella misma. Si este hombre no la salva, nadie la salvará. He ahí por qué la anima la demoníaca desesperación, la fuerza de todas las fuerzas; de un tirón arranca de su maltrecho cuerpo aquella fuerza elemental del alma a la que Mesmer llamaba voluntad de sanar. Finalmente se cura, porque su instinto le dice que aquélla es la última posibilidad terrena de recuperar la salud; el milagro se produce porque tiene que producirse.

Y, además, esta prueba provoca que al fin salga al descubierto la más íntima disposición del alma de Mary Baker. Desde su más tierna infancia, esta hija de granjeros norteamericanos ha estado esperando lo "maravilloso" como su hermana ibseniana. Siempre ha soñado que por ella y en ella ocurriría algo extraordinario; todos los años perdidos no han sido sino un goce por adelantado, un anticipo orgiástico, como en sueños, de este momento mágico. Desde los quince años ha vivido con la ilusión de que el destino le reservaba algo especial. Ahora se enfrenta a la prueba. Si regresa coja y lisiada, su hermana se reirá de ella, le exigirán que devuelva el dinero prestado, y su vida estará definitivamente desperdiciada. Pero, si se cura, le habrá ocurrido un milagro, lo "maravilloso", y –¡el sueño de su infancia!–, todos la admirarán. Todos querrán verla y hablar con ella; al fin –¡al fin!– el mundo se interesará por su persona, y por primera vez no por piedad, como hasta entonces, sino por respeto y admiración, porque ha vencido la enfermedad de manera mágica, sobrenatural. De los miles y miles de norteamericanos que durante veinte años acudieron al milagroso doctor Quimby en busca de ayuda, tal vez ninguno estaba más predestinado que Mary Baker para una curación por medios psíquicos.

En este caso concurren, pues, dos poderosos factores: por parte del médico, una sincera voluntad de curar; y por la de la paciente, un ferviente y titánico deseo de ser curada. Por eso, la curación se efectúa en realidad ya en el primer encuentro. Cuando aquel hombre tranquilo, grave y apacible la mira con sus ojos grises y bondadosos, la enferma se tranquiliza en el acto. Y le calma la mano fría del médico cuando le frota magnéticamente la frente, y sobre todo la *tranquiliza* el hecho de que la induzca a hablar de su enfermedad, de demostrarle que su caso le interesa. Pues, esta enferma "incomprendida", está sedienta de interés humano. Durante años se había acostumbrado a que todas las personas de su entorno reprimieran a duras penas los bostezos cuando les hablaba de sus achaques; ahora, por primera vez, alguien sentado frente a ella toma en serio sus penas, y halaga su amor propio el hecho de que alguien quiera curarla, precisamente a ella, siguiendo un principio psíquico, partiendo del alma; el hecho de que por fin alguien busque energías psíquicas y espirituales en su menospreciada personalidad. Con gran fe escucha las explicaciones de Quimby, embebe sus palabras, pregunta y se deja preguntar. Y gracias al apasionado interés que siente por este nuevo método psíquico ya no recuerda su propia enfermedad. Su cuerpo se olvida de su parálisis o de provocarla, su estado convulsivo experimenta un alivio, la sangre corre más rápida y más roja por sus venas, y el estado febril que le provoca la excitación se comunica a sus órganos fatigados en forma de un aumento de la vitalidad. Pero también el bueno de Quimby tiene muchos motivos para sorprenderse. Acostumbrado a que sus pacientes, la mayoría de ellos rudos peones y obreros, cedan a su sugestión de buena fe, con la boca y el alma abiertas, y en cuanto sienten alivio le dejen sus cuatro dólares y se vayan sin pensar más en él y en su método, se encuentra de pronto ante una mujer peculiar, una literata, una "autora", que absorbe ávidamente sus palabras con todos los poros de su ser; al fin no una enferma insensible, sino llena de curiosidad apasionada por saber, que no quiere sólo curarse a toda prisa, sino también comprender por qué y cómo se cura. Esto halaga en sumo grado al afanoso y buen relojero, que desde hace años lucha con ahínco y honradez, aunque muy solo, por su "ciencia" y que hasta el momento tampoco ha encontrado a nadie en la tierra con quien discutir acerca de sus embrollados y singulares pensamientos. Y entonces he aquí que un viento favorable le lleva a casa a esta mujer que en el acto transforma en interés intelectual las fuerzas recién recobradas: le pide que le cuente y le explique su método, su cura, le pide echar una ojeada a sus notas, apuntes y manuscritos, en los que ha ido garabateando torpemente sus vagas teorías. Pero para ella esas hojas son revelaciones: las copia una a una (¡muy importante este detalle!), página por página, sobre todo el texto "Preguntas y respuestas", que es la quintaesencia del método y la experiencia de Quimby; pregunta, discute y saca del bueno de Quimby todo lo que tiene por decir. Con la impetuosidad que le es propia, penetra en sus teorías e ideas y extrae de ellas un entusiasmo indómito y fanático. Y es precisamente este entusiasmo de Mary Baker por la nueva cura lo que en realidad le devuelve la salud. Por primera vez, esa criatura egocéntrica, que nunca se ha interesado abnegadamente por nada ni por nadie, cuyo erotismo fue desplazado por un amor propio desmedido, cuyo instinto maternal fue ahogado por una exaltada afirmación de su voluntad, por primera vez Mary Baker experimenta ahora una auténtica pasión, un apasionamiento del espíritu. Y una pasión elemental es siempre la mejor válvula para las neurosis. Pues sólo porque Mary Baker no había sabido hasta ahora encauzar sus nervios por vías rectas y claras, sólo por esta razón los nervios la trataron con tanta crueldad. Ahora, en cambio, siente por primera vez que estalla dentro de ella con tal fuerza la pasión de su vida, siempre oprimida, que ya no tiene tiempo para pensar en otra cosa, ni para dedicarlo a su enfermedad, y desde el momento en que deja de pensar en ella, esta desaparece. Una vez liberada, toda su fuerza vital, hasta ahora retenida, puede descargarse en actividad creadora: Mary Baker, a sus cuarenta y un años, ha descubierto al fin su misión. A partir de octubre de 1862, esa vida descentrada y confusa tiene por primera vez rumbo y sentido.

Un piadoso delirio se apodera enseguida del Lázaro resucitado, de la mujer despertada de la muerte: la vida le parece maravillosa desde que para ella tiene sentido. Y este sentido es hablar a todos de ella misma y de su doctrina. Cuando vuelve a casa, se enfrenta al viejo mundo como una mujer distinta: se ha convertido en una persona interesante, al fin la gente se ocupa de ella. Todo el mundo la mira asombrado, el pueblo entero no habla de otra cosa que de su curación milagrosa.

"Para todos los que me miran y los que me conocieron soy un monumento viviente de vuestro poder", escribe exultante al maestro. "Como, bebo y estoy contenta, me siento como una prisionera evadida." Pero a esta alma insaciable ya no le basta la admiración de la hermana, de las tías, parientes, vecinos y curiosos: No, ¡todo el país, el mundo entero, debe saber la buena nueva, toda la humanidad debe conocer al prodigioso hombre de Portland! No puede pensar en otra cosa, no puede hablar de otra cosa. Aborda a amigos y conocidos por la calle con apasionadas historias, da conferencias sobre los *cure principles*, del nuevo redentor y en el periodicucho de provincias, el *Portland Courier*, publica un entusiasmado relato de su "resurrección". Todas las curas, escribe, habían fracasado, magnetismo, hidroterapia, electricidad; todos los médicos la habían desahuciado, porque todavía no conocían el verdadero, nuevo y genial principio de curación. "Los que me trataban creían que la enfermedad era independiente de la *mind*, del espíritu. Yo no podía saber más que mis maestros".

"Pero ahora, por primera vez, comprendo el principio global que inspira la obra del doctor Quimby, y a medida que voy entendiendo esta verdad, progresa mi curación. La verdad que él infunde en los enfermos los cura, sin que ellos lo sospechen, y el cuerpo, tan pronto como se llena de luz, deja de ser achacoso." En su entusiasmo arrebatado, exaltado por fanáticas exageraciones, no vacila en comparar al nuevo redentor Quimby con Cristo. "Cristo curaba a los enfermos, pero no con ensalmos y medicinas. Y como Quimby habla y cura como nadie habló antes de él desde Cristo, ¿no es él mismo la verdad? ¿Y no es Cristo mismo quien vive en él? Quimby hizo rodar la losa de la tumba del error para que resucitara la salud, pero ya sabemos que la luz brilla en las tinieblas y las tinieblas no la ven."

Pero semejantes comparaciones piadosas, aplicadas a un viejo relojero, parecen al periódico de la competencia, el *Portland Advertiser*, un tanto blasfemas, de modo que el rotativo se apresura a esparcir sal sobre esa efervescencia de un espíritu fanático. La gente ya empieza a menear la cabeza con disimulo, poniendo en duda a la excéntrica rapsoda. Pero las burlas y los sarcasmos, la incredulidad y la duda, todas estas resistencias de la razón vigilante, a partir de ahora ya no tienen poder sobre el alma delirante de Mary Baker. Quimby, Quimby, Quimby, y la curación por el espíritu: he aquí lo que será su único pensamiento, su única palabra durante años. Ningún dique de la razón podrá contener este torrente. La piedra ha empezado a rodar y se convertirá en una avalancha.

PABLO ENTRE LOS GENTILES

El hombre más fuerte es siempre el hombre de una sola idea, porque todo lo que atesora de fuerza, energía, voluntad, inteligencia y tensión nerviosa, lo invierte única y exclusivamente en una dirección, creando un ímpetu que pocas veces el mundo puede resistir. Mary Baker es un ejemplo de estos monomaníacos que abundan en la historia del espíritu: desde el año 1862 no posee sino una idea o, mejor dicho, es poseída por ella. No mira a derecha ni a izquierda, va sólo hacia delante, adelante y adelante, en una sola y única dirección. Y no se detendrá hasta que la idea de la curación por el espíritu haya conquistado su país y el mundo entero.

Sin embargo, lo que pretende conseguir e imponer en primer lugar, no lo ve todavía claro en aquel delirante momento inicial. No tiene todavía un sistema ni una doctrina –no se formarán hasta más tarde–, sólo un fanático sentimiento de gratitud porque a ella, y precisamente a ella, le ha sido impuesta la misión de pregonar el apostolado de Quimby en la tierra. Pero ya este designio, este esfuerzo de voluntad concentrado en un solo punto, es suficiente para transformar por completo física y espiritualmente a esa mujer inquieta y convulsiva, eternamente convaleciente en cama. Su andar se vuelve más enérgico, sus nervios concentran su fuerza hacia un solo objetivo, de la mujer neurasténica e impedida brota con ímpetu irresistible la personalidad fuerte que había estado reprimida, y con ella una plétora de dotes prácticas. De la noche a la mañana, una sabihonda sentimental se convierte en una escritora hábil y vigorosa; la mujer sufrida y cansada, en una oradora que arrebata; la afligida y achacosa, en una apasionada agitadora en pro de la salud. E, insaciable, cuanto más poder consigue, más poder e influencia pretende; es más activa, vital y capaz a los cincuenta y sesenta años que a los veinte y treinta.

De esta asombrosa transformación alguien parece al principio no estar demasiado satisfecho, su marido, el doctor Patterson, que al fin regresa a casa de su cautiverio de guerra. Ya antes no le resultaba especialmente agradable vivir bajo el mismo techo con una histérica lunática que reclamaba atención constante y permanecía en cama todo el día. Con todo, el curtido esposo todavía la toleraba con resignación, pero ante la mujer sana, de pronto consciente de su propio valor, ante la fanática profetisa y pregonera, el hombre retrocede angustiado. Prefiere pasarle doscientos dólares en concepto de alimentos y renunciar a seguir viviendo en la misma casa; después de unas cuantas discusiones violentas, desaparece para siempre y se divorcian. La biografía rosa, naturalmente, corre un tupido velo por este espinoso episodio y comenta la desavenencia en tono de salmodia y de libro de lecturas gazmoñas: "No era una tarea fácil guiar por el camino recto a su guapo y rústico marido, cuya naturaleza tendía hacia el puchero, las chucherías y lentejuelas del mundo de los sentidos y en el cual el donaire y la luz poca impresión causaban." Pero, curiosamente, la hermana de *Mother Mary*, tan altruista durante años, tampoco parece darse cuenta de este "donaire" y de esta "luz". Tampoco ella puede soportar por más tiempo el trato dominante e imperioso de la repentinamente restablecida Mary: se producen escenas violentas que acaban forzando a Mary Baker a buscar asilo en otra parte. Desde aquel día las dos hermanas no volverán a verse: la intolerante mujer rompe también el último vínculo con la familia.

Así pues, a los cincuenta años, Mary Baker vuelve a estar sola en el mundo; enterró a su primer marido, el segundo la abandona, el hijo vive a millas de distancia con gente extraña. Está sola en la vida, no tiene dinero ni profesión ni quehacer alguno; no es nada sorprendente que su pobreza llegue a ser pronto espantosa. A menudo no puede pagar puntualmente el dólar y medio que cuesta el alquiler semanal en una miserable casa de huéspedes; durante años no puede comprarse un vestido, un sombrero, un par de guantes. Tendrá que reunir céntimo a céntimo para cubrir el gasto más pequeño. Antes de experimentar el ascenso más grandioso de una mujer en el siglo XIX, esta inflexible defensora de lo absurdo, tendrá que descender todavía durante años hasta el último peldaño de la degradación y la más negra miseria de la vida.

Instalarse en casa de alguien o, digámoslo sin rodeos, vivir a costa ajena es la única salvación que le queda a Mary Baker para no morir de hambre, puesto que sigue rechazando, con la misma orgullosa terquedad, cualquier "banal" trabajo doméstico. Durante estos años de indigencia, no vive de otro trabajo sino el intelectual ni por otra cosa que no sea su idea. Y nada atestigua de modo más sublime su genio psicológico y la irresistible fuerza de sugestión de su persona que el hecho de que, a pesar de todo, en todos estos años de "camino de espinas" (como se denominan los años de éxodo en el evangelio oficial) siempre encuentra voluntarios dispuestos a acoger en su casa con veneración y generosidad a la desterrada. Son gentes pobres casi siempre, pobres de dinero y de espíritu, que llevadas por un patético amor por lo "superior", reciben como una distinción el trato con tan notable profetisa, y le devuelven ese honor con comida y bebida. Esparcida por todo el mundo, en cada ciudad, pueblo y caserío de nuestro globo terráqueo, se encuentra esta misma clase de gente (muy simpática) poseída de un vago sentimiento religioso y a la que, en medio o al margen del trabajo cotidiano, impresiona e inquieta profundamente el misterio de la existencia. Son personas creyentes por naturaleza, pero no lo bastante fuertes para crearse una fe por sí mismas. Esas naturalezas, puras y enternecedoras en su mayoría, aunque un poco débiles, que sin saberlo suspiran por un mediador por el que dejarse llevar y conducir, son siempre y en todas partes el terreno mejor abonado para toda clase de nuevas sectas y doctrinas religiosas. Ya sean ocultistas, antropósofos, espiritistas, cientificistas, intérpretes de la Biblia o tolstoianos, a todos los une una misma voluntad metafísica: el oscuro anhelo de hallar un "sentido superior" a la vida; por esta razón todos se convierten en discípulos agradecidos y sumisos de todo aquel que, innovador o farsante, acreciente en ellos el sentimiento místico, religioso. Hombres como ellos surgen siempre y por doquier, tanto en las llanuras esteparias como en las buhardillas de las grandes ciudades, en las alquerías nevadas de los Alpes y en las aldeas de Rusia, y precisamente el pueblo norteamericano, en apariencia tan realista, es especialmente rico en células religiosas, pues allí la estricta fe protestante, en incesante renovación, echa nuevos y florecientes brotes en forma de sectas. Miles y cientos de miles de personas viven todavía hoy allí, en las gigantescas ciudades o dispersas por el inmenso territorio, y para las que la Biblia sigue siendo el libro más importante y único, y su interpretación, el verdadero sentido de la vida.

Entre estas almas místicas Mary Baker encuentra siempre alojamiento y manutención. Ora es un zapatero que, por la noche, cansado de su trabajo mecánico y anquilosador, quiere aprender algo "más elevado" e interpretar las palabras de la Biblia con otra persona, ora es una viejecita apergaminada que se estremece ante la muerte y para la que todo mensaje de inmortalidad es un consuelo. Para estas gentes candorosas, de bajo nivel intelectual, encajonadas en un mundo obtuso, el encuentro con Mary Baker es toda una experiencia. La escuchan con respeto, aunque sin entenderla, cuando, sentadas a la mesa de la cena frugal, les habla de curaciones prodigiosas. Y la siguen con mirada respetuosa y asombrada cuando después desaparece en su buhardilla para escribir durante toda la noche, a la luz de una vacilante lámpara de petróleo, su misteriosa "biblia", ya anunciada. ¿Qué menos se puede hacer para una mensajera tal de la palabra del espíritu, sin patria ni hogar en el mundo terrenal, que disponerle una cama bajo el tejado, ofrecerle una mesa para trabajar y un plato para que no muera de hambre? Como los piadosos frailes mendicantes de la Edad Media, como los rusos peregrinos de Dios, en aquellos años Mary Baker recorre el país de casa en casa; pero esta mujer poseída demoníacamente por su propio yo, nunca se siente rebajada ni obligada por tales muestras de hospitalidad, nunca tiene la impresión de recibir limosna. En todos estos años de dependencia, nunca nadie la ha visto humillar la cabeza ni ha visto herido por un momento su amor propio.

Pero no puede permanecer por mucho tiempo en un mismo sitio. En casas ricas o pobres, en desvanes o más tarde en su mansión de mármol, en tiempo de privación o de abundancia, con familia, amigos y extraños, en todas partes se cumple, al cabo de poco, la trágica ley de su existencia, esto es, que la presión excesiva de su voluntad hace estallar toda comunión con los demás. Inevitablemente y en todas partes, su carácter dominante y su tiránica obstinación, le acarrean disgustos. El conflicto con el mundo es su destino; y la discordia con todos los hombres, la consecuencia inevitable de su inmoderado despotismo; por eso su parte demoníaca la empuja de puerta en puerta, de ciudad en ciudad, ¡pero siempre adelante, adelante! Durante un tiempo, en su odisea por todos los mares de la aflicción, encuentra refugio en casa de un tal Hiram Craft, en Lynn, de día primoroso zapatero remendón y de noche pensador y metafísico. Tanto ha llegado ella a entusiasmarlo con su terapia divina, que está decidido a cerrar la zapatería y pone un anuncio en el periódico diciendo que él, el doctor Hiram Craft, sabe curar todas las enfermedades con un nuevo método, y está dispuesto a devolver el dinero a todo aquél con quien no obtenga éxito. Pero la honrada esposa del futuro doctor, que tiene que seguir trajinando en los fogones, preparando las comidas, coser y limpiar zapatos, mientras la intrusa metafísica se niega orgullosa a ayudarla, empieza a sospechar que aquella vieja descarnada pretende quitarle el marido con tales malditas tonterías. De repente pega un puñetazo en la mesa y dice: "¡O ella o yo!" Y de la noche a la mañana Mary Baker se encuentra de nuevo en la calle. Lo que ocurre ahora nadie lo creería en una novela. Mary Baker, privada de golpe de mesa y cama, no sabe de nadie que quiera acogerla. No se puede permitir una casa de huéspedes, ha roto con la familia y nunca ha sabido ganarse amigos de verdad. Y, así, con la osadía que da la desesperación se dirige directamente a una villa en la que vive Sarah Wentworth, una anciana conocida en todo el pueblo como loca y espiritista apasionada. Llama a la puerta. Sarah Wentworth en persona sale a recibirla y le pregunta qué quiere. Mary Baker responde que el espíritu le ha ordenado ir allí, porque es una casa pura y armoniosa, una *nice harmonious house*. ¿Puede acaso una verdadera espiritista echar a la calle a alguien enviado por el espíritu? De modo que Sarah Wentworth dice simplemente: "*Glory to God! Come right in!*" y acoge por una noche a la desconocida. Pero Mary Baker no se queda una sola noche, sino días y semanas, se adueña de la anciana con la ardiente fluidez de su palabra y el flameante fuego de su temperamento. También aquí el marido intenta en vano expulsar a la intrusa, pero nada puede (¡y quién podría!) contra la voluntad de Mary Baker, hasta que, al fin, muchos meses después, el hijo del matrimonio acude en su ayuda. De regreso a Amesbury, el muchacho encuentra su casa paterna convertida en un manicomio espiritista y a su padre, desesperado. La sangre le sube a la cabeza de inmediato, no gasta cumplidos y manda groseramente a Mary Baker al diablo. Ella al principio se niega a irse, pues desde hace tiempo se siente dueña de la casa. Sin embargo, el joven Wentworth es un muchacho fuerte y vigoroso, nada espiritualista, al que poco importan las virulentas protestas de la mujer: se limita a arrojar sus cosas en la maleta de madera, la carga al hombro y la saca a la calle. Allí está de nuevo Mary Baker, sola, forastera y sin cobijo en una noche de lluvia torrencial. Calada hasta los huesos, acude a casa de otra espiritista, una costurera, *miss* Sarah Bagley, donde es acogida por algún tiempo, para luego continuar su camino, siempre adelante, adelante. Pero en ninguna de las familias en las que encuentra refugio puede establecerse por mucho tiempo, en todas partes encuentra pronto a un marido, a un hijo, que echa de casa a la dominante huésped. Y este espantoso vía crucis de casa en casa, de puerta en puerta, dura cuatro años enteros.

Lo que sufriera Mary Baker en estos cuatro años de degradación humana, lo calla tanto la autobiografía como la chapucera biografía oficiosa. ¡Necio proceder! Pues precisamente la entereza de Mary Baker en los momentos de extrema necesidad es lo que da la medida de su grandeza humana. Y nada demuestra con más contundencia la firmeza de su carácter y su tenaz y rabiosa determinación que esta santa cólera que la hace completamente insensible a las exigencias y a los reproches de los hombres. Su yo más íntimo está tan lleno y saturado de su propia idea, que no tiene espacio ni sensibilidad para nada más. A pesar de haber sido perseguida por todos los perros y afligida por la penuria económica, ni un solo día interrumpe sus fanáticas cavilaciones, su enfrascamiento en torno a la misma y única idea. Calle tras calle va arrastrando en su ridícula maleta de viaje pequeño burguesa las hojas ya amarillentas y maltrechas de su precioso manuscrito; noche y día escribe, cambia y corrige cada página con alucinada obsesión por la obra, la obsesión que ha de inspirar una admiración incondicional a todo artista y pensador. Cien veces ha leído y explicado el texto a zapateros, cerrajeros, obreros y ancianas, siempre con la esperanza de que al fin su idea sea transparente, de que su doctrina sea comprensible. Pero no encuentra a nadie que realmente la comprenda.

Poco a poco la opresiva gestación de esta idea de parto difícil se convierte en un tormento. Mary Baker sabe que el fruto está maduro y pugna por salir, sin embargo, a pesar de los violentos espasmos y convulsiones, no puede por sí sola expulsarlo al mundo. Pues, por un misterioso conocimiento de su naturaleza íntima, sabe que le ha sido negado el arte de la curación. Para ser un terapeuta, un *healer* o un *practitioner*, hace falta tranquilidad, prudencia, paciencia, aquella fuerza armoniosa, siempre dispuesta, que irradia calor y que ella misma había experimentado en su modelo, el maestro Quimby. Pero Mary Baker, persona inquieta *par excellence*, es incapaz de tranquilizar. Sólo sabe acalorar, inflamar, infundir espíritu al espíritu, pero no contener los ardores febriles, no aliviar los verdaderos dolores. Así pues, deberá encontrar a otro, un testigo, un mediador, un auxiliar, un principio masculino, que transforme en obra su doctrina. Y es a este hombre al que poder insuflar el hálito ardiente de su fe para que luego él mismo, tranquila y fríamente, lleve a la práctica sus preceptos, al que busca ahora con delirio año tras año. ¡Pero en vano! El torpe y palurdo zapatero Hiram Craft, en cuyo obtuso cerebro había metido a duras penas sus trucos y enseñanzas, prefiere quedarse con su estúpida mujer; las otras personas, a las que trató de transmitir su energía, Sarah Bagley y la señora Crosby, dieron muestras de un espíritu indolente, no hubo en ellas ni una chispa del sagrado ímpetu que infunde el convencimiento y por tanto la fuerza de convicción. En ninguna de todas aquellas humildes casas de proletarios o de pequeños burgueses ha encontrado al mediador, de modo que ensancha su búsqueda y el 4 de julio de 1868 pone un anuncio en la revista espiritista Banner of light, entre los de oscuros quirománticos, videntes, sectarios, astrólogos y echadoras de cartas: se trata de su primera oferta pública de transmitir a quien quiera, contra pay, es decir, cobrando, el gran secreto del tratamiento terapéutico psíquico. Reproducimos a continuación, en su forma original, esta llamada histórica, el primer toque de clarín de una guerra todavía hoy no terminada:

> *ANY PERSON desiring to learn how to teach the sick, can receive from the undersigned instruction, that will enable them to commence healing on a principie of science with a success far beyond any of the present modes. No medicine, electricity, physiology or hygiene required for unparalleled success in the most difficult cases. No pay is required unless the skill is obtained.*
>
> *Address:* Mrs. Mary B. Glover
>
> Amesbury, Massachussetts, Box 61[1]

[1] "Toda persona que desee aprender cómo enseñar a los enfermos puede recibir de la abajo firmante clases que le permitirán iniciar el tratamiento basándose en un principio científico con un éxito superior al obtenido por cualquiera de los métodos actuales. No hace falta medicina, electricidad, fisiología o higiene para conseguir resultados sin precedente en la mayoría de casos difíciles. No se exige pago alguno hasta que no se domine la técnica.
Dirigirse a la Sra. MARY B. GLOVER Amesbury, Massachusetts, Aptdo. de Correos 61".

Pero, al parecer, nadie respondió. Y de nuevo pasan volando inútilmente doce y hasta veinticuatro meses de esta vida que sigue siendo vana.

Finalmente, a sus cincuenta años, Mary Baker consigue encontrar a un hombre. Lástima que este Juan Evangelista sea demasiado joven, tiene apenas veintiún años; de profesión, operario de una fábrica de cartón, y se llama Richard Kennedy: para sus propósitos ella hubiera deseado a un hombre mayor, con más aplomo, que impusiera más. Pero ya ha desperdiciado tres cuartas partes de su vida, no le queda mucho tiempo para esperar y escoger. Y, puesto que los adultos no la escuchan y que, por demasiado listos, precavidos y calculadores, se burlan de sus temerarios planes, juega su última carta en este muchacho. Lo había conocido dos años antes en casa de la señora Wentworth y le había caído bien por su modestia, pues era el único entre todos que la escuchaba con atención cuando ella hablaba de su doctrina (que es de lo único que sabe hablar día tras día, noche tras noche). Tal vez el insignificante joven comprendiera sus palabras tan poco como los demás, cuando aquella mujer singular y fanática hablaba de *mind* y *materia* con labios ardientes y arrebatados, sin embargo, al menos escuchaba con profundo respeto, y ella podía pensar satisfecha: he aquí un joven que es el primero en creer en mí y en mi doctrina. Ahora bien, puesto que el chico cuenta veintiún años y ella cincuenta, Mary Baker lo sorprende con la propuesta de abrir una consulta basada en su nuevo e infalible método de curación.

Por supuesto el joven obrero de cartonaje no dice que no. No le supone ningún problema quitarse el mono de trabajo y convertirse en médico universal sin pasar por las penalidades académicas. Al contrario, se siente muy honrado. Antes de salir a conquistar el mundo, esta extraña pareja formaliza un detallado contrato comercial: Mary Baker se compromete a enseñar su *Science* a Richard Kennedy, a cambio de lo cual él se compromete a velar mientras tanto por el sustento de ella y entregarle la mitad de los ingresos derivados de la consulta. Así pues, el primer documento histórico de la *Christian Science* es un papel timbrado y un reparto al cincuenta por ciento. Y a partir de este momento, el principio metafísico y el material, Cristo y el dólar, quedan indisolublemente unidos en la historia de la medicina norteamericana.

Preparan una pequeña maleta –contiene todos sus bienes– y reúnen el dinero para el primer mes. No se sabe con exactitud a cuánto ascendía el capital social de aquel consultorio, tal vez a veinte dólares, tal vez a treinta o cincuenta, en todo caso no era mucho. Con este mínimo, una mujer canosa y un muchacho barbilampiño se trasladan a la pequeña ciudad vecina de Lynn. Y así empieza una de las más notables aventuras del espíritu, uno de los movimientos de mayor expansión de la era moderna.

RETRATO

Ahora que, por fin, después de interminables años de sombra en granjas y buhardillas, Mary Baker sale a la luz, echemos una mirada rápida a su aspecto. Una figura alta y flaca, recia y huesuda, que con su línea áspera y masculina recuerda a la otra mujer de férrea voluntad de nuestro siglo: Cosima Wagner. Sus movimientos son impetuosos, un andar impaciente y acelerado, unas manos de gestos nerviosos y, en las discusiones, una nuca tiesa y altiva, como si llevara yelmo y ciñera espada. Lo único femenino de esta criatura templada como acero norteamericano es el cabello castaño y abundante, que se parte en dos ondas oscuras por encima de la frente sin arrugas y sigue su curso hacia atrás cayendo sobre los hombros en cálidos rizos: por lo demás, ni un solo rasgo de calor humano y de ternura. Este apego a lo masculino, incluso a lo monacal, se ve acentuado especialmente por la manera de vestir. Abrochado hasta el cuello con austeridad puritana y provisto de una especie de fina golilla propia de un pastor protestante, el falso hábito que lleva esconde todas las formas femeninas tras un negro inexorable o un gris indiferente, y como único adorno amenaza, como para defenderse de todo lo sensual, una gran cruz de oro. Es difícil imaginarse a esta mujer de porte tan rígido como un ser capaz de desfallecer de amor o de prodigar arrumacos maternales; difícil también encontrar en esos ojos singularmente redondos y de un gris profundo un reflejo de amenidad o de indolente ensueño. Todo en esta severa figura, de una arrogancia que recuerda a una reina, pero también a una institutriz, destila fuerza, despotismo, empuje, energía acumulada, estancada, concentrada. Incluso contemplando su fotografía, siente uno sobre sí, fuerte y peligrosa como un golpe, la mirada de esta norteamericana que impone y sugestiona.

Muy segura de sí misma y majestuosa parece (o trata de parecer) Mary Baker, cuando mira a la cámara fotográfica, habla delante de la gente o se siente observada. Cómo era en realidad, sola en su habitación, lo podemos conjeturar únicamente a partir de informes confidenciales, pues tras esta máscara de acero, tras esta frente blanca y ósea, palpitan y vibran con especial ardor unos nervios sobremanera tensos y excitados: la misma predicadora de palabra poderosa e irresistible, que es capaz de infundir fe en la curación y nueva vitalidad a miles de enfermos y desesperados, apiñados en grandes salas; cuando se encuentra tras la puerta cerrada de su habitación es presa de continuas convulsiones y se convierte en una neurasténica azorada por imágenes angustiosas. Su voluntad de hierro se apoya en unos nervios sutiles como los hilos de una telaraña. La mínima vibración pone en peligro su organismo hipersensible. La más pequeña influencia hipnótica paraliza su energía. Un pellizco de morfina basta para adormecerla, y horribles demonios hacen de las suyas atormentando a esta mujer santa y heroica: de noche, los que conviven con ella se despiertan sobresaltados con sus estridentes gritos de auxilio y tienen que calmarla con toda suerte de secretos remedios. Extraños ataques la afligen constantemente. Luego anda a tientas y con la mirada extraviada por la habitación y desahoga en furiosos gritos y espasmos sus tormentos místicos que nadie comprende, y menos ella misma. Es algo típico en ella y en muchos psicólogos: la maga que ha curado a miles de enfermos no ha sabido curarse a sí misma.

Pero sólo tras puertas cerradas, en el más secreto de los conventículos, se revela el lado patológico de su ser. Sólo los más íntimos saben del trágico precio que tuvo que pagar durante años por su temple de acero; su inflexibilidad e impavidez se muestran de puertas afuera, pues en el momento en el que tiene que aparecer en público desaparece de golpe el aturdimiento y la dispersión: cada vez que están en juego su fuerza primitiva y su desmedida necesidad de figurar, de su espíritu salta de repente una energía entusiástica que se transmite a los músculos y nervios e inunda todo su ser de luz fascinadora, algo así como la corriente eléctrica que pasa a los filamentos de carbón de una lámpara. Desde el momento en el que sabe que tendrá que dominar a otros, se domina a sí misma y se vuelve dominante: igual que su inteligencia, su elocuencia, su literatura o su filosofía, tampoco el efecto impresionante de su aspecto exterior es un don natural, sino un producto de su voluntad, un triunfo de su energía creadora. Cada vez que quiere conseguir algo quebranta en su cuerpo las leyes de la naturaleza, se revela imperiosa contra la "cronología", contra la norma, de ordinario inexorable, del tiempo terrestre. A los cincuenta años actúa como si tuviera treinta; a los cincuenta y seis atrapa al que será su tercer marido, e incluso a una edad venerable ningún mortal, excepto su secretario particular, la ha visto jamás decrépita. Su orgullo no se dejará vencer nunca en un momento de debilidad, sólo consentirá que el mundo la vea revestida de toda su energía. Una vez, a los ochenta, yace en cama presa de convulsiones, convertida en una anciana desdentada y endeble, con las mejillas hundidas a causa del insomnio, los nervios vibrando de ansiedad, cuando le anuncian la llegada de peregrinos de toda América con el propósito de saludarla. Inmediatamente su amor propio obliga al cuerpo a levantarse. Como un títere, la temblorosa abuelita manda que la vistan con sus mejores galas y le coloreen las mejillas con carmín; a continuación, sosteniéndola sobre sus reumáticas piernas, la llevan paso a paso hasta el balcón. Con cuidado, como un objeto frágil, levantan y arrastran a la momia a punto de desmenuzarse hasta la ventana abierta. Pero apenas sale al balcón y se ve de pie por encima de la piadosa multitud, que se descubre respetuosamente la cabeza, la anciana yergue orgullosa la cerviz, las palabras le salen fáciles e inflamadas de la boca, y las manos, primero agarradas a la barandilla de hierro para sostenerla, se agitan luego como pájaros revoltosos: en virtud de la propia palabra, el cuerpo doblado se distiende y un torrente de energía recorre su majestuosa figura erguida. Abajo, en la calle, las gentes miran con ojos ardientes y se estremecen ante el impetuoso estallido de encendida elocuencia. Y luego, ya lejos, esparcidas por todo el país, esas gentes hablarán del frescor juvenil y de la energía corporal que han visto –y de los que pueden dar fe– en aquella mujer vencedora de la enfermedad y la muerte, mientras, detrás del balcón, una mujercita decrépita y arrugada vuelve a la cama arrastrándose a duras penas. De esta manera, con la pasión de su espíritu, engaña Mary Baker-Eddy –no sólo a sus contemporáneos, sino incluso a la misma naturaleza– respecto de su edad, de sus flaquezas y sus achaques; en todos los momentos decisivos hace realidad lo que en su interior quiere que lo sea. No es casual, pues, que haya sido un alma tan impávida alojada en un cuerpo tan frágil la que haya forjado la creencia de que la voluntad humana es más fuerte que la enfermedad y la muerte. Tampoco es casual que este apostolado de la omnipotencia de la voluntad provenga precisamente del país que, apenas un siglo antes, talara los bosques y convirtiera en metrópolis desiertos enteros. Y si quisiera resumir en una imagen esa energía norteamericana, férrea, rectilínea, que se ríe a las claras de la palabra "imposible", no sabría encontrar un símbolo gráfico más expresivo que la cerviz erguida y los magníficos y decididos ojos, que escrutan desafiantes lo invisible, de la menos femenina de las mujeres.

LOS PRIMEROS PASOS

La gran lucha grotesca y heroica de la *Science* contra la ciencia oficial empieza como un idilio, como una comedia pequeño burguesa.

En Lynn, el mismo pueblo de zapateros, peculiar y banal, en el que Mary Baker quiso en su día convertir al honrado remendón Hiram Craft en doctor de la nueva ciencia médica, vive una pequeña y simpática maestra de párvulos, *miss* Susie Magoun. Tiene alquilada una casa para su escuela privada; el primer piso está destinado a las clases, y el segundo quiere realquilarlo. Pues bien, he aquí que un día del año 1870, hacia el atardecer, se presenta un joven, Richard Kennedy, con aspecto de adolescente, cosa que no es de extrañar, pues no tiene más de veintiún años. Se inclina muy comedido y pregunta (mascullando las palabras como si tuviera arena en la boca) si la señora alquilaría las cinco habitaciones a un médico. "Con mucho gusto", contesta *miss* Magoun. "¿Acaso busca un consultorio para su padre?" El joven cartonero se ruboriza y responde que no, que el doctor es él y necesita cinco habitaciones para su trabajo, porque también va a vivir con él una viejecita que "escribe un libro". Al principio *miss* Magoun observa al joven barbilampiño un tanto perpleja. Pero, al fin y al cabo, Lynn está en Estados Unidos y en este país no existe este prejuicio nuestro académico-burocrático contra la juventud. Allí miran a las personas a los ojos, y puesto que este muchacho tiene una mirada franca y clara y además se presenta limpio y arreglado, ella accede. A los pocos días llegan los nuevos inquilinos. No necesitan arrastrar muchos bultos escaleras arriba, sólo dos camas compradas a un módico precio, una mesa, unas sillas y los habituales chismes más imprescindibles. Y que andan escasos de dinero lo demuestra a ojos vistas el hecho de que el joven médico al principio trabaja de obrero, empapelando las paredes por su propia mano, barriendo y fregando las habitaciones. Pero después, en julio de 1870 –¡fecha histórica!– el imberbe muchacho cuelga en un árbol de delante de la casa su placa: "Dr. Kennedy". Y así queda abierto el primer consultorio de la *Christian Science*.

De todos modos, colgar una placa en un árbol y titularse doctor sin más no era algo especialmente llamativo en un país que todavía permitía y toleraba tales autopromociones. En cambio, sí resulta sorprendente la consecuencia de este resuelto proceder, es decir, el hecho de que ya en aquella misma semana algunos pacientes pasen por casa del recién establecido "doctor". Y más sorprendente aún: no parecen en absoluto insatisfechos con su arte, pues a la segunda semana acude a la consulta una clientela todavía más numerosa, y mucho más a la tercera. A finales del mes de julio acontece el primer milagro de la *Christian Science*: el recién salido del cascarón "doctor" Kennedy puede pagar ya puntualmente el alquiler con sus ingresos. Y milagro sobre milagro: la curva del éxito sube cada vez con más decisión semana tras semana. En agosto los pacientes tienen ya que hacer cola en la antesala; en setiembre hay que alquilar temporalmente el aula de *miss* Magoun como sala de espera. Como un vaquero con lazo, el nuevo método de la *Company* Kennedy & Baker ha arrebatado a los médicos toda la clientela de la ciudad de Lynn; docenas de pacientes acuden en masa todos los días para recibir la "nueva" cura. Claro que, a nosotros, que ya conocemos el consultorio del doctor Quimby, el método del doctor Kennedy no nos parece tan nuevo, pues repite hasta el mínimo detalle la acreditada cura por sugestión del buen relojero de Portland. Lo mismo que él, el antiguo cartonero Kennedy se sienta delante de sus pacientes, les frota las sienes con dedos humedecidos y desgrana toda la letanía metafísica que le ha enseñado la maestra:

"Que el hombre es divino y que, como Dios no quiere el mal, el mal, el dolor y la enfermedad no pueden existir. No son sino imaginaciones, un error del que hay que liberarse." Con la maníaca y obstinada tenacidad con que Mary Baker le ha machacado, el joven repite una y otra vez su discursillo a todos los enfermos con tanto convencimiento como si poseyera un poder ilimitado sobre sus dolencias. Y, de hecho, la seguridad de este personaje simpático, de mirada diáfana y digno de crédito por su llaneza, se transmite a la mayoría de sus pacientes produciendo en ellos un efecto liberador. Gentes sencillas del pueblo, zapateros, pequeños funcionarios y empleados que acuden a él, se sienten aliviados de sus dolores a las pocas horas y –¿por qué negar o deformar hechos evidentes?– una serie de personas tiempo ha desahuciadas, como una mujer tuberculosa, un hombre paralítico, deben a esta "cura metafísica" el alivio momentáneo del dolor; algunos incluso afirman estar completamente curados. Así pues, corre la voz por las ochenta o cien calles de Lynn de que este médico recién salido del molde, el doctor Kennedy, es realmente magnífico, que no martiriza con instrumentos, drogas ni costosos brebajes y, cuando no cura, por lo menos no perjudica. Un enfermo aconseja a otro que pruebe, al menos una vez, el flamante método "mental". Y los resultados, que se ven pronto, son innegables. En pocas semanas la nueva *Science* ha vencido de plano en Lynn, y todo el mundo conoce y pondera al doctor Kennedy como a un tipo como Dios manda.

Pero sólo el nombre de Kennedy es famoso y preciado. De momento nadie sospecha en Lynn que, en la habitación contigua, hay una mujer de mediana edad, todavía llena de energía, de la que en realidad emana la fuerza de voluntad; nadie sabe que es sólo su energía acumulada la que dirige al joven practicante como a un títere, que cada una de las palabras que este pronuncia se las ha enseñado ella y que cada gesto suyo ha sido calculado y prescrito. Y nadie lo sabe porque durante las primeras semanas Mary Baker permanece completamente invisible. Como una lechuza, gris e inmóvil, se acurruca de día en su habitación, escribiendo sin parar en su misterioso libro, su "Biblia". Nunca entra en la consulta de su *golem*, raras veces cruza una palabra con los demás habitantes de la casa, sólo de vez en cuando una pequeña y silenciosa sombra yerra como un fantasma de puerta en puerta para asombro de los enfermos. Pero la necesidad de figurar de

Mary Baker es demasiado fuerte para permitirle permanecer en segundo plano por mucho tiempo; no quiere ni puede compartir nada con otros, y menos el éxito. Con sorpresa y emoción, esta mujer durante años escarnecida, insultada y ofendida ve finalmente confirmada en otras personas la aplicación práctica de su método y, embargada por un estremecimiento extático, cae en la cuenta de algo inesperado: la piedra que por casualidad había recogido en su trágico camino era realmente una piedra imán, una *pierre philosophale*, llena del poder magnético capaz de atraer a las almas y de mitigar sus dolores. Debió de saltar entonces en ella alguna chispa del impetuoso prurito y del entusiasta asombro del inventor que ha proyectado teóricamente una máquina en la mesa de trabajo y, después de años y años, la ve funcionar por primera vez con exactitud y rendimiento; una chispa de la felicidad del dramaturgo que de pronto ve su creación artística representada por actores y produciendo un efecto sobre personas; en estos momentos puede que el primer barrunto alumbrara su alma confusa con las inmensas posibilidades contenidas en aquel comienzo. En cualquier caso, a partir de esta primera señal de éxito, Mary Baker ya no tolera las sombras.

¿Deberá realmente confiar ese gran secreto a una sola persona, a un Kennedy, y limitar su descubrimiento a Lynn? ¡No, la nueva revelación del misterio de la fe por el que un día Cristo curó a los leprosos y resucitó a Lázaro, semejante método divino ella tiene que pregonarlo como un evangelio a toda la humanidad! Extasiada descubre Mary Baker su nueva y verdadera misión: enseñar y predicar. Y enseguida decide reclutar apóstoles, discípulos que, como en su día Pablo con la buena nueva de Cristo, lleven de un extremo a otro del mundo la doctrina salvadora de la "no existencia de la enfermedad".

Sin duda este primer entusiasmo de Mary Baker-Glover era sincero y auténtico, pero, aunque convencida de su verdad hasta el fondo de su ser como sólo lo estaba algún profeta de Samaria o de Jerusalén, la norteamericana que lleva dentro sigue siendo inalterablemente norteamericana, hija de un siglo versado en los negocios. Feliz e impaciente de poder al fin transmitir al mundo su "secreto" salvador, su razón práctica no piensa ni medio minuto en divulgar a la humanidad ese buen servicio y esa sabiduría de balde; al contrario, desde el primer momento toma disposiciones notariales para patentar y convertir en dólares su sensacional "descubrimiento", como si se tratara de una nueva espoleta o de un nuevo freno hidráulico. Desde los inicios, el carácter transcendental de Mary Baker tiene una notable laguna: se burla de nuestro cuerpo y de nuestros sentidos por ser una pura apariencia y, en cambio, con mucho gusto acepta como realidad los billetes de banco. Desde el primer instante, considera su inspiración divina como un medio excelente para sacar dinero contante y sonante predicando la irrealidad del mal. Empieza por hacerse imprimir tarjetas, tarjetas comerciales por decirlo así:

MRS. M. GLOVER.
Teacher of Moral Science

Moral Science, porque por aquel entonces, en 1870, todavía no ha encontrado el nombre salvador y definitivo de *Christian Science*. Todavía no se atreve a ensanchar su horizonte hasta regiones celestiales y religiosas, todavía cree sincera y honradamente que sólo enseña un nuevo sistema de curación natural: el método de Quimby perfeccionado. Su única intención es formar médicos que practiquen su sistema "mental", sólidos *practitioners*, y al principio lo lleva a cabo en un curso de seis semanas, lo que nosotros llamaríamos "cursillo intensivo". Como honorarios por su *initiation*, su iniciación en el nuevo método, fija de entrada una cantidad única de cien dólares (elevada más adelante a trescientos), más la obligación, ciertamente previsora y propia de un buen negociante, de aportar el diez por ciento de todos los ulteriores ingresos. Vemos, pues que, en los primeros días de los éxitos iniciales, en esta mujer hasta entonces inútil en la vida, se despierta, junto con la renovada energía, una enorme apetencia comercial que jamás saciará.

No tendrá que esperar mucho a que lleguen los primeros alumnos. El negocio atrae a algunos de los pacientes curados por Kennedy, a zapateros, tenderos y granjeros y a algunas mujeres ociosas. ¿No vale la pena soltar cien dólares, piensan estos buenos y derrengados individuos, para aprender a ser médico en seis semanas con esa señora Baker-Glover, que nos lo pone tan fácil, mientras otros tontos tienen que afanarse durante cinco años en las universidades, Dios sabe cómo? Tan difícil no pueden ser estos estudios, cuando los ha sacado un barbilampiño como ese operario de cartonaje de veintiún años que ahora se embolsa sus mil dólares todos los meses. Y la verdad es que esta sibila tampoco exige formación ni estudios preliminares, ni latín ni otras sandeces parecidas: ¿por qué no elegir esta universidad, que es la más cómoda de todas? Un candidato precavido se informa por si acaso antes de pagar la cuota, preguntando a la maestra si los estudiantes o *healers* no necesitan algunos conocimientos de anatomía. A lo que Mary Baker responde con orgullo y decisión: "No, en absoluto, esto es más bien un obstáculo, pues la anatomía pertenece al *knowledge* (la ciencia terrenal), mientras que la science, la ciencia mental, pertenece a Dios, y en esto consiste precisamente vuestra misión: destruir el *knowledge* mediante la *science*". Esto basta para tranquilizar al más indeciso, y, así, pronto se sienta en los bancos de la escuela metafísica una docena de esos zapateros tan estrechos de mira como anchos de hombros. Y a decir verdad Mary Baker-Glover no les pone difícil la *science*: doce lecciones y luego copiar y aprender de memoria un manuscrito, "Preguntas y respuestas", que en lo esencial –¡más adelante lo negará desesperadamente!– sigue siendo el viejo ejemplar plagiado del padre Quimby. Tras la última lección otorga a los valientes remendones y dependientes el título de "doctor" y con ello los licencia: la promoción está lista, son hombres nuevos que podrán colgar de un árbol su placa de médico y ¡hala!, a curar sin miedo. Por más objetivamente que uno lo cuente, estos cursos y estas rápidas promociones suenan a farsa y a ridiculez. Pero aquí tocamos un punto esencial de la eficiencia de esta asombrosa mujer: carece en absoluto del sentido del ridículo, tan henchida está de confianza en sí misma, tan encerrada y amurallada en su convicción de que nunca jamás la razón le objetará nada que pueda afectar a su cerebro y a sus nervios. Su lógica de mira estrecha es más fuerte que la lógica del mundo entero. Lo que ella dice es verdad; lo que dicen los demás, mentira. Lo que ella hace es perfecto; lo que de ello piensen los demás, le es indiferente; blindado como un tanque hasta el más ínfimo agujero, su arrobamiento pasa imparable por encima de todos los alambres de espino de la realidad. Pero precisamente de esta obcecación de la razón procede también su frenético e incomparable apasionamiento por enseñar de forma irresistible lo más absurdo, y con el éxito creciente crece también ella en despotismo y tiranía. Desde que su método obtiene resultados con los enfermos, desde que ha visto en clase las miradas radiantes, emocionadas y rendidas de los alumnos completamente entregados, la sangre de Mary Baker hierve con tanta fuerza en su corazón y sus sienes, que en toda su vida no oirá ya ninguna objeción.

Este amor propio recién adquirido transforma en pocas semanas todo su ser hasta la última célula de su organismo. La mujer vacilante cede el paso a la imperiosa, y aquella carga inútil estibada durante años en la bodega de la vida ahora está en el puente de mando, con las manos en el timón. Por primera vez, la mujer improductiva por tanto tiempo, un tiempo insoportablemente largo, experimenta la embriaguez más peligrosa: la del poder sobre los hombres. Al fin el anillo de hierro que la cercaba se ha fundido, al fin también la pobreza la ha soltado de su atenazante garra: por primera vez después de cincuenta años ya no vive del dinero ajeno, sino del que gana ella misma. Ya puede desprenderse de los harapos rotos, remendados y pringosos del polvo de la miseria, y cubrir su alta figura, ahora dominante, con un vestido negro de seda. La energía eléctrica que emanaba del sentimiento de su propio valor sacude hasta los huesos a aquella a la que la vida ha mantenido apartada durante tanto tiempo. Y la mujer que fue vieja a los veinte años se vuelve joven a los cincuenta.

Pero, ¡misteriosa venganza! Una regeneración tan repentina del cuerpo, con sangre nueva y renovada vitalidad, un despliegue de energías y un rejuvenecimiento tan completos, tienen también sus peligros. Pues, aunque profetisa, maestra y pregonera, esta mujer de cincuenta años sigue siendo mujer o, más bien, sólo ahora se convierte en una. Algo inesperado ocurre. El joven e insignificante Kennedy, su discípulo, ha hecho triunfar su método con una rapidez asombrosa. En tanto que *healer*, ha cumplido con todo lo que una maestra puede esperar de un discípulo, e incluso ha superado en mucho todas las expectativas: ambos han trabajado durante dos años en perfecta colaboración, y una cuenta bancaria da testimonio de la aptitud, la honradez y el celo incansable del *practitioner*. Pero, cosa extraña, este éxito personal de Kennedy, en vez de complacerla, empieza a irritarla y predisponerla instintivamente contra su compañero. Un sentimiento, del que sin duda la estricta puritana no se atreve a dar cuenta con honradez, que hace que la presencia de Kennedy la exaspere cada vez más, y poco a poco su actitud afectiva hacia él se tiñe de rabia secreta (un mimetismo protector, diríamos en psicología). En realidad, nada podría reprocharle. Este agradable joven se muestra con ella siempre igual de cortés, agradecido, interesado, sumiso y respetuoso –cuando menos, ha satisfecho todas las esperanzas que ella había depositado, con plena consciencia, en este joven, agraciado y simpático–, pero parece que el subconsciente de la mujer que envejece, su instinto carnal y fisiológico, incontrolable por su voluntad consciente, había esperado algo más de él. Cierto que Kennedy es cortés, atento y amable con ella, pero nada más, aparte de que es cortés, atento y amable también con las demás mujeres. Algo (su puritanismo no confesará jamás qué es) se exaspera secretamente contra él en esta mujer de cincuenta años, que ha escrito encima de la puerta de su habitación estas palabras de la Biblia: *Thou shalt have no other Gods before me.*

Algo que ella estaba esperando no llega, y ese algo está muy claro: la mujer, la mujer carnal que lleva dentro, reclama la misma admiración que la maestra, sin atreverse, sin embargo, a dejar que los sentidos manifiesten abiertamente su deseo tanto a ella misma como a él. Más los sentimientos encubiertos o reprimidos suelen desahogarse en otros síntomas. Y puesto que el no demasiado inteligente Kennedy no sospecha nada, o no quiere sospechar, la tensión disimulada estalla de pronto, como sentimiento complementario del eros, en forma de odio descarnado y feroz. Una noche, mientras juegan plácidamente a cartas con Susie Magoun, quien se había casado, y Kennedy gana, se libera la tensión acumulada (incluso jugando a cartas la orgullosa no soporta que otro la aventaje). Mary Baker-Glover tiene un ataque de histeria: arroja las cartas sobre la mesa, acusa a Kennedy de hacer trampas y lo trata de estafador y granuja delante de testigos.

El bueno de Kennedy, que no es en absoluto un histérico, actúa como hombre sensato y honesto. Sube de inmediato a la vivienda compartida, saca del escritorio el contrato, lo rompe, arroja los pedazos al fuego y declara disuelta para siempre la sociedad. Acto seguido Mary Baker sufre una crisis nerviosa y se desploma sin sentido al suelo. Pero el "doctor" Kennedy, al que, como dice la biografía rosa, ella ha enseñado entre desesperados sollozos "las nociones físicamente inasequibles e insondables de la verdad de una manera más profunda y detallada que a ningún otro discípulo", ese buen Kennedy parece haber estudiado entretanto algo de medicina práctica. No se toma en serio el desmayo y deja tranquilamente a la histérica en el suelo. Al día siguiente calcula fríamente sus deudas, deja sobre la mesa seis mil dólares en concepto de participación durante dos años en la compañía, coge el sombrero y se va a establecerse por su cuenta.

Esta brusca separación representa quizás el momento más importante y decisivo en la vida de Mary Baker-Glover. No es su primera desavenencia con alguien que comparte su vida, ni será la última, porque estas rupturas violentas se producen forzosamente y sin interrupción a lo largo de toda su existencia, a causa de su intolerancia despótica. Esclava sin remedio de su obstinación, nunca pudo separarse de sus íntimos de otra manera que no fuera enemistándose: ya fuera el marido, el hijo, el hijastro, la hermana o los amigos. Esta vez, sin embargo, se sintió herida en lo más profundo y oscuro de su ser, en su femineidad. Uno no se da cuenta hasta más adelante de la intensidad del sentimiento putifaresco de esta mujer mayor por su discípulo: se revela en el odio mortal, exacerbado hasta la locura, que chilla, vocifera y se retuerce en espasmos, y que ella, auténtica histérica, eleva poco a poco hasta el plano metafísico, hasta el cénit de su universo. La idea de que este Kennedy, este don nadie que ella sacó de la fábrica de cartón, pueda seguir viviendo tranquilamente por su cuenta y continuar sin su ayuda con el método que ella le había inculcado, a unas pocas calles de distancia y con un éxito grandioso, fustiga su orgullo hasta llevarla a la locura. Sumida en una desesperación diabólica, cavila y cavila sin cesar, con las mandíbulas apretadas por la cólera, la manera de aniquilar al infiel y arrebatar de nuevo la *science* a su ex compañero. Para desenmascararlo, tiene que demostrar de alguna manera a sus adeptos que ese que hizo traición a su corazón es también un traidor a la "verdad" y que su método es falso, una *mental malpractice*. Pero, como es lógico, no es posible condenar de repente el método de Kennedy por *malpractice*, puesto que su buen discípulo nunca ha tenido ni una sombra de idea propia, nunca se ha apartado ni una pulgada de las enseñanzas de la maestra, sino que sigue palmo a palmo las prácticas que Mary Baker-Glover le había inculcado. Llamarlo farsante supondría poner en entredicho su propio método. Pero, cuando Mary Baker quiere algo, porfía con testarudez hasta conseguirlo. Para poder acusar de mentiroso y *malpractitioner* a Kennedy, por el que profesa un odio patológico, prefiere modificar de arriba abajo su método en un punto esencial. De la noche a la mañana suprime o que hasta entonces había prescrito a todos sus alumnos como fase introductoria indispensable del tratamiento: pasar los dedos humedecidos por las sienes y la presión sobre las rodillas, es decir, la preparación físico-hipnótica para la sugestión de la fe. Quien a partir de ahora toque a un paciente cometerá, según esta nueva bula papal súbitamente promulgada, no sólo una falta, sino también un crimen contra la *science*. Y puesto que Kennedy, que nada sospecha, sigue practicando alegremente el viejo método, se lanza un interdicto contra él. Mary Baker lo estigmatiza públicamente como un criminal que ha atentado contra la ciencia, un "Nerón del espíritu" y un "mesmerista". Pero no se contenta con este acto de venganza personal. De repente, en su furor patológicamente febril y exaltado contra el apóstata, la pacífica idea del mesmerismo adquiere también un carácter demoníaco: esta mujer enfurecida y desenfrenada atribuye al honrado Kennedy –en pleno siglo XIX– una influencia satánica. Lo acusa de paralizar con su mesmerismo incluso la fuerza curativa que ella posee, de poner enferma y envenenar a la gente con misteriosas corrientes telepáticas de su magia negra. La verdad es que en 1878 nadie lo habría creído posible, pero esta histérica y déspota, reúne a sus alumnos, les manda cogerse de las manos y formar un círculo para alejar de sí los funestos rayos mesmeristas de este "Nerón". Absurdo, se dirá, inverosímil y falso. Pero por suerte se puede leer, blanco sobre negro en la segunda edición de su obra, este capítulo de odio personal titulado *Demonology* (suprimido más tarde por vergonzoso), en el que denuncia el *malicious animal magnetism*: tres pliegos de imprenta llenos de supersticiones tan rabiosas y absurdas como nunca se habían vertido en letras de molde desde los tiempos del "Martillo de los maleficios" y de los escritos pseudocabalísticos. Está claro: en cuanto se trata de imponer su yo, tanto en la esfera de los sentimientos como en la de la fe, esta mujer es colosal. Cuando se empeña en tener razón –y quiere tener razón siempre y en todas partes–, pierde todo sentido de la justicia y toda medida. Lanza contra el apóstata un pleito tras otro: ora lo acusa de haberle retenido los honorarios, ora lo vilipendia delante de los alumnos, y finalmente, llevada por sus alucinaciones, instiga de tal modo contra él a su propio hijo, un palurdo labrador, que el muchacho va a casa de Kennedy y, revólver en mano, amenaza al asustado doctor, exigiéndole que cese de ejercer contra su madre su "maligna influencia mesmeriana". Las acusaciones se vuelven cada vez más disparatadas: ora Kennedy ha lanzado contra ella una especie de rayos mortales que le paralizan las fuerzas, ora ha envenenado a Asa Eddy con "arsénico mesmeriano", ora ha convertido en inhabitable su vivienda con diabólicos hechizos magnéticos. Tales absurdos brotan sin freno de sus labios como espuma epiléptica. Sea como fuere, la apostasía de su primer y predilecto discípulo ha trastornado durante años la zona afectiva más secreta de esta mujer menopáusica, que hasta su muerte será periódicamente presa de manía persecutoria: se imagina que Kennedy la acosa, la paraliza y amenaza con medios magnéticos y telepáticos. Y así, a pesar de una actividad intelectual asombrosa y de un trabajo de organización genial desde el punto de vista comercial y táctico, su persona conservará siempre una tendencia latente a la hipertensión y a la sobreexcitación patológicas. Pero una obra como la suya, basada enteramente en la antilógica, no habría podido salir de un equilibrio completo del espíritu y del alma. Como en el caso de Jean Jacques Rousseau y de muchos otros, también aquí un remedio universal, ideado para curar la humanidad entera, es engendrado por la enfermedad de un individuo.

Sin embargo, estos trágicos golpes no obstaculizan ni destruyen su fuerza combativa; al contrario, a ella se le pueden aplicar las palabras de Nietzsche: "Lo que no me mata, me hace más fuerte". El odio y la resistencia no hacen sino redoblar los músculos de su voluntad. Y es precisamente la crisis con Kennedy lo que provoca las contracciones del parto de su propia doctrina. Pues, al prohibir bruscamente, de entonces en adelante, el contacto físico con los enfermos con fines hipnóticos, de un golpe rompe con todos sus predecesores mesmerianos para crear su nuevo método; sólo ahora la *Christian Science* es pura "curación por el espíritu". Sólo la palabra y la fe realizan ahora sus milagros. Se ha roto el último puente que la unía a la lógica, el último vínculo con los sistemas anteriores. Sólo ahora, con su paso firme de monomaníaca, penetra Mary Baker sin ningún obstáculo en el mundo de lo inexplorado, del absurdo.

LA DOCTRINA DE MARY BAKER-EDDY

Por fin, en 1875, sale a la luz el esfuerzo subterráneo llevado a cabo durante décadas por esta mujer de vida demasiado tiempo anónima e insignificante, este año Mary Baker-Eddy (entonces todavía Mary Baker-Glover) publica el libro "inmortal" que reúne en un solo sistema su teología, su filosofía y su medicina, es decir, la ciencia de tres facultades, el libro *Science and Health* que todavía hoy es considerado como el más importante después de la Biblia por cientos de miles y millones de personas.

Esta obra, en más de un aspecto única e incomparable, no se puede rechazar por extravagante con un gesto de enfado o una sonrisa de compasión o desprecio, como sucede a menudo. Todo lo que tiene influencia sobre millones de seres es importante, al menos desde el punto de vista psicológico, y ya la génesis técnica de esta nueva biblia demuestra una fuerza de voluntad extraordinaria, una convicción heroica sumamente rara en nuestros tiempos. Recordemos que desde el año 1867 una mujer que vagaba de casa en casa y de mesa en mesa va por el mundo arrastrando un manuscrito en su mísero equipaje. No lleva un vestido de repuesto en la gastada maleta, todos sus bienes se reducen a un reloj y una cadena de oro, aparte de aquellas hojas ajadas y sucias de tanto ser releídas y retocadas. Al principio este famoso manuscrito no era mucho más que una copia fiel de las "Preguntas y respuestas" de Quimby, que ella había ampliado y provisto de una introducción. Pero, poco a poco, esta introducción supera el texto prestado, sus aportaciones se independizan y se amplían con cada nueva redacción, ya que la autora, obsesionada por su idea, corrige y cambia completamente no una, sino dos, tres, cuatro y hasta cinco veces ese fantástico manual de psiquiatría. Por este motivo nunca llega a concluirlo. Incluso después de diez, veinte y treinta años de su publicación, lo sigue corrigiendo y modificando; jamás se librará ella de este libro, ni el libro de ella. En 1867, cuando empieza el trabajo, como simple diletante, apenas domina la ortografía, menos aún la lengua y nada en absoluto los problemas formidables que osa abordar: como una sonámbula, avanza a tientas y con los ojos cerrados, sumida en un sueño misterioso, aspira a alcanzar los más altos pináculos, las cumbres más vertiginosas de la filosofía. En sus comienzos no sospecha adónde la llevarán la obra y el camino iniciados, y menos todavía las dificultades que la esperan. Nadie le infunde ánimos, nadie la previene. En muchos kilómetros a la redonda no conoce a ningún hombre culto ni especialista al que consultar. ¡Cómo encontrar en alguna parte del mundo a un editor para tan embrollado fárrago! Pero ella, con esa magnífica obsesión propia sólo de los aficionados, nunca de los profesionales, sigue escribiendo y escribiendo, acuciada por la confusa embriaguez de su orgullo profético. Y lo que en un principio no había de ser sino un complemento ornamental del manuscrito de Quimby, se transforma poco a poco en una preñada nube de cuyas densas tinieblas nacerá finalmente la trémula estrella de una única idea.

Finalmente, en 1874, el manuscrito está listo para su publicación. El éxito inesperado con alumnos y pacientes infunde ánimos a su autora. Ahora este nuevo mensaje, esta bendita doctrina, tiene que llegar a todos, extenderse por el mundo entero. Pero, naturalmente, ningún editor está dispuesto a arriesgar dinero en esta mezcla híbrida de medicina y mística religiosa. Tendrá, pues, que cubrir los gastos de impresión de su bolsillo. Aunque –como se verá sobre la marcha– Mary Baker por nada del mundo mete la mano en su propio bolsillo, ni siquiera cuando está lleno y rebosante. Pero conoce ya su virtud de imponer a los demás su voluntad, ya ha aprendido a convertir en obediencia ciega y espíritu de sacrifico de los demás la fe fanática que le profesan a ella y a su obra. Enseguida dos estudiantes se muestran dispuestos a adelantarle tres mil dólares. Gracias a esta pronta ayuda aparece por primera vez, en 1875, en la Christian Science Publishing Company de Boston, bajo el título de *Science and Health*, la obra de todas las obras, el segundo evangelio de la cristiandad, en opinión de sus seguidores.

Esta primera edición, un volumen de cuatrocientas páginas impresas en caracteres apretados y encuadernado en tela verde, cuya autora se llama todavía Mary Baker-Glover, se cuenta hoy día entre los *rarissimi* del comercio del libro; en toda Europa no existe probablemente más que un ejemplar, el que la autora envió como regalo a la Facultad de Filosofía de Heidelberg, tribunal supremo *in rebus philosophicis* para todo norteamericano. Pero precisamente esta primera edición imposible de encontrar, la única redactada por ella sola, sin intervención de mano ajena, es, a mi entender, la única válida para un estudio psicológico de su personalidad, pues ninguna de las cuatrocientas o quinientas ediciones posteriores consigue, ni de lejos, el encanto original y bárbaro del primer manuscrito. En las ediciones posteriores, consejeros instruidos han eliminado buena parte de las cabriolas más disparatadas contra la razón, los deslices históricos y filosóficos más bastos; además, un antiguo párroco llamado Wiggins tomó sobre sí la dura tarea de recomponer en un inglés correcto la selva lingüística del original. Poco a poco se han ido atenuando las insensateces más llamativas, sobre todo los encarnizados ataques contra los médicos. Lo que el libro ha ganado desde entonces en sentido común, lo ha perdido en fogosidad y en carácter personal; poco a poco, en las ediciones posteriores, la pantera que embestía furiosa la ciencia se ha convertido en un gato montés, casi en un gatito doméstico que se lleva bien con los demás compañeros de la sociedad moderna, la moral del Estado, la cultura y la fe religiosa; como toda religión y todo evangelio, la *Christian Science* ha terminado, en interés de una más lucrativa pesca de almas, por deformarse, aburguesarse y corromperse.

Pero en su forma primera y original, *Science and Health* es uno de los más notables libros de teología privada, una de las obras meteóricas que, con total incoherencia, vienen a caer en mitad de nuestro tiempo, como quien dice procedentes de otros mundos. A la vez genial y absurdo con su feroz "voluntad de derribar el muro con la cabeza", completamente ridículo en su ilógica pueril y, sin embargo, sorprendente por la fuerza maníaca de su carácter unidireccional, este códice tiene algo de medieval, algo del fanatismo religioso de todos los teólogos *outsiders* como Agrippa von Nettesheim y Jakob Böhme. La charlatanería y la creación alternan en delirantes saltos de caballo; las más contradictorias influencias entrechocan en confusos remolinos; la mística astral de Swedenborg se cruza con la banal ciencia popular de los libros de bolsillo; al lado de una cita bíblica aparecen recortes de los diarios neoyorquinos, e imágenes deslumbrantes se combinan con afirmaciones de lo más grotescas e infantiles. Pero no se puede negar que tal revoltijo es siempre ardiente, se inflama, palpita y hierve de pasión espiritual, lanza las más sorprendentes burbujas y, si uno fija la mirada un buen rato en esta marmita en constante ebullición y movimiento, los ojos empiezan a escocerle, pierde la razón, se cree en la cocina de brujas de Fausto y, como él, piensa estar oyendo hablar a "cientos de miles de locos". Pero este caos fecundo gira sin cesar alrededor de un solo punto, una y otra vez Mary Baker-Eddy le martillea a uno el cerebro con este solo y único pensamiento, hasta que uno capitula más por aturdimiento que por convicción; simplemente como acto energético, como mérito de una mujer inculta, ignorante e ilógica, hay que considerar grandioso el modo en el que, armada con el látigo febril de su obsesión, hace girar sin reposo como una peonza esta idea absurda, y alrededor de la misma dan vueltas el sol, la luna, las estrellas y el universo entero.

Pero, en realidad, ¿en qué consiste esta idea nueva e inaudita, esta *Science* divina, que Mary Baker, la primera, *rendered to human apprehension*, hizo accesible a nuestro limitado entendimiento humano? ¿Qué es, en el fondo, este descubrimiento que revoluciona el mundo y que la biografía rosa coloca sin vacilar al mismo nivel que las tesis de Newton y Arquímedes? Una sola idea, cierto, que se puede resumir de la mejor manera en la fórmula: *Unity of God and unreality of evil*; lo cual significa: hay un solo Dios y, puesto que Dios es el bien, no puede existir el mal. En consecuencia, todo dolor y toda enfermedad son completamente imposibles y su aparente realidad no es sino un engaño de los sentidos, un "error" de la humanidad.

"*God is the only life and this life is truth and love and that divine truth casts on out supposed error and heals the sick*". (Dios es la única vida y esta vida es amor y verdad, y esta verdad divina descarta todo error y cura a los enfermos.) Enfermedades, vejez, achaques, podrán, pues, afligir al hombre mientras este, ciego, dé crédito a la estúpida ilusión de la enfermedad y la vejez, mientras siga representándose mentalmente su existencia. Pero en realidad (¡he aquí la gran revelación de la *Science*!) Dios nunca ha puesto enfermo a un hombre: *God never made a man sick*. La enfermedad no es, pues, sino una fantasía de la humanidad: es contra esta ilusión peligrosa y contagiosa, y no contra la enfermedad, que es inexistente, contra la que quiere luchar al fin la nueva y verdadera medicina.

Con esta asombrosa negación, Mary Baker se desprende de un solo golpe de todos sus predecesores, tanto en filosofía como en medicina e incluso en teología (pues, ¿no aflige el mismo Dios a Job en la Biblia con la peste y la lepra?). Sus inmediatos precursores, Mesmer y Quimby, aunque proclamaban también con ardor y audacia las posibilidades de curación por la sugestión, sin embargo, reconocían la enfermedad como un hecho, un estado de cosas innegable. Para ellos la enfermedad existía, estaba ahí, y su misión consistía en eliminarla, en superar, *overcome*, la sensación de dolor y a veces incluso el mismo mal. Ya fuese con hipnosis magnética, ya con sugestión mental, se esforzaban honradamente en ayudar al enfermo a pasar sus crisis más severas, *to help through*, con su influencia psíquica, pero conscientes en todo momento de hallarse frente a un dolor real, frente a un cuerpo humano que sufría. Mary Baker, en cambio, pasa por encima de este punto de vista con sus botas de siete leguas y penetra de lleno en el absurdo; abandona completamente el terreno de la razón y echa por tierra de golpe la opinión de sus antecesores invirtiendo simplemente las cosas. "Es imposible", dice, "que el espíritu influya sobre el cuerpo", *matter cannot reply to spirit*, porque –¡voltereta de la lógica!– el cuerpo no existe. Los hombres no somos materia, sino sustancia divina, "*man is not matter, he is the composed idea of God*". No tenemos cuerpo, sólo soñamos tenerlo, y nuestra existencia terrenal no es sino un *dream of life in matter*, el sueño de una vida dentro de la materia. Por lo tanto, no se pueden curar las enfermedades médicamente porque no existen y, por consiguiente, según el nuevo evangelio de Mary Baker-Eddy toda la ciencia terrenal, todo *knowledge*, la medicina, la física y la farmacología son un absurdo y un error inútiles. Podemos dinamitar sin miedo nuestros hospitales y universidades, que son completamente superfluos. ¡Para qué tanto derroche de medios para combatir una fantasía, una autosugestión de la humanidad! Sólo la *Science* puede ayudar al hombre haciéndole ver su "error", demostrándole que la enfermedad, la vejez y la muerte no existen. Tan pronto como el enfermo ha comprendido esta *truth*, esta verdad nueva nunca oída y la ha asimilado, el dolor, la úlcera, la inflamación y el achaque desaparecen en el acto. "*When the sick is made to realize the lie of personal sense, the body is healed*".

Nuestra pobre razón terrenal, educada científicamente por desgracia en exceso, se queda al principio un tanto desconcertada ante este *holy discovery*, este santo descubrimiento, profundo e incomprensible, de Mary Baker-Eddy. Aunque bien se nos puede perdonar tal desconcierto, pues desde hace tres mil años todos los sabios y filósofos de Oriente y de Occidente, todos los teólogos de todas las religiones, se han ocupado apasionadamente y sin reposo en reflexionar sobre este problema de todos los problemas: la relación entre cuerpo y alma. En infinitas variaciones, con un derroche incalculable de facultades mentales y llevados por un espíritu apasionado, hemos visto a los genios más insignes esforzarse por esclarecer siquiera una parte infinitesimal de este misterio primitivo, y he aquí que en 1875 esta filósofa expeditiva –¡tris tras!–, con un simple salto mortal por encima de la razón, resuelve el problema de la relación psicofísica declarando dictatorialmente: *Soul is not in the body*, el alma no tiene en absoluto nada que ver con el cuerpo. ¡Qué sencillo, qué simple, qué grandiosamente fácil! Se ha encontrado el huevo de Colón, se ha solucionado el problema original y final de toda la filosofía –*¡jubilemus!*– y de una manera milagrosamente simple: castrando la realidad. Se ha llevado a cabo una cura mental radical, una cura de caballo que elimina del cuerpo todo sufrimiento, declarando sin más que el cuerpo no existe: un sistema poco más o menos tan eficaz e infalible como el de cortar la cabeza del enfermo para atajar su dolor de muelas.

"La enfermedad no existe". Después de todo, no es difícil sostener una afirmación tan descabellada y temeraria. Pero, ¿cómo demostrar una cosa tan disparatada? Muy simple, dice Mary Baker-Eddy, escuchad con un poco de fe y veréis que es tremendamente sencillo: Dios creó al hombre a su imagen y semejanza, y Dios, como sabéis, es el principio del bien. En consecuencia, el hombre sólo puede ser divino y, puesto que todo lo divino es bueno, ¿cómo podría encontrar morada en esa imagen de Dios algo tan malo como las enfermedades, los achaques, la vejez y la muerte? El hombre puede a lo sumo imaginarse, representarse con sus sentidos engañosos, que su cuerpo está enfermo, que se debilita y envejece, pero, como esto sólo puede hacerlo por medio de los sentidos, que no perciben directamente lo divino, su opinión es un error, y es sólo esta falsa creencia lo que le causa dolor: *suffering is self imposed a belief and not truth.* Y si Dios no está nunca enfermo, ¿cómo podría estarlo su imagen, el reflejo viviente de la bondad divina? No, los hombres se hurtan a sí mismos la salud al no creer en la sustancia divina de la que están hechos. La enfermedad, pues, no solo significa un error, una equivocación, sino también un verdadero "crimen", una especie de blasfemia, porque se duda de Dios, se le atribuye, a Él, que es todo bondad, la posibilidad del mal, y Dios nunca puede causar el mal. *God cannot be the father of error.* Y así sigue rodando la desenfrenada rueda de su lógica aplastante: el alma es *mind* y *mind* es Dios, y

Dios es *spirit* y el *spirit* es a su vez *truth* y la *truth* es otra vez Dios y Dios es el bien y, puesto que sólo existe el bien, el mal no existe, ni la muerte ni el pecado. Vemos que la técnica demostrativa de Mary Baker se basa exclusivamente en la rotación: coloca siempre una noción abstracta al lado de otra y hace dar vueltas a las palabras y sus significados con la perseverancia de un faquir y a tal velocidad, que, como en la ruleta, ya no se distinguen unos de otros. Y este *quid pro quo* gira vertiginosamente a lo largo de las quinientas páginas de *Science and Health* con tantos cambios y repeticiones, que a uno la cabeza le da vueltas y, aturdido, acaba por renunciar a toda resistencia.

¿Exagero? ¿Introduzco malévolamente en su sistema una falta de lógica que estaba contenida en su estructura interna? Pues bien, aduzco como prueba la frase más famosa, la llamada "tesis inmortal" de Mary Baker-Eddy, por cuya "sustracción" un alumno suyo fue llevado a los tribunales y acusado públicamente. La frase "inmortal" reza así: "En la materia no hay vida, verdad, inteligencia ni sustancia. Todo es espíritu (*mind*) infinito y su revelación también infinita, pues Dios es todo en todo. El espíritu es verdad inmortal, la materia es un error mortal. El espíritu es lo real y eterno, la materia es lo irreal y temporal. El espíritu es Dios, y el hombre, su imagen y semejanza, por consiguiente, no es material, sino espiritual." ¿Se entiende? ¿No? Tanto mejor. Pues es precisamente este *credo quia absurdum* lo que Mary Baker exige de nosotros, de la humanidad. Quiere precisamente que renunciemos a nuestro maldito y orgulloso entendimiento terrenal. Todo nuestro *knowledge* estúpido e impertinente, toda nuestra famosa ciencia ¿ha hecho avanzar al mundo un solo paso? No, toda la medicina desde Esculapio, Hipócrates y Galeno no ha aportado nada. "*Physiology has not improved mankind.*" La diagnosis y la terapia no valen un comino, ¡al diablo con ellas! *Physiology has never explained soul and has better done not to explain body.* La ciencia médica no da explicación alguna para los fenómenos del alma, ni siquiera para los del cuerpo. Por esta razón, en opinión de Mary

Baker, los médicos, esos *manufacturers of disease*, esos fabricantes de enfermedades, como los llama despectivamente, no sólo son individuos inútiles e innecesarios, sino además dañinos para la humanidad, pues (¡complicada vuelta de manivela!) al pretender tratar las enfermedades, cuando en verdad, *in truth*, no existen las enfermedades, estos malhechores perpetúan el contagioso error, la perniciosa ilusión de que existe algo así como la enfermedad. Y –¡otra vuelta de tuerca!– como sea que los hombres, gracias a la existencia profesional de estos practicones, tienen siempre ante los ojos una imagen que les recuerda la enfermedad, creen que pueden caer enfermos y esta falsa creencia les hace sentirse realmente enfermos. Así (¡admiremos una vez más esta audaz maniobra!) son los médicos en realidad quienes provocan la enfermedad con su mera existencia, en lugar de curarla: *Doctors fasten disease*.

En la primera fase de la *Christian Science*, la original y más personal, Mary Baker rechaza a todos los médicos, incluso a los cirujanos, como parásitos superfluos y dañinos para la sociedad humana y les declara decididamente la guerra: sólo más tarde, aleccionada por más de un fracaso y de un desagradable proceso, atenúa su severidad y tolera la colaboración ocasional de estos propagadores de enfermedades en casos quirúrgicos, tales como fracturas de piernas, extracción de dientes y partos difíciles. Pero en los primeros y decisivos momentos sólo reconoce a un médico, cuyo método aprueba: Cristo, "*the most scientific man of whom we have any record*", Él, el *healer* cristiano, el primero que curó las hemorragias y la lepra sin drogas, sin medicamentos, pinzas ni intervenciones quirúrgicas, el que "nunca describió las enfermedades y se limitaba a curarlas", el que sacó al paralítico del lecho del dolor con sólo las palabras: "¡Levántate y anda!" Su método consistía en curar sin diagnóstico ni teoría, únicamente por la fe. Desde entonces, dieciocho siglos han ignorado y menospreciado esta doctrina terapéutica, la más simple y elemental de todas, hasta que ella, Mary Baker-Eddy, le ha devuelto la comprensión y el respeto de la humanidad. Y si otorga a su ciencia el orgulloso nombre de

Christian Science, es porque sólo reconoce como único antecesor y maestro a Cristo, y, como único remedio, a Dios. Cuanto más uno de sus discípulos, un *healer*, se identifique con este método de Cristo, tanto menos se preocupará de la ciencia terrenal, y con tanta más perfección se manifestará su virtud curativa. "*To be Christ-like is to triumph over sickness and death*". Basta con que el sanador infunda en el alma del enfermo la idea directriz de la *Christian Science* y lo convenza de que no sólo su enfermedad particular e individual, sino la enfermedad en general, no existe en nuestro planeta, debido a la semejanza del hombre con Dios: con esto empieza y termina toda su función. Si consigue transmitirle de modo eficaz este convencimiento, la fe actúa enseguida como opio en el cuerpo haciéndolo insensible a todo dolor y sufrimiento; la sugestión hace desaparecer a la vez la imagen de la enfermedad y sus síntomas: "*not to admit disease, is to conquer it*" (negar la enfermedad es vencerla). Así pues, el *healer* no tiene en ningún caso por qué examinar los síntomas como el médico ni ocuparse para nada de ellos; al contrario, su única misión consiste en *no* verlos, en *no* tomarlos en serio, sino como quimeras, y persuadir al paciente de que tampoco él los ve ni los cree. Entonces, sin intervención y sin tratamiento, tuberculosis o sífilis, cáncer de estómago o fractura de pierna, escrofulosis o uremia, todas estas enfermedades aparentes de la imaginación, desaparecen en el acto, y ello sólo gracias al narcótico espiritual de la *Christian Science*, esta panacea infalible de la humanidad, este *great curative principle.*

Algo repuesta del terrible mazazo que representa la no existencia de nuestro cuerpo y la falsedad de nuestros sentidos, el error de la enfermedad, la vejez y la muerte, la pisoteada razón cobra ánimo poco a poco y empieza a frotarse los ojos tímidamente. ¿Cómo? –se pregunta uno– ¿no existe la enfermedad? ¿Todo esto no es sino un error y un *bad habit*, una mala costumbre? ¡Sin embargo, a todas horas yacen en hospitales y clínicas millones de personas sacudidas por la fiebre, devoradas por el pus, retorciéndose de dolor, sordas, ciegas, atormentadas y paralíticas! ¿Y resulta que, después de mil años, una ciencia ingenua se afana con estúpido celo, con microscopios, análisis químicos y operaciones de lo más arriesgados, por sondear y aliviar estos dolores que no existen, cuando basta la simple fe en su no existencia para curarse? Entonces, ¿es verdad que se toma el pelo inútilmente a millones de personas con operaciones, curas y medicamentos, cuando el nuevo "principio" puede eliminar, como quien dice jugando, todos estos suplicios, ya sea el carbunco o el cálculo biliar, la tabes dorsal o la hemorragia? ¿Es posible que este dolor titánico, esta montaña de sufrimientos que llega al cielo, no sea sino una falsa apariencia, una ilusión? La respuesta de Mary Baker-Eddy es muy simple: "Sí", dice, "sigue habiendo una cantidad enorme de enfermos aparentes, pero sólo porque la humanidad no ha recibido todavía la verdad de la ciencia cristiana y porque la enfermedad más peligrosa de todas, a saber, la creencia en la enfermedad, hace continuos estragos en nuevos individuos, como una infección permanente, y los conduce al dolor y a la muerte." Nunca una epidemia se ha demostrado tan perniciosa para la humanidad como este error de la enfermedad y la muerte, pues todo hombre que se cree enfermo y se lamenta de su dolencia contamina a los demás con esta ilusión nefasta, y así la plaga se propaga de generación en generación. "Pero –y cito textualmente–, así como poco a poco se fueron limitando los estragos de la viruela gracias a la vacuna, también se puede dar jaque inmediatamente a este "desorden", a este "mal hábito" de la supuesta enfermedad y de la presunta muerte." En cuanto la humanidad entera esté inoculada con la fe de la *Christian Science*, habrá pasado la época de los achaques, pues cuantos menos necios haya que crean en la enfermedad, menos males existirán sobre la tierra. Pero, mientras subsista esta perniciosa ilusión para la mayoría de la gente, la humanidad seguirá sufriendo el azote de la enfermedad y la muerte.

De nuevo uno se sorprende. ¿Cómo?, ¿entonces tampoco existe la muerte? «No», responde decidida Mary Baker-Eddy, "no tenemos ninguna prueba de su existencia." Cuando uno recibe un telegrama –argumenta– anunciando la muerte de un amigo, cree que realmente ha muerto, pero este telegrama puede ser un error, la noticia puede ser falsa. Puesto que nuestros sentidos sólo transmiten el error, nuestra opinión personal sobre la muerte del cuerpo no es en absoluto una prueba válida. De hecho, hasta hoy la *Christian Science* no habla de muertos, sino de los "llamados" muertos, *so called dead*, y un difunto no es en su opinión un difunto, sino alguien que se ha sustraído a *our opinions and recognitions*, a nuestra facultad terrenal de percibirlo físicamente. Asimismo –sigue diciendo Mary Baker con una consecuencia implacable– también carecemos todavía hoy de pruebas que demuestren que comer y beber sean realmente necesarios para que viva el hombre. Y ninguna sonrisa compasiva de los psicólogos ha podido sacarla de su obstinación. Llevada ante un cadáver para convencerla del carácter perecedero del cuerpo humano, afirma que sólo ve el *going out of belief* que el individuo en cuestión no ha creído con suficiente fuerza en la imposibilidad de la muerte. Cierto que la fe en nuestra fuerza espiritual por desgracia es todavía demasiado débil hoy en día para desarraigar de toda la humanidad esta «epidemia» de la supuesta enfermedad y la presunta muerte. Pero, con el paso de los siglos, mediante una aplicación cada vez más apasionada de la *Christian Science*, de un crecimiento potencialmente infinito de su capacidad de creer, el espíritu humano irá adquiriendo un poder sobre el cuerpo todavía hoy inimaginable. "*When immortality is better understood, there will follow an exercise of capacity unkown to mortals*". Sólo entonces se extinguirá en la humanidad esta perniciosa ilusión de la enfermedad y la muerte, y se restaurará la divinidad sobre la tierra.

Con este giro hacia la utopía, tan hábil como audaz, Mary Baker entreabre una puerta para poder deslizarse, en ciertos casos embarazosos, fuera de su teoría: como todas las religiones, la suya transfiere también el estado ideal del presente al reino celestial del futuro. Como se ve, todo esto es *nonsens*, pero un *nonsens* que no carece de método, y su manifiesta falta de lógica es expuesta con un rigor tan obstinado, que acaba por producir un verdadero sistema.

Un sistema, cierto, que en la historia de la filosofía apenas ocupará un lugar en el gabinete de curiosidades, pero ha quedado demostrado que es un sistema magníficamente construido para sus fines prácticos: impulsar un hipnotismo de masas. La eficacia inmediata de una doctrina dependerá siempre por desgracia de su alta tensión psicotécnica más que de su gran valor intelectual; y así como para hipnotizar no hace falta ningún diamante –un trozo de vidrio brillante basta para el encantamiento–, así también, en los grandes movimientos espirituales de masas, un instinto primitivo, pero intuitivo, suple con creces a la verdad y a la razón ausentes. En resumidas cuentas –no hay que cerrar los ojos a los hechos–, a pesar de su falta de lógica, el aparato de sugestión religiosa de Mary Baker-Eddy no ha sido superado hasta hoy por ninguna otra doctrina posterior en lo que a su alcance efectivo se refiere: esto basta para atestiguar el grado absoluto de su psicología del instinto. Sería falsear groseramente la verdad, si se quisiera ocultar el hecho innegable de que la *Christian Science* ha sido de más ayuda para miles y miles de creyentes que los médicos diplomados; que, como demuestran documentos incontrovertibles, gracias a su sugestión, muchas mujeres han dado a luz sin dolor, se han realizado operaciones sin anestesia y sin dolor, porque los fieles seguidores de la *Christian Science* fueron anestesiados, no con cloroformo, sino con este nuevo narcótico espiritual llamado *irrealitiy of evil*, y que el enorme aporte de energía de esta doctrina ha incrementado la vitalidad de un número incalculable de personas y les ha devuelto la alegría de vivir. En medio de sus exageraciones y a pesar de la confusión de sus ideas, esta mujer genial reconoció y aplicó en la práctica ciertas leyes psicológicas fundamentales, sobre todo el hecho innegable de que la representación fantasiosa de un sentimiento, por lo tanto, también de un dolor, conlleva la tendencia a convertirse en realidad y que, por consiguiente, una sugestión preventiva suele alejar el miedo a enfermar, un miedo que es casi tan peligroso como la enfermedad misma. *The ills we fear, are the only one that conquer us.* (Sólo la enfermedad que tememos tiene poder sobre nosotros.) Tras estas palabras, por más que puedan atacarse desde el punto de vista de la lógica y ser refutadas con miles de hechos, se vislumbran verdades psíquicas, y, en el fondo, Mary Baker anticipa plenamente la teoría de Coué sobre la autosugestión cuando dice: "Los enfermos se causan daño a sí mismos cuando dicen que están enfermos." Por esta razón un practicante de su método nunca debe decir a un paciente que está enfermo: "*The physical affirmative should be met by a mental negative.*" Y el enfermo tampoco debe admitir nunca que siente dolores, pues se sabe por experiencia que la preocupación por el dolor propio aumenta por sugestión el dolor existente. La doctrina de Mary Baker, como la de Coué y la de Freud, a pesar de la gran distancia que los separa, nace de la misma reacción contra la medicina moderna, que, en su evolución físico-química, ha menospreciado demasiado tiempo como auxiliares las fuerzas curativas del alma, la "voluntad de sanar", y ha ignorado que, junto al arsénico y el alcanfor, se pueden administrar también al organismo humano reconstituyentes puramente espirituales como coraje, confianza en uno mismo, confianza en Dios y optimismo dinámico. Pese a toda la resistencia interior de la razón a la absurdidad y desde el punto de vista terapéutico, de una doctrina que pretende eliminar los bacilos *by mind*, la sífilis con *truth* y la arterioesclerosis con *God*, no se puede negar ni dejar de tomar en consideración –¿cómo explicar, si no, sus éxitos?– el coeficiente de energía sobre el que descansa; sería actuar injustamente y en contra de la verdad querer negar la fuerza tónica que la *Christian Science* ha infundido, con la embriaguez de su fe, a incontables personas en momentos de desesperación. Puede que no sea sino un estimulante, que reanima sólo pasajeramente los nervios como el alcanfor o la cafeína, que distrae por el camino a la fuerza devoradora de la enfermedad, pero a menudo también es eficaz como lenitivo, como remedio del alma sobre el cuerpo. En suma, es posible que la *Christian Science* haya ayudado más que perjudicado a sus adeptos. Y, finalmente, incluso ha prestado ayuda a la ciencia, pues la psicología, cuanto más y más rigurosamente siga los sorprendentes resultados de la *Christian Science*, mucho más podrá aprender todavía sobre la sugestión colectiva en sus prodigios y en sus obras; incluso desde el punto de vista intelectual, la tan singular vida de Mary Baker no habrá sido en vano.

El milagro por excelencia de la *Christian Science* sigue siendo, a fin de cuentas, su asombrosa y rápida expansión, el efecto de avalancha de su éxito, incomprensible para la fría razón. ¿Cómo es posible, cabe preguntarse, que una teoría de medicina natural, intelectualmente tan confusa, tan ilógica y superficial, se haya convertido, en el espacio de una década, en el firmamento del universo de cientos de miles de personas? ¿Qué condiciones permitieron a esta teoría, entre otros intentos de interpretación del mundo que por lo común estallan como pompas de jabón tras una vida efímera, formar a su alrededor una comunidad de millones de seguidores? ¿Cómo un libro tan embrollado, tan criptoprofético, pudo convertirse en el evangelio de un número incalculable de individuos, cuando la mayoría de movimientos espirituales más fuertes empieza a perder empuje al cabo de una década? Ante semejante fenómeno de sugestión, la razón humana, perpleja, se pregunta todavía: ¿qué elementos especiales de influencia sobre las masas ha introducido, consciente o inconscientemente, en su obra la fundadora de esta secta, para que sólo ella entre mil parecidas haya desarrollado fuerzas tan victoriosas como no ha conocido otra igual la historia del pensamiento del último siglo?

Intento responder: el factor técnico decisivo de expansión de la *Christian Science* es su cómodo acceso. La experiencia nos enseña que la primera condición para que una idea se propague rápida y ampliamente es que sea primitiva y expresable de forma inteligible para la gente simple, que su fórmula se pueda clavar de un solo y rápido golpe de martillo en la cabeza de todos como un clavo. Según una antigua leyenda bíblica, un incrédulo exige a un profeta, como pago por su conversión, que le explique el sentido de su religión en el corto tiempo que pueda aguantar sosteniéndose sobre una sola pierna. La doctrina de Mary Baker satisface plenamente esta impaciente exigencia de comunicación simple y rápida. También la *Christian Science* puede explicarse, en lo esencial, durante el tiempo que uno puede resistir sobre una sola pierna: "El hombre es divino, Dios es el bien, por consiguiente, no puede existir nada malo, y todo lo malo como la enfermedad, la vejez y la muerte, no es realidad, sino apariencia engañosa, y a quien haya reconocido una vez este hecho ya no le puede afectar ninguna enfermedad ni atormentar ningún dolor". Este extracto lo contiene todo, y una fórmula fundamental tan comprensible para todo el mundo no tiene pretensiones intelectuales. Esto permitió a la *Science* ya de antemano convertirse en artículo de masas, manejable como una kodak o una estilográfica: representa un producto espiritual absolutamente democrático. Y, como es notorio y sabido, innumerables zapateros, representantes de lanas y corredores de comercio aprendieron impecablemente la ciencia médica cristiana en el tiempo prescrito de diez lecciones, es decir, en un tiempo menor que el necesario para llegar a ser callista, cestero o barbero aceptable. La *Christian Science* es intelectualmente accesible a todo el mundo de forma rápida, no exige instrucción ni inteligencia ni madurez personal alguna: gracias a esta simplicidad se hace asequible desde el principio a amplias masas, es una filosofía *everyman*. A este factor se añade otro, psicológicamente más importante: la doctrina de Mary Baker-Eddy no pide a sus adeptos el más mínimo sacrificio en comodidad personal. Y –todos los días nos convence de nuevo esta verdad trivial– cuantas menos exigencias morales y materiales plantea al individuo una creencia, un partido o una religión, en círculos más amplios tendrá acogida. Convertirse en un *Christian Scientist* no representa sacrificio de ninguna clase, sino sólo una decisión que no obliga a nada, que no impone ninguna carga. Ni una palabra, ni una línea de este dogma pide al nuevo discípulo que cambie su vida exterior: un *Christian Scientist* no tiene que ayunar ni rezar ni privarse de nada, ni siquiera hacer obras de caridad. En el seno de esta religión norteamericana se permite ganar dinero sin límites, ser rico; la *Christian Science* da tranquilamente al César lo que es del César y al Dólar lo que es del Dólar; al contrario, entre los méritos de la *Christian Science* se encuentra uno muy singular: el de que gracias a esta *Holy Science* ha mejorado el balance de muchas empresas comerciales. "*Men of business have said this science was of great advantage from a secular point of view*". Esta acomodaticia secta religiosa permite incluso a sus sacerdotes y curadores llenarse los bolsillos; de tal manera que el apego material más fuerte del hombre, el apego al dinero, va inteligentemente unido a sus inclinaciones metafísicas. Y, la verdad, yo no sabría qué habría que hacer para convertirse en mártir de la *Christian Science*, la más tolerante de todas las sectas.

En tercer lugar, empero *–last not least–*, si por una parte la *Christian Science*, por su sensata neutralidad, evita todo conflicto con el Estado y la sociedad, por otra saca un buen provecho de las fuentes vivas del cristianismo. Con una genial visión, Mary Baker-Eddy edifica su método espiritual sobre la roca de la iglesia oficialmente reconocida y une su *science* a la palabra *Christian*, siempre mágica en Norteamérica, con lo que en cierto modo se cubre las espaldas, pues nadie se atreverá a calificar a la ligera de embuste o charlatanería un método que invoca a Cristo como modelo y la resurrección de Lázaro como testimonio. Rechazar escépticamente tan piadosa ascendencia, ¿no sería al mismo tiempo poner en duda las curaciones de la Biblia y los milagros del Salvador? Con esta genial vinculación de su doctrina al elemento religioso más poderoso de la humanidad, el cristianismo, esta clarividente demuestra ya su superioridad, más adelante tan victoriosa, sobre todos sus predecesores, Mesmer y Quimby, los cuales, a pesar de su honestidad, fracasaron en el intento de presentar sus métodos como inspirados por Dios, mientras que Mary Baker, sólo con poner nombre al suyo, consiguió dar entrada en su secta a todas las corrientes de fuerza latentes en el cristianismo norteamericano.

Así, esta concepción del mundo, nacida en el asfalto, no sólo se adapta a la necesidad de independencia moral y material del norteamericano, sino que también se apoya en su religiosidad, totalmente supeditada a las fórmulas del cristianismo oficial. Pero, además, la *Christian Science*, con un golpe certero y directo, alcanza la capa más profunda y peculiar del alma del pueblo norteamericano, su optimismo crédulo, ingenuo y fácilmente inflamable. A esta nación, que no se descubrió a sí misma hasta hace cien años y luego, de golpe y de un tirón, aventajó técnicamente al mundo entero que, con alegría juvenil, sana y sincera sigue aun asombrándose de su crecimiento inesperado, a una raza tan victoriosamente realista, ninguna empresa le puede parecer demasiado audaz y ninguna fe en el futuro demasiado abstrusa. Si en dos siglos, gracias a su voluntad, ha llegado tan prodigiosamente lejos, ¿por qué habría de ser imposible (¡fuera esta palabra!) vencer a la muerte? ¿Por qué no poder acabar también con ella? Semejante excentricidad, este reto a la fuerza de voluntad, responde perfectamente al instinto norteamericano, que no se ha embotado, como el europeo, en dos milenios de historia, por la duda y el escepticismo: por esta doctrina, que no perturba en absoluto la vida privada, los negocios o la fe religiosa del ciudadano demócrata y que, sin embargo, da alas a su alma infundiéndole una esperanza sublime, el instinto siente con más pasión que nunca el desafío lanzado a su energía y a su irrefrenable deseo de luchar por hacer realidad lo inverosímil en la tierra. Precisamente por ser más audaz que todas las doctrinas precedentes, esta hipótesis, la más temeraria de la edad moderna, encontró tan buena acogida en el Nuevo Mundo, y de su suelo surgieron iglesias de mármol y piedra para elevar esta religión hasta el cielo, pues el juego predilecto de la humanidad ha sido y sigue siendo imaginar que lo imposible es posible. Y quien sepa estimular esta pasión suya, la más sagrada de todas, habrá ganado la partida.

LA DOCTRINA SE CONVIERTE EN REVELACIÓN

Se ha colocado la primera piedra del sistema, ahora ya puede levantarse el edificio creador, la iglesia nueva, la prominente torre de fragosas campanas. Pero, ¡en qué diminutas dimensiones, en medio de qué ridículas miserias de provincia transcurren los primeros años de formación de la joven doctrina! El infiel Kennedy ha sido sustituido por una docena de alumnos: uno es ayudante de relojero; otro, obrero de una fábrica; a esos hay que añadir unas *spinsters*, solteronas que no saben qué hacer con su vida y con su tiempo. Sentados muy atentos en sus pupitres, como en una escuela de pueblo, esos muchachotes rudos y robustos escriben con dedos burdos y callosos los principios de la *Science* que les dicta desde su mesa de madera aquella mujer severa e imperiosa; la vista en alto, la boca entreabierta, con los nervios tensos por el esfuerzo de comprender, escuchan admirados las palabras que fluyen cálidas y trémulas de sus labios. Escena a la vez grotesca y conmovedora: en un cuarto estrecho, con el aire enrarecido que huele a ropas usadas, a pobreza y a sombrías penalidades, en un ambiente intelectual bajo, Mary Baker transmite por primera vez su "misterio" a la humanidad, y un grupo de proletarios montaraces, que no quieren sino cambiar su agotador trabajo maquinal por un oficio más lucrativo y cómodo, son los primeros apóstoles, el germen, todavía envuelto en la oscuridad, del movimiento espiritual más pujante de nuestros tiempos.

Trescientos dólares tienen que pagar los simples muchachos por el tiempo de aprendizaje: doce lecciones y después ya pueden calarse el sombrero hasta las orejas y llamarlo birrete doctoral. Finalizados los cursos, cualquiera de ellos podrá abrir su consulta sin preocuparse más de Mary Baker. Pero acontece algo inesperado: los alumnos no pueden desprenderse de su maestra. Por primera vez se manifiesta la formidable radiación que despide esta captadora y dominadora de almas; por primera vez se manifiesta la misteriosa magia capaz de arrancar resultados intelectuales a las naturalezas más limitadas y lentas, de despertar pasiones en todo momento y lugar, una admiración sin límites o un odio enconado. Bastan unas pocas semanas para que sus alumnos se le rindan en cuerpo y alma. Ya no pueden pensar, hablar o actuar sin su directora espiritual, reciben como una revelación cada una de sus palabras, piensan inspirados por su voluntad. A todas las personas que se cruzan en el camino de Mary Baker –¡este es su inmenso poder!–, se les transforma la vida. Siempre y por doquier la fuerza superior de su presencia provoca un inesperado exceso de tensión en ellos, ya se trate de atracción o de repulsión, pero siempre de gran intensidad. Pronto se manifiesta un afán de emulación entre sus discípulos para poner a su servicio las fuerzas más recónditas del alma, una pasión vehemente por someter su voluntad a la de ella. Estas almas arrobadas desean no sólo que ella sea maestra de ciencia, sino también guía de su existencia, le confían no sólo la dirección de su vida intelectual, sino también la espiritual. Y he aquí que el 6 de junio de 1875 sus alumnos se reúnen y toman por escrito la siguiente resolución:

> "Considerando que recientemente ha sido introducida en la ciudad de Lynn por su descubridora Mary Baker-Glover la ciencia de la curación, nueva para nuestros tiempos y muy superior a todos los demás métodos".
>
> "Y, considerando que muchos amigos han difundido la buena nueva por toda la ciudad y han izado la bandera de la vida y de la verdad, que significaba la libertad para tantos encadenados por la enfermedad y el error".
>
> "Y considerando que la desobediencia deliberada y malévola de un solo individuo, que no tiene nombre en el amor de la sabiduría y la verdad, ha oscurecido la luz con las nubes de la falsa interpretación y la niebla del misterio, y que la palabra de Dios ha sido escondida al mundo y escarnecida en las

calles, nosotros, discípulos y defensores de esta filosofía, la ciencia de la vida, hemos convenido con Mary Baker-Glover que ella predicará para nosotros todos los domingos y presidirá nuestras asambleas. Y por la presente nos comprometemos formalmente, declaramos y hacemos saber que hemos convenido pagar por el tiempo de un año la suma expresada bajo nuestros nombres, con la condición de que tales cantidades no sean empleadas a otro fin que el de subvenir las necesidades de la mencionada Mary Baker-Glover, nuestra maestra y guía, y para el alquiler de una sala apropiada."

Siguen las firmas de ocho discípulos: Elisabeth M. Newhall, 1,50 dólares; Daniel H. Spofford, 2 dólares; la mayoría de los demás, 1 dólar o 50 centavos solamente. De esta suma se pagan semanalmente cinco dólares a Mary Baker-Glover por sus prédicas.

Una tertulia de café. Uno se siente tentado de sonreír a la vista de cantidades tan insignificantes. Pero este 6 de junio de 1875 representa un hito en la historia de Mary Baker y de la *Christian Science*; a partir de este día una concepción personal del mundo comienza a transformarse en una religión. De un día para otro la *Moral Science* se convierte en *Christian Science*, una escuela se transforma en una comunidad y una doctora errante en una pregonera divina. En adelante ya no será una ensalmadora establecida en Lynn por casualidad, sino una enviada de la Providencia para iluminar las almas. Una vez más Mary Baker ha dado un formidable paso hacia delante, al transformar su poder, hasta entonces puramente intelectual, en poder religioso. Exteriormente, apenas se nota nada: todos los domingos, en un local alquilado, Mary Baker-Glover predica una o dos horas a sus estudiantes que a continuación entonan un cántico religioso con acompañamiento de armonio. Así termina la piadosa ceremonia matinal. Parece, pues, que apenas ha pasado nada, salvo que a las miles y miles de pequeñas sectas que existen en Norteamérica se ha sumado una nueva. Pero en realidad esta transformación de un método curativo en un culto religioso implica la transmutación total de todas las premisas: a plena luz del día y en pocos meses culmina un proceso que en todas las demás religiones requería décadas y siglos: una doctrina terrenal se establece como dogma divino y, por lo tanto, irrefutable; una criatura mortal se convierte en mito, en una figura profética y sobrehumana. Pues desde el momento en el que la simple *Mind Cure*, la curación por sugestión, se alía con el servicio religioso, en el que Mary Baker, de *practitioner*, de médico de cuerpos, se convierte en sacerdotisa de almas, y la medicina en culto, desde este momento todo lo que hay de terrenal y racional en el origen de la *Christian Science* tiene que ser conscientemente ocultado. Una religión jamás debe ser para sus fieles algo ideado por un solo cerebro humano, siempre debe haber descendido de mundos superiores e invisibles, o sea, debe haber sido "revelado"; por amor a la fe una religión ha de afirmar que la persona elegida por la comunidad lo ha sido en realidad por el mismo Dios. La cristalización de una iglesia, la transformación morfológica en mandamiento divino de una ley que en su origen no tenía otra finalidad que la higiénica, se opera aquí tan abiertamente como en un laboratorio de química. Punto por punto podemos ver cómo la leyenda suplanta la historia documental de Mary Baker, cómo la *Christian Science* se inventa su Sinaí de la revelación, su día de Damasco, su Belén y su Jerusalén. Ante nuestros ojos Mary Baker convierte el "descubrimiento" de la *Science* en una "inspiración"; el libro escrito de su puño y letra, en una obra sagrada y su vida en una nueva peregrinación del Salvador por la tierra.

Una divinización tan repentina exige, claro está, para los fieles, una serie de retoques no precisamente baladíes en la figura de Mary Baker: en primer lugar, la infancia de la futura santa tiene que ser sombreada con algunos trazos emotivos al estilo de la "leyenda áurea". ¿Qué debe haber oído una niña que ha sido verdadera y legítimamente llamada por Dios? Debe haber oído voces como Juana de Arco o la anunciación del ángel como María. Por supuesto (de acuerdo con su autobiografía) Mary Baker las oyó, a la edad de ocho años. De noche resuena una llamada misteriosa que grita su nombre desde el universo, y ella responde –¡a los ocho años!– con las palabras de Samuel: "Habla, Señor, tu siervo te escucha." Se incorpora a la biografía una segunda analogía; esta vez se trata de Jesús conversando con los doctores de la ley: examinada por el pastor a los doce años, la pálida y rubia niña asombra a toda la comunidad con su precoz sabiduría. Tras un preludio tan circunspecto, el "descubrimiento" de la ciencia puede convertirse fácilmente en «iluminación». Mary Baker dudó mucho tiempo sobre cuándo datar el momento en el que recibiera esta gracia, hasta que finalmente decidió fijar la fecha de la "iluminación" en el año 1866 (por precaución, después de la muerte de Quimby).

"En el año 1866 descubrí la ciencia de Cristo o las leyes divinas de la vida, la verdad y el amor, y llamé a mi descubrimiento *Christian Science*. Durante muchos años Dios misericordioso me preparó para recibir la revelación definitiva del principio divino absoluto de la curación científica por la mente." Según la versión añadida más tarde, la "iluminación" tuvo lugar de la manera siguiente: el 3 de febrero de 1866, Mary Baker (entonces todavía Sra. Patterson) resbala en una calle de Lynn y cae al suelo, de donde la levantan sin sentido. La llevan a casa y el médico declara (según dicen) que es un caso desesperado. Al tercer día, después de la visita del médico, rechaza la medicina y (según sus propias palabras) eleva "su corazón a Dios". Es domingo, manda salir a los presentes de la habitación, toma la Biblia, la abre al azar y sus ojos se posan en la curación del paralítico por Jesús. Al instante percibe "el sonido perdido de la verdad que emana de la armonía divina" y, respetuosa, reconoce el principio del ejemplo de Cristo en la cruz, cuando se niega a beber la hiel y el vinagre para aliviar los tormentos de la crucifixión. Ve a Dios cara a cara, "toca y palpa cosas invisibles", comprende su condición de hija de Dios y oye cómo Él le dice: "¡Hija mía, levántate!" Y Mary Baker se levanta en el acto, se viste y entra en el salón, donde esperan el pastor y los amigos con semblantes trágicos, dispuestos a proporcionarle el último consuelo en la tierra. Pero quedan todos boquiabiertos ante este Lázaro resucitado. A raíz de este milagro vivido en su persona, Mary Baker, por una inspiración fulminante, reconoce el principio universal de la fe creadora.

Por desgracia esta hermosa leyenda se contradice con el testimonio jurado del médico y, más drásticamente, la desmiente una carta escrita de puño y letra por la propia Mary Baker-Eddy, que data de la primavera de 1866 y que, pocas semanas después de la caída, remite desesperada al sucesor de Quimby, el doctor Dresser, hablándole del accidente y de las espantosas consecuencias para sus nervios, y suplicándole ardientemente (cuando es de suponer que ya estaba sanada desde hacía tiempo) que vaya a curarla según el método de Quimby. ¿Quimby? Pero, ¿quién es Quimby? Este nombre ha desaparecido de golpe después de la transformación de la *Christian Science* en misión divina. En la primera edición de *Science and Health* todavía hay una línea vaga y casual dedicada a su benefactor y maestro, pero después Mary Baker negará con tenacidad y hasta su último aliento haber recibido jamás de Quimby la menor inspiración. En vano arremeterán contra ella mostrando sus propios artículos encomiásticos en el *Portland Courier*, en vano publicarán sus cartas de gratitud y demostrarán con pruebas fotográficas que sus primeros manuscritos didácticos son vulgares copias de los textos de Quimby: ningún documento causa impresión a una mujer que declara que todo nuestro mundo real es un "error". Empieza por negar que haya aprovechado jamás los manuscritos de Quimby. Pero, puesta contra las cuerdas, acaba por trastocar audazmente los hechos y afirmar que no es Quimby quien le ha revelado la nueva ciencia, sino que fue ella quien se la explicó a Quimby. Sólo a Dios y a su bondad debe ella tal descubrimiento. Y no es digno de llamarse creyente quien ose dudar de este dogma.

En un año o dos ha tenido lugar la transformación más asombrosa: un método laico con el que –decía ingenua y honradamente hace sólo unos meses su "inventora"– "uno puede hacerse con buenos ingresos en poco tiempo" se convierte en mensaje divino en un santiamén, y la que fuera socia al cincuenta por ciento del doctor-cartonero Kennedy se convierte en una inspirada profetisa. El insaciable amor propio de Mary Baker se sitúa desde entonces tras un muro infranqueable, al hacer pasar por mandato divino cada uno de sus deseos y exigir obediencia, en nombre de su misión celestial, a sus pretensiones más audaces. Ahora, por ejemplo, ya no dice que su curso cuesta trescientos dólares en dinero contante y sonante, sino que escribe (¡textualmente!): "Cuando Dios me indujo a fijar un precio por la enseñanza de mi método cristiano-científico para la curación del alma, una extraña providencia me llevó a aceptar estos honorarios." Su libro (cuyos derechos de autor reclama con furibunda exactitud) no es debido a su inteligencia humana, sino a la inspiración divina. "Jamás me atrevería a afirmar que yo he escrito esta obra." En consecuencia, toda resistencia a su persona significa en adelante oposición al "principio divino" que la ha elegido. Con este incremento de poder, la influencia de su personalidad aumenta enormemente de la noche a la mañana: su autoridad puede erguirse ahora tomando formas gigantescas. Embriagada por el nuevo sentimiento de su misión, embriaga cada vez con más fervor a sus oyentes. Como cree en sí misma como en un milagro, consigue hacerse creer; apenas unos diez años más y habrá ganado a cientos de miles de personas para su causa.

LA ÚLTIMA CRISIS

Todo movimiento religioso nace entre crisis y tensiones; su alumbramiento siempre tiene lugar en una atmósfera de fiebre y tempestad. También Mary Baker, en las primeras horas de plasmación de su doctrina, sufre graves trastornos nerviosos que incluso ponen en peligro su vida, pues el fantástico paso de la nada a la omnipotencia ha sido demasiado brusco: el día antes y todavía enferma desahuciada, pordiosera acosada de buhardilla en buhardilla, de repente se ve convertida en el centro de una admiración exaltada, en una salvadora, casi en una santa. Desconcertada, confusa y con los nervios a flor de piel, Mary Baker experimenta ahora ese notable fenómeno, conocido por todos los neurólogos y psicólogos, consistente en que los pacientes, en todo tratamiento psíquico, empiezan por proyectar su propia agitación, sus neurosis y psicosis sobre el médico, el cual tiene que oponer la máxima resistencia para no verse invadido por histerias ajenas. Mary Baker está a punto de ser arrastrada por el febril embate de las emociones. Asustada y sorprendida por un éxito demasiado grande e impetuoso, se da cuenta de que sus nervios no están a la altura de las circunstancias. Pide un respiro, un instante de concentración. Implora con ardor a sus discípulos que cesen sus continuas confesiones, sus preguntas y súplicas, porque no puede soportar por más tiempo tanta presión a su alrededor, ese agarrarse desesperadamente a ella. Que tengan compasión de ella, ruega, de lo contrario, también ella zozobrará: "*Those who call on me mentally are killing me.*" Pero no se puede contener el entusiasmo espiritual que ha despertado. Con labios ávidos y ardientes, sus discípulos se pegan a ella y absorben sus fuerzas. En vano se defiende, incluso huye un día de Lynn, *driven into wilderness*, para escapar de ese amor inesperado e insólito, y luego escribe desde su refugio: "Si los alumnos siguen pensando en mí y pidiéndome ayuda, al final me veré obligada a protegerme, separándome espiritualmente de ellos por un puente que no podrán cruzar." Al igual que un hambriento al que de repente se le ofrece comida, en vez de ingerirla con avidez, la vomita con repugnancia, porque su estómago, irritado por una abstinencia demasiado larga, es incapaz de digerirla, así también un alma acostumbrada durante diez años a la soledad responde a una admiración tan repentina con terror desesperado y convulsa actitud de defensa. Todavía no ha comprendido ella misma el milagro de su influencia y ya le exigen milagros. Apenas se siente curada cuando ya la quieren hacer santa y curadora de todas las enfermedades. Sus nervios no resisten una presión tan brutal; con ojos febriles mira a todas partes buscando a alguien que la pueda ayudar.

A eso se añade, en el caso de esta mujer llegada a la edad de la menopausia, una inseguridad personal. Ha vivido más de diez años apartada de los hombres, siempre viuda o abandonada, y el primer joven que vivió a su lado, Kennedy, significó para ella un trastorno, a pesar de la indiferencia que él le mostró. Y ahora, de repente, se encuentra de la mañana a la noche rodeada de hombres entusiasmados, todos jóvenes, que la miman con entrega, fervor y admiración. Apenas su vestido roza el umbral, todos levantan la vista, con un estremecimiento en el corazón y un resplandor en los ojos; aceptan cada una de sus palabras como una verdad y cada uno de sus deseos como una orden. Pero –¡una pregunta tal vez dictada sólo por su inconsciente!–, ¿esta veneración masculina va dirigida a ella sólo como guía espiritual? ¿No va dirigida quizá también a la mujer de carne y hueso? ¡Conflicto insoluble para su estricta naturaleza puritana, que se oculta a sí misma los deseos del cuerpo desde hace décadas! Desconcertada por Kennedy, la sangre de la mujer de más de cincuenta años no parece haberse calmado del todo todavía; en cualquier caso, su actitud con los alumnos carece totalmente de equilibrio, su comportamiento pasa de frío a caliente, tiene continuos altos y bajos, se mueve entre una camaradería íntima y un rechazo despótico. Algo en la vida sexual de Mary Baker no ha andado nunca derecho: la indiferencia –casi debería decir repulsión– que siente por su propio hijo y el intento, siempre renovado, de compensar la ausencia de sentimientos maternales con el matrimonio o la adopción de hombres más jóvenes, rodean de enigmas su mundo sentimental. A lo largo de su vida, ha necesitado tener siempre hombres jóvenes a su alrededor; esa proximidad la calma y la inquieta a la vez. Semana tras semana, su desorden interior se manifiesta cada vez con más claridad en estos mandatos de "alejarse" de ella, algo que siempre había deseado en secreto. Finalmente escribe a su alumno predilecto, Spofford, el único al que llama, con más ternura que a los demás, por su nombre de pila, "Henry", una carta explosiva y muy confusa, que traiciona su desesperada resistencia: "¿Quiere dejarme vivir o me quiere matar?", dice al joven que está completamente *in albis*; "sólo usted es culpable de mi recaída, y nunca me curaré si usted no se domina y no aparta completamente de mí sus pensamientos. No venga a verme nunca más, jamás volveré a creer en un hombre."

"Jamás volveré a creer en un hombre." Así escribe, sobreexcitada, a Spofford el 30 de diciembre de 1876. Pero sólo veinticuatro horas más tarde, el 31 de diciembre, el mismo Spofford recibe sorprendido otra carta en la que la Sra. Baker le comunica que ha cambiado de opinión: al día siguiente va a casarse con Asa Gilbert Eddy, otro estudiante. En el espacio de veinticuatro horas, Mary Baker se ha lanzado de cabeza a una aventura descabellada; estremeciéndose ante el temor de una seria depresión nerviosa, se aferra desesperada a un hombre, a cualquier hombre que tenga a mano, sólo por no hundirse en la locura, y le exige su consentimiento. Se encadena a uno de sus alumnos, a uno cualquiera, escogido al azar, pues hasta entonces nadie de la comunidad había notado en ella –probablemente ni ella misma– el menor indicio de una inclinación especial por aquel estudiante once años más joven que ella, Asa Gilbert Eddy, antiguo representante de máquinas de coser, un buen muchacho, algo enfermo, de ojos claros e inexpresivos y hermoso rostro. Pero ahora, al borde del abismo, llevada por un brusco impulso, atrae hacia sí a ese hombre modesto e insignificante; un hombre que, sorprendido él mismo por la inesperada e incomprensible propuesta de la mujer, declara sinceramente a Spofford, tan sorprendido como él: *I didn't know a thing about it myself until last night.* Pero, naturalmente, ¿cómo va a rebelarse un alumno contra tamaña distinción hecha por la divina maestra? Por pura y ciega sumisión acepta en seguida la honrosa propuesta y ese mismo día solicita a las autoridades una licencia de matrimonio. A la mañana siguiente, pues –reconocemos la impetuosa voluntad de Mary Baker en las prisas frenéticas por volver a casarse–, el día de Año Nuevo de 1877, contrae matrimonio por tercera vez. En el curso de la ceremonia, la verdad recibe un pequeño agravio al declarar los novios la misma edad, a pesar de que Eddy tiene cuarenta y cinco años y Mary Baker no menos de cincuenta y seis. Sin embargo, ¿qué significa la *chronology*? ¿Qué representa una pequeña mentira por vanidad en una mujer que, pródiga y generosa, cuenta por eternidades y eones, y menosprecia toda nuestra realidad terrenal porque la considera una necia ilusión de los sentidos? Ella, que en su manual condena teóricamente el matrimonio, se presenta por tercera vez ante el altar: pero esta vez, el nuevo nombre que toma no le pertenece a ella sola, sino también a la historia. Como Mary Glover o como Mary Patterson, nadie conocía ni honraba a esta hija de granjeros de Virginia; sus anteriores esposos desaparecieron sin dejar huella en la historia contemporánea. Pero, lanza el nuevo nombre, el de Mary Baker-Eddy, hacia los cinco continentes de nuestro mundo, y como dote, regala a un pequeño representante de máquinas de coser llamado Eddy, la mitad de su gloria.

Esta clase de decisiones bruscas e impulsivas en momentos realmente trascendentales de su vida es eminentemente significativa para un estudio caracterológico de Mary Baker-Eddy. Tales giros no nacen de una reflexión lógica y consciente, sino de explosiones volcánicas de energía, de descargas espasmódicas del inconsciente, por decirlo así. Tan pronto genial como completamente enajenada, sus nervios sobreexcitados se descargan siempre en decisiones tan precipitadas, que no puede culpar de ellas a su yo consciente. ¿Qué más natural, pues, que se crea inspirada por el cielo, que considere sus descargas nerviosas como chispas de un fuego divino y se tenga a ella misma por una elegida del Verbo profético? Incesantemente revive el milagro de que sus indecisiones más dolorosas se resuelvan en un repentino rayo de intuición y de la manera más feliz. Pues sus actos impulsivos y sus improvisaciones casi siempre dan en el blanco: el instinto de Mary Baker es cien veces más inteligente que su razón, y su genio, mil veces mayor que su entendimiento. Tampoco en esta crisis decisiva de su femineidad ni las más cautas deliberaciones habrían encontrado una descarga mejor para sus nervios, desde el punto de vista terapéutico, que la elección –decisión tomada como la descarga de una pistola– de un compañero tan sosegado y falto de iniciativa, un hombre ciertamente débil, pero precisamente por eso mismo, seguro como un sólido bastón sobre el cual poder apoyarse. Sin Asa Gilbert Eddy, tranquilo y tranquilizador, sin este respaldo seguro, probablemente ella no habría sobrevivido a la tormenta de los años críticos.

Porque los próximos años de la *Christian Science* serán críticos. Por un momento parecerá incluso que la comunidad tan laboriosamente creada va a disolverse, que la torre de la fe a medio construir se va a derrumbar. Como respuesta al matrimonio de Mary Baker, Spofford, el más fiel de los fieles y colaborador de *Science and Health*, herido en su orgullo, abandona el círculo de creyentes y, como Kennedy, abre su propia tienda de *Christian Science* en Lynn. Naturalmente, la maestra –su naturaleza imperiosa no tolera apostasías– le lanza de nuevo los más furibundos anatemas y también lo acosa con procesos. Igual que hizo con Kennedy, propaga la acusación maníaca de que Spofford ejerce sobre ella a distancia una influencia telepática perversa, que con su M.A.M., su *malicious animal magnetism*, emponzoña la salud de personas inocentes e incautas de la comunidad. Mary Baker azuza siempre con más furia todos los perros del odio contra los alumnos que la abandonan, pues sabe, como todos los fundadores de iglesias –recordemos el odio de Lutero contra el "puerco" Zuinglio, la condena a la hoguera de Servet por obra de Calvino a causa de una sola divergencia de opinión en materia de teología–, que, justamente en los inicios de la construcción de una iglesia, cualquier cisma, cualquier separación de la doctrina, hace tambalear el edificio entero. Pero todos estos histerismos históricos de los primeros concilios de la Iglesia parecen moderados en comparación con la rabia y el fanatismo persecutorio de Mary Baker-Eddy, eternamente desmesurada. Insuperable y veleidosa en sus ímpetus de pasión, esta mujer de sentimientos exagerados tampoco retrocede ante los desvaríos más evidentes cuando quiere aniquilar a un adversario. Algo increíble se produce, una absurdidad, como hace siglos que no se ha visto en Norteamérica: un tribunal moderno se ocupa de un proceso de brujería en toda regla. Pues la prepotencia anímica de Mary Baker aturde de tal modo la razón de sus seguidores, que el 14 de mayo de 1878, en pleno siglo XIX, una de sus alumnas entregada a ella en cuerpo y alma, que además comparte sus odios, la *scientist* Lucretia Brown, interpone una denuncia pública contra Daniel H. Spofford, a quien acusa de que, desde hace un año, "valiéndose de su poder y de su arte de forma injustificada y malévola, y con el propósito de perjudicarla, le ha causado grandes sufrimientos morales y físicos, intensos dolores medulares nerviosos y trastornos mentales temporales". Aun cuando se demostró que Spofford nunca había visto a la buena señorita Lucretia, jamás había hablado con ella ni la había examinado como médico y que, en consecuencia, no podía tratarse sino de magia medieval, de embrujamiento telepático mediante el mal de ojo, este proceso, el más curioso de nuestros tiempos, llegó sin embargo a los tribunales. El juez, como es de suponer, se declara incompetente en asuntos cabalísticos y archiva, mofándose, la acusación de brujería.

Después de tan catastrófico descrédito, cabía esperar que una potente ráfaga de serenidad despejara la atmósfera de Lynn, caldeada por un exceso de disputas teológicas "mentales". Pero Mary Baker-Eddy carece del sentido del ridículo, se toma tan desesperadamente en serio su odio como su fe. No cede, hay que aniquilar a Spofford y a Kennedy. De pronto su marido y su segundo alumno predilecto, Arens (contra el que más tarde entablará también un pleito) son detenidos bajo la acusación de haber instigado a dos obreros sin trabajo a atentar contra Spofford. Este oscuro asunto jamás ha sido aclarado del todo; pero, sea como fuere, el simple hecho de interponer una demanda judicial por asesinato, inmediatamente después del proceso por brujería, demuestra hasta qué grado de odio mortal llegaron aquellas disensiones religiosas. Una demanda sigue a otra, cada mes comparece Mary Baker-Eddy ante la justicia por una nueva causa. Al final incluso el juez sonríe cuando la macilenta anciana presenta una nueva reclamación, toda ella sañuda y enardecida: ora se trata de un alumno que no quiere pagar las cuotas y los porcentajes atrasados, ora resulta que le han "robado" una de sus tesis. Un día, una alumna declara que sólo le han enseñado puras estupideces y exige una indemnización; al día siguiente Mary Baker reclama a un *scientist* renegado el pago de la "iniciación". En una palabra, en la estrechez de este mundo provinciano, la extraordinaria energía de ese demonio de la sugestión se malogra en los más ridículos gimoteos por dinero y estúpidas rencillas. Uno de los dramas intelectuales más extraordinarios de nuestra época amenaza ya con degenerar en una simple farsa.

Al fin, incluso los alumnos empiezan a darse cuenta. Presienten la ridiculez de estas acusaciones de brujería, de esta "demonofobia" patológica de su guía. Poco a poco comienza a despertarse de nuevo el nervio del *common sense* de los alumnos, durante mucho tiempo embotado. Ocho de sus partidarios hasta entonces más fieles se reúnen en secreto y deciden no seguir dando su aprobación ni cabida en la doctrina a aquella estúpida obcecación de odio, al *malicious animal magnetism*. Declaran unánimemente que habían entrado en la *Science* porque les había parecido un mensaje de la bondad infinita y la omnipresencia de Dios, pero que más tarde Mary Baker –como toda religión– había dejado entrar al diablo en el universo junto a Dios. Y ellos se negaban a reconocer en el divino mundo de Dios a ese ridículo diablo llamado *malicious animal magnetism*, encarnado en tan tristes figuras, como Spofford y Kennedy. Y, así, el 21 de octubre los ocho veteranos de la *Science* hacen pública la siguiente declaración:

"Los abajo firmantes, aun reconociendo y apreciando la ayuda que nuestra maestra, la Sra. Mary Baker-Glover-Eddy, nos ha prestado en la comprensión de la verdad, nos sentimos impelidos por la inteligencia divina a exponer con profundo pesar su desviación del camino recto y estrecho (el único que conduce al desarrollo de las virtudes cristianas), que se manifiesta en frecuentes accesos de furia, en el amor al dinero y en una tendencia a la hipocresía, por lo que no podemos seguir sometiéndonos a semejante dirección. Por este motivo, y sin la menor sombra de odio, venganza o mezquino rencor en el corazón, sino llevados únicamente por el sentimiento del deber hacia ella, hacia la causa y hacia nosotros mismos, declaramos respetuosamente que nos retiramos de la comunidad de discípulos y de la iglesia de los cientificistas cristianos."

Esta declaración cae como un mazazo sobre Mary Baker-Eddy. Inmediatamente corre tras cada uno de los desertores y les exige que retiren su dimisión. Pero, al ver que los ocho se mantienen inflexibles, quiere al menos tener razón ante su enfurecido orgullo. Vuelve ágilmente el arma contra ellos y (como dice con servil adulación la biografía rosa) toma "una decisión magistral", negando a los dimisionarios el derecho a abandonar la comunidad por iniciativa propia: a gritos ordena a los ocho alumnos, que ya han cerrado la puerta tras ellos y han cruzado la calle, que salgan de la casa. Pero estos exiguos triunfos de su despotismo no pueden cambiar el hecho consumado: Mary Baker-Eddy ha fracasado en Lynn. La comunidad se desintegra a causa de las eternas rencillas, los periódicos reservan a la *Christian Science* una columna humorística permanente. Su obra se derrumba. La única posibilidad que le queda es reconstruirla en otro lugar y sobre cimientos más amplios y sólidos. Y, así, la incomprendida profetisa vuelve la espalda a la ingrata Belén y se traslada a Boston, a la Jerusalén de la espiritualidad religiosa norteamericana.

Una vez más –¿la enésima?– Mary Baker-Eddy ha perdido la partida. Pero precisamente esta última derrota se convertirá en su mayor victoria, pues sólo gracias a este traslado forzoso tiene ahora el camino libre. Desde Lynn su doctrina no podía extenderse. La desproporción entre su megalomanía y la minúscula resistencia de aquel círculo estrecho era demasiado absurda. Una voluntad de la magnitud de la de Mary Baker necesita espacio para actuar, una fe como la suya requiere como tierra de cultivo no una pequeña camarilla, sino toda una nación: se da cuenta de que ningún salvador puede hacer milagros si los vecinos asoman la cabeza todos los días en su taller, de que nadie puede seguir siendo profeta en un ambiente de cotidianeidad y confianza. El misterio debe envolver el milagro, el nimbo sólo puede aparecer en la penumbra de la intimidad. Sólo en una gran ciudad podrá Mary Baker alcanzar su plenitud.

Pero el destino la quiere más resuelta todavía para esta tarea decisiva. Una vez más, la última, el pesado puño de la fatalidad golpea a la sexagenaria. Apenas se ha instalado en Boston, apenas ha puesto los nuevos cimientos de la *Christian Science* sobre un suelo más sólido y extenso, la alcanza un golpe terrible. Su joven esposo, Asa Gilbert Eddy, que ha estado desde siempre enfermo del corazón, razón por la que se acercó precisamente a Spofford y a la *Christian Science*, empeora rápidamente. En vano Mary Baker, con más celo que nunca, aplica su "ciencia" a la persona para ella más importante, en vano intenta ayudar al ser más allegado con la cura "mental", experimentada en tanta gente indiferente: el cansado corazón, las arterias saturadas, no se quieren dejar curar con ensalmos. Y ante los ojos de la presunta milagrera, el joven se va extinguiendo poco a poco. La que había predicado y aportado salud a miles y decenas de miles de enfermos, se ve impotente –¡trágico destino!– ante la enfermedad de su propio marido.

En este momento dramático –para mí el más humano de su vida– Mary Baker- Eddy traiciona a su ciencia, pues en su angustia hace lo que siempre ha prohibido tiránicamente a los demás: ya no trata de salvar a su marido *by mind*, sino que llama al lecho del moribundo a un verdadero médico, al doctor Rufus Neyes, uno de aquellos *confectioners of disease*. Una vez, una sola vez, capitula esta alma indómita ante su enemigo eterno, la realidad. El doctor Neyes diagnostica una enfermedad del corazón y prescribe digitalina y estricnina. Pero es demasiado tarde. Más poderosa que la ciencia, más poderosa que la fe, es la ley eterna. El 3 de junio de 1882, muere Asa Gilbert Eddy en presencia de la misma mujer que había declarado imposibles la enfermedad y la muerte ante millones de personas.

Es la sola y única vez que Mary Baker-Eddy, ante el lecho de su moribundo esposo, ha renegado de su fe: en vez de confiar en su *Christian Science*, llama a un médico. Frente a su más poderoso enemigo, la muerte, este gigante de la voluntad, por una vez también, ha rendido armas. Pero sólo por un instante. Apenas Asa Gilbert Eddy exhala el último suspiro, la viuda se levanta de nuevo, más inflexible y más obstinada que nunca. Declara falso el diagnóstico confirmado por la autopsia: Asa Gilbert Eddy no ha muerto de una enfermedad del corazón, sino envenenado por *metaphysical arsenic*, por un *mental poison*, y, si ella misma no ha podido salvarlo con la ayuda de la ciencia, es sólo porque sus fuerzas habían sido paralizadas en aquel momento por la influencia del mesmerismo telepático de Kennedy y Spofford. Escribe literalmente (para atenuar en los creyentes el doloroso efecto de esta muerte):

> *"My husband's death was caused by malicious mesmerism... I know that it was poison that killed him, but not material*

poison, but mesmeric poison... after a certain amount of mesmeric poison has been administered, it can not be averted. No power of mind can resist it".

Incluso ante la tumba de su marido enarbola la bandera de este terrible absurdo del veneno magnético a distancia, ridícula y sublimemente absurda, como siempre en los momentos más decisivos.

Pero esta fue su última conmoción. Enterró a su primer marido, el segundo la abandonó, y ahora el tercero yace bajo tierra. Desligada desde este momento de todo ser por lazos de amor, desterrada de las cosas del mundo por pasión, en adelante vive sólo por una cosa: su obra. De todos sus esfuerzos no le queda, a los sesenta años, más que la fe en su fe, firme, inquebrantable, fanática y fantástica. Con esa fuerza suya incomparable, ahora, ya anciana, conquista el mundo.

CRISTO Y EL DÓLAR

Sesenta y un años cuenta Mary Baker-Eddy cuando regresa de la tumba de su tercer marido. Esa es una edad de abuela, en la que otras mujeres se ponen la toca negra y se retiran como sombras a un rincón, una edad en la que se apodera de la persona una primera indiferencia y una primera laxitud, porque ¿cuánto tiempo más se puede ser útil y para quién? Pero para esta mujer sorprendente el reloj de la vida no da la misma hora. Más resuelta, más inteligente, clarividente y apasionada que cuando era joven, Mary Baker-Eddy comienza su verdadera obra a los sesenta y un años.

Su fuerza ha sido siempre la contrafuerza, sólo para resistirse hace acopio de energías. A la desesperación debe su restablecimiento, a la enfermedad el sentido de su vida, a la pobreza el deseo obstinado e impetuoso hacia lo alto, y a la falta de fe de los otros su inquebrantable fe en sí misma. El hecho de que Lynn, la ciudad donde fundó su Iglesia la echara, se convierte en una ventaja decisiva para la cimentación de su doctrina, pues el espacio de una pequeña ciudad de zapateros era demasiado estrecho para la amplitud de sus planes; allí no podía hundir lo bastante en la tierra la formidable pala con la que quería sacar de quicio al mundo; allí se encontraba desconectada de los grandes agentes y factores del éxito. En Boston, a la vista de la moderna ciudad industrial, se da cuenta inmediatamente de que es preciso incorporar a su idea "mental" todos los medios materiales y mecánicos de la técnica, de la propaganda, la publicidad, la prensa y la actividad comercial; que es preciso colocar ruedas de acero, por decirlo así, a su aparato espiritual para transportar al cielo los corazones de los hombres como hiciera Elías con su carro de fuego.

De modo, pues, que en Boston planta su edificio sobre cimientos más amplios. La pobreza, como ha descubierto ella misma, es perjudicial en este mundo terrenal: no se toma por fuerte a quien no lo aparenta. Por esta razón, no alquila una miserable casucha de madera como en Lynn, sino que, con el dinero abundantemente ganado allí, compra una casa de piedra, de tres pisos, con salas de recepción, cuadros, tapices y un bonito salón, situada en el mejor barrio de la ciudad, en la Columbus Avenue. El aula no está amueblada como antes con pupitres de madera desbastada, sino dispuesta con gran elegancia, pues en Boston ya no espera tener como alumnos a zapateros remendones ni a rudos y torpes aprendices, sino *refined people*, y no conviene que la indigencia ahuyente a esta nueva clientela. También en el exterior un gran rótulo de plata indica un nivel social más elevado. Para Boston un nombre como *Teacher of Moral Science* es poca cosa, demasiado modesto y humilde. Se podría poner fácilmente a la misma altura que las echadoras de cartas, los telépatas y los espiritistas. Por eso la nueva escuela, de rango superior, adopta desde el principio un nombre de más categoría: la *Christian Science* se constituye en universidad, en el Massachusetts Metaphysic College, en el que, según el programa y con autorización del Estado, se enseña patología, terapéutica, filosofía, metafísica y su aplicación práctica a las enfermedades. De un día para otro y con la rapidez característica de los norteamericanos, una maestra de escuela provinciana se convierte en profesora de universidad, la curandería en cátedra, y el cursillo "mental" acelerado en una pseudofacultad reconocida oficialmente.

Pero más admirable que esta metamorfosis exterior es la simultánea adaptación de Mary Baker-Eddy a su ascenso: con cada éxito esta mujer crece interiormente para colocarse al mismo nivel intelectual y social del medio en el que vive. Aquí, donde espera tener como alumnas a damas de la sociedad, a gentes cultas –o digamos por prudencia: semicultas–, en medio de la mejor *society* ni por un solo momento da la impresión de inferioridad o de provincianismo; ya desde el principio se hace evidente su sorprendente capacidad de superación, enseguida es una *lady* que sabe impresionar a los más exigentes en la vida social. La que durante cuarenta años iba cubierta de harapos, ahora recibe en el salón de su casa de Boston a los invitados para el té elegantemente vestida. Se sabe victoriosamente a la altura de toda conversación, y los domingos, cuando ataviada de seda blanca, con la mirada serena y firme bajo los cabellos encanecidos, sube al púlpito de su iglesia, todo el mundo retiene el aliento ante su figura soberbia y majestuosa. Después de las primeras palabras el auditorio se siente ya cautivado por su arrebatadora elocuencia. En sus discursos y en sus escritos, en su doctrina y en su vida, esta mujer, en el espacio de una década, salva todos los obstáculos de su origen modesto y de su deficiente formación: aprende sin esfuerzo, en verdad todo afluye a ella. Pronto rodea su figura una aureola de alas fragorosas, una admiración cada vez más apasionada crece a su alrededor, pero ella, que es una buena observadora, sabe ya ahora, desde su experiencia en Lynn, que sólo la distancia mantiene intacta una aureola. Mary Baker-Eddy no deja que ningún extraño se acerque ahora a su vida, ya no tolera que la curiosidad atisbe por su ventana. El efecto es tanto más imponente cuando entra en clase o sube al púlpito los domingos: entonces es como si saliera de una nube de misterio; pero entre ella y el mundo se han interpuesto a partir de ahora barreras vivas, un secretario particular y unos subalternos que la mantienen alejada de todos los fastidiosos asuntos de negocios. Gracias a esta invisibilidad, se considera una distinción extraordinaria que reciba a un alumno en privado o a unos invitados en su salón; en medio de una gran ciudad, del ruido ensordecedor de los tranvías, junto al bullicio de la Bolsa y de las riadas de masas afanosas, se crea poco a poco una leyenda en torno a su persona. Ya en Boston, Mary Baker-Eddy se convierte en un mito.

Sin embargo, reconoce con clarividencia que, si el silencio y la soledad aumentan el efecto psíquico de un nombre, en cambio una doctrina necesita ser proclamada a plenos pulmones. La Norteamérica de 1890 –ella lo ve enseguida en el movimiento de la gran ciudad– no es un país para un desarrollo tranquilo, lento y silencioso. Para que algo tenga éxito, hay que machacarlo en la conciencia de las masas con el duro látigo de la publicidad, a fuerza de golpes continuos y estrepitosos en los cerebros. También una nueva secta tiene que ser lanzada, propagada y anunciada como una marca de jabón, de una estilográfica o de whisky. Nuestro mundo ha crecido y se ha ensanchado demasiado para que un mensaje pueda correr de boca en boca como en los primeros tiempos de la humanidad. Aquí hay que disponer de un megáfono para que el anuncio de un mensaje llegue hasta Kentucky y California, para que resuene hasta en las costas del Pacífico. En el siglo de la tinta de imprenta, todo lo nuevo necesita de los periódicos y, puesto que su doctrina deja indiferentes a los grandes rotativos, Mary Baker decide fundar su propio órgano como primer y más importante medio de propaganda, el *Christian Science-Journal*. Con él supera por primera vez el problema de la difusión en el espacio, aumentando el radio de acción de la palabra, de boca en boca, hasta el infinito. La fundación del Christian Science-Journal supone enseguida la victoria de la Christian Science: los enfermos de provincias que no han encontrado la curación en ningún lugar se enteran por primera vez, gracias a la amplia difusión de las curas milagrosas en grandes letras de imprenta, de la existencia en Boston del remedio universal. Para los desesperados ningún camino es demasiado largo. Pronto habrá los primeros que se atrevan a hacer la prueba. Llegan pacientes de Nueva York, de Filadelfia, algunos se curan y difunden la doctrina. Por otro lado, los *healers* de distintas ciudades, los primeros evangelistas de Mary Baker-Eddy, anotan sus direcciones en el *Journal*, y gracias a este engranaje la rueda del éxito gira cada vez más deprisa, pues cada *healer*, para aumentar sus posibilidades de ganar dinero, tiene el mayor interés en propagar lo más posible la doctrina y la fe en ella; cada nuevo "doctor" actúa de propagandista del *Christian Science-Journal*, gana suscriptores y vende ejemplares de *Science and Health*. Con ello la rueda gira cada vez más deprisa: gracias a los nuevos lectores, nuevos pacientes acuden al *Massachusetts College*, algunos de los que se han curado aprovechan la ocasión para convertirse ellos mismos en *healers* que, a su vez, consiguen nuevos suscriptores y nuevos pacientes: y así, gracias al encadenamiento de intereses prácticos, crece, como una bola de nieve, el número de ediciones del periódico, de los libros y el de creyentes. Basta con que en una ciudad cualquiera aparezca un primer adepto para que, a los pocos meses, se instale allí un *healer* y sus pacientes formen una comunidad, y así de un lugar a otro. En resumen: el cable de la *Christian Science* está definitivamente conectado al sistema nervioso espiritual de los Estados Unidos. Se puede medir claramente el progreso imparable de la *Christian Science* por las siguientes fechas y el número de contribuyentes: en 1883 catorce *healers* se anuncian en el *Christian Science-Journal*, en 1886 ya son ciento once y en 1890 doscientos cincuenta; además, en este mismo año, se abren al público treinta y tres academias, es decir subescuelas, en Colorado, Kansas, Kentucky y al fin en todos los Estados. Con el mismo ritmo se multiplican las ediciones de su biblia: en 1882 aparece la tres mil, en 1886 la dieciséis mil de *Science and Health* y a caballo de los siglos XIX y XX se superan ya los trescientos mil ejemplares. Y de todas estas transacciones súbitamente iniciadas –venta de libros y periódicos, anuncios, universidades y cursos– empiezan a fluir torrentes de dinero cada vez más caudalosos que confluyen en el libro de caja de *Mother Mary*; las cifras se elevan al cubo de década en década. Son miles y cientos de miles de dólares en concepto de honorarios por la enseñanza universitaria, cientos de miles por los libros, otros tantos en forma de regalos y millones de dólares en donativos para la construcción de iglesias.

Mary Baker-Eddy en ningún momento intentó apartar de sí esta afluencia inesperada del dios Dinero; al contrario, desde el momento en el que la mano recia y huesuda de la anciana siente entre sus dedos la empuñadura de la bomba extractora, no deja de exprimir la sangre de oro de sus seguidores hasta la última gota. Con el primer dinero ganado despierta, entre otros muchos talentos que han dormitado invisibles en Mary Baker durante medio siglo, una aptitud genial para los negocios, un desmedido afán de dinero. Con el mismo tenaz apasionamiento que provoca en su alma sedienta todo poder terrenal, acapara ahora el dinero, la forma de poder de nuestro mundo más ostensible para los sentidos. Cuanto más lucrativa resulta la *Christian Science*, con tanto más sentido comercial es organizada por su directora, convertida ahora en una mujer sorprendentemente hábil en asuntos mundanos. Como si se tratara de unos florecientes grandes almacenes, añade siempre nuevas secciones a su empresa según el sistema de *trust*. En cuanto la *Science and Health* se vende como el pan, Mary Baker-Eddy sube inmediatamente el precio en cincuenta centavos y se asegura un bonito dólar en concepto de derechos de autor por cada ejemplar. Además, introduce correcciones en casi cada nueva edición, pues los fieles seguidores, tras haber comprado la primera, adquieren también la versión más reciente y "definitiva"; así evita que las ventas se interrumpan. Cada vez se hace más visible la organización financiera que existe tras la causa religiosa y que dirige una gran industria de artículos de la *Christian Science*: libros, folletos, distintivos de la asociación, "fotografías auténticas" de Mary Baker-Eddy a cinco dólares cada una, *Christian Science spoons*, cucharas de plata de un mal gusto espantoso con su retrato en esmalte. A las ganancias por la venta de productos industriales hay que añadir los donativos en acción de gracias de los fieles a su guía, que se publican con todo esmero en el *Journal* por Navidad y Año Nuevo, para estimular a los menos solícitos a la hora de donar: la gran cruz de diamantes, el abrigo de armiño, los encajes y las joyas, *Mother Mary* lo debe todo a esta suave presión. Desde que el mundo existe, nunca una fe religiosa se ha transformado mejor y más rápidamente en negocio que la *Christian Science* gracias al genio financiero de su fundadora: diez años en Boston convierten la doctrina metafísica de la inmaterialidad del mundo en una de las empresas materialmente más lucrativas de Norteamérica. Y Mary Baker-Eddy, anteayer todavía pobre como una rata, puede considerarse ya con orgullo millonaria a finales de siglo.

Pero es inevitable, cuanto más amplias son las masas en las que penetra una idea, tanto más se volatiliza su sustancia –por decirlo así– radioactiva; toda religión que sirve al dinero o al poder sale perjudicada en su alma. Los beneficios materiales contrarrestan siempre el peso moral de una obra. También en este caso; con la inclusión de anuncios, dinero, propaganda y la consiguiente comercialización de la *Christian Science*, Mary Baker-Eddy ha tendido el dedo meñique al diablo: pronto la tendrá este en un puño. Este singular acoplamiento de un método presuntamente cristiano con cheques perfectamente válidos de miles de dólares provoca una grieta en la actitud, hasta entonces fanáticamente recta, de Mary Baker-Eddy: resulta cada vez más difícil creer en su fe desde que con ella hace tan buenos negocios. Pues para todo espíritu honesto la religiosidad es inseparable de la entrega de uno mismo y de la renuncia a los bienes terrenales: Buda, que abandona su palacio real y va por el mundo mendigando y enseñando; san Francisco, que parte su vestido para dárselo a los pobres; cualquier pequeño estudioso judío de la Biblia, que desprecia el dinero y las ganancias y medita sobre los libros sagrados con sólo un mendrugo de pan; todos ellos convencen por el sacrificio y no por la palabra. Hasta ahora el camino de todas las religiones hacia Dios ha pasado siempre por la pobreza y las privaciones. En cambio, por primera vez, en esta nueva religión norteamericana, en el dogma de Mary Baker-Eddy, una cuenta bancaria a rédito no escandaliza al profeta, e invocar a Cristo no es obstáculo para aferrarse al dólar con fuerza. En este punto se abre una grieta en su concepción teológica, y es también aquí donde Mark Twain, el gran escritor satírico norteamericano, ha golpeado enérgicamente para echar abajo el edificio de Mary Baker-Eddy. En su brillante y polémico escrito plantea una serie de preguntas embarazosas a la nueva profetisa que, con su desprecio de todo lo material, se embolsa cada año más de un millón de "materialísimos" dólares. ¿Por qué, pregunta –puesto que el libro *Science and Health*, según su propia declaración, no fue escrito por ella misma, sino dictado por el cielo–, pone esta propiedad intelectual ajena bajo la protección de la ley y percibe unos derechos de autor que en realidad pertenecen a Dios? Y si en su método apela a las curaciones de Cristo, que nos muestre también en la Biblia esa analogía, allí donde Cristo exige dinero, como ella y sus *healers*, por sus curaciones por el espíritu. De forma gráfica y divertida explica el conflicto entre teoría y práctica, describiéndonos el ejemplo de un esmerado *healer* que enseña con gran énfasis a su paciente que todo es irreal, es irreal la úlcera que le consume la pierna, es irreal el dolor causado por esta úlcera, es irreal la pierna y también el cuerpo del que cuelga, incluso el mundo es irreal; sin embargo, si el enfermo no paga enseguida la cura en dólares reales, contantes y sonantes, el *healer* corre sin tardanza al tribunal real más próximo. Mark Twain descompone sin piedad el singular doble amor de Mary Baker-Eddy: el amor al brillo de la aureola y el amor al brillo del dinero; y concluye tachando de hipocresía una religión que se limita a embolsarse dinero y nunca enseña ni practica el mandamiento de la caridad. Incluso a este norteamericano de pura cepa, hijo de un país en el que el espíritu comercial no impide a los ciudadanos ser a la vez buenos cristianos, le repugna el comercio con artículos de fe, el vínculo entre Cristo y el dólar, y emplea toda su fuerza artística para hacer saltar oportunamente, con la dinamita de la sátira, el poderío de la profetisa.

Pero, ¿qué y quién es capaz de perturbar a una Mary Baker-Eddy? Lo que ella dice es verdad siempre; lo que hace, bien hecho está. Esta mujer magníficamente despótica jamás admitirá de persona alguna sobre la tierra objeciones a su pensamiento y a su obra. De la misma manera que tiene mano dura para mantener el poder y acaparar dinero, también tiene oídos duros para cualquier tipo de oposición: con auténtica sinceridad sabe hacer oídos sordos a lo que no quiere oír. Hay dos cosas en particular que su voluntad obstinada no deja tocar jamás: su dinero y su fe. Por esta razón nunca renunciará a un ápice de sus convicciones ni cederá un céntimo de sus tres millones de dólares. Y el reproche de codicia que se le hace, lo rechaza con un despectivo chasquido de los dedos. Sí, responde, es verdad que los *scientists* ganan mucho dinero ahora, pero esto precisamente demuestra la bondad de la *Science*. El hecho de que sus propagadores y pregoneros no tengan que pasar penurias económicas como antes, es la mejor prueba de la necesidad y del triunfo de esta ciencia. "*Now Christian Scientists are not indigent, and their comfortable fortunes are acquired by healing mankind morally, physically and spiritually*". Y, si antaño Dios, le había ordenado exigir una retribución por su enseñanza y su cura, más adelante ha comprendido la razón de esta orden divina: la experiencia enseña que con este sacrificio material el paciente acrecienta su voluntad de creer. Cuanto más le cuesta el sacrificio, tanto más acelera su propia curación. No, el dinero significa poder, y Mary Baker-Eddy jamás suelta voluntariamente una brizna de poder; sin hacer caso de cualquier tipo de oposición, conecta el motor de la *Science* a la corriente eléctrica de la *publicity*, que con su dinamismo inagotable alimenta todos los movimientos y todas las empresas de nuestra época. Y, de hecho, un éxito sin precedentes en Norteamérica da la razón a su formidable caza de almas. Desde que las imprentas difunden sus palabras en cientos de miles de ejemplares, desde que una agencia de noticias ha elevado el anonimato de su influencia, que antes sólo había tenido un carácter personal, desde que una organización sistemática ha conectado toda la red nerviosa del país, la doctrina se extiende con rapidez norteamericana y supera sus más osadas expectativas. Cada semana, cada día, se ensancha su radio de acción, desde hace tiempo el poder espiritual de Mary Baker-Eddy abarca no sólo Boston, o Massachusetts, sino todo el inmenso país desde el Atlántico hasta el Pacífico. Cuando en 1888, cinco años después de la inauguración de la "universidad", Mary Baker-Eddy se decide al fin a pasar revista públicamente a sus fieles en Chicago, experimenta por primera vez la mística ebriedad del entusiasmo de las masas, la primera victoria completa e indiscutible. Se esperaba la presencia de ochocientos delegados de la *Christian*

Science, pero cuatro mil personas se agolpan a las puertas para ver a la "profetisa de Boston" (así la llaman ya). Cuando ella entra en la sala, todos se levantan como electrizados y la ovacionan durante largos minutos. A una tempestad de entusiasmo tan impetuosa no puede oponer un silencio altanero. Aunque no era su intención, esta espera respetuosa de cuatro mil personas con los nervios en tensa expectativa la obliga a decir algo sobre el sentido de su doctrina. Sube vacilante a la tribuna, pasea pensativa sus ojos grises por la muchedumbre y empieza a hablar improvisando, primero lentamente, pero el delirio de esta hora triunfal la arrastra y sus palabras se inflaman tan apasionadas, fascinadoras y vibrantes, que, como en el famoso discurso de Lincoln en Bloomington, los periodistas se olvidan de taquigrafiarlas. Nunca –atestiguan unánimemente sus fieles– Mary Baker ha hablado a sus oyentes de manera tan brillante como aquel día, en el que sintió en sus labios el hálito vivo de las masas, nunca ha hablado con tanto ardor y tanta magnificencia como en aquella primera asamblea. Conteniendo la respiración, los cuatro mil asistentes escuchan el discurso que se va haciendo cada vez más elevado y embriagador, llevado por las alas de la inspiración, y, apenas ha terminado, se produce un tumulto ditirámbico: el público se precipita desenfrenado a la tribuna, las mujeres tienden hacia la oradora sus brazos gotosos y gritan: "¡Ayúdame!", hombres adultos le besan las manos, el vestido, los zapatos, y hace falta un extraordinario despliegue de energía para que Mary Baker-Eddy no sea atropellada y aplastada por esta avalancha de entusiasmo. La situación se vuelve peligrosa por el inmoderado éxtasis; se oyen alaridos de dolor en medio de los gritos de júbilo, se rasgan encajes y vestidos de seda, se pierden joyas, los fieles se pelean como locos por tocar sus manos, o siquiera la orla o el pliegue de su falda, esperando que este solo contacto baste para sanarlos. Y, según el informe oficial del *Christian Science-Journal*, once enfermos se curaron completamente en aquel momento gracias a la presencia de la profetisa.

Esta "fiesta del espíritu", de junio de 1888, proporciona a Mary Baker la victoria definitiva. Conquista Norteamérica. Pero sus fieles le piden ahora un monumento en conmemoración de este triunfo. Ahora que la Iglesia invisible está tan magníficamente arraigada en las almas, le piden que se levante también exteriormente en majestuosos sillares de piedra labrada. Esta propuesta de transformar una teoría espiritual en un templo terrenal coloca una vez más a la *Christian Science* ante un nuevo y peligroso giro. Con su instinto infalible, Mary Baker-Eddy duda durante algún tiempo. En la primera edición de *Science and Health*, en su época radical, se había expresado clara y expresamente contra las casas visibles de Dios e incluso había considerado un error de los discípulos de Cristo el que crearan organizaciones e integraran ritos religiosos. *Churches' rites and ceremonias draw us to material things.* "Los ritos nos arrastran a las cosas mundanas, y la adoración en el templo no es la verdadera adoración", había escrito en 1875. Pero ahora, en 1888, cuando le proponen construir su propio santuario, una iglesia propia, *Mother Mary* no puede resistir la tentación de dejarse divinizar. Tras algunas vacilaciones, da su consentimiento. Sus discípulos reúnen a toda prisa el dinero para la construcción, y por primera vez –creo yo– desde los últimos emperadores romanos, se levanta un santuario a una persona viva. Por primera vez en una iglesia cristiana, sobre el frontispicio donde se suelen grabar alabanzas a Dios o a algún santo, se puede leer el nombre de un particular: "*A testimonial to our Beloved Teacher, the Rev. Mary Baker-Eddy, Discoverer and Founder of Christian Science.*" El interior está adornado con sentencias sacadas de dos libros sagrados, la Biblia y los ya igualmente canonizados evangelios de Mary Baker-Eddy. Pero el *sancta sanctórum* de la mansión lo constituye –increíble, pero cierto– *The mother's room*, una capilla revestida de maderas nobles y adornada de ónix y mármol, que le sirve de habitación cuando visita la iglesia y que nadie más puede utilizar. Una llama eterna arde en esta pieza, como símbolo de la duración infinita de la *Christian Science*. Y el vitral –que en otras catedrales representa escenas polícromas de la vida de los santos– muestra a Mary Baker-Eddy sentada en su estrecha buhardilla, iluminada por la estrella de Belén. Ha empezado una peligrosa divinización. Por primera vez en los tiempos modernos unos creyentes han erigido un santuario a una mujer en vida: no es de extrañar que pronto la llamen santa.

RETIRADA A LAS NUBES

En el crepúsculo del siglo XIX, una anciana de cabello blanco como la nieve sube, con paso todavía firme, los últimos peldaños del poder. A los sesenta años de su fantástica vida empezó la ascensión, a los setenta alcanza las doradas alturas de la riqueza y la gloria. Pero aún falta mucho para llegar a la cumbre; incansable, con corazón de bronce, esta ambiciosa desmedida aspira a llegar más alto, siempre más alto. Cuando regresa de Chicago, después de la "fiesta del espíritu", su primer triunfo público, un escalofrío de veneración sacude a su comunidad de fieles. Los discípulos la rodean admirados, una impaciencia febril se ha apoderado de ellos: ¿Qué nuevo milagro hará ahora esta mujer extraordinaria? ¿No conquistará en marcha triunfal ciudad tras ciudad de este inmenso país con su embriagadora oratoria? ¿No se levantarán cientos de academias, cientos de comunidades del país? ¿No se celebrarán congresos, uno tras otro? Saben que ahora ella tiene en su mano las posibilidades. Sólo tiene que extenderla para atraer a toda la nación.

El extraordinario genio psicológico de Mary Baker-Eddy se demuestra en el hecho de que en el instante decisivo siempre hace lo más inesperado, pero siempre lo correcto. En el momento en el que toda la comunidad espera de ella un nuevo paso hacia la cúspide, precisamente en esta hora emocionante, ella abandona, por propia voluntad y en un acto de renuncia aparentemente grandioso, todo poder; al regresar de una victoria, de pronto depone las armas tan gloriosamente probadas. Tres edictos suyos caen de golpe como una granizada, desconcertando a sus amigos, confundiendo a sus seguidores; tres órdenes que, a los ojos ofuscados de sus fieles, parecen completamente absurdas, incluso insensatas, pues ¿acaso no paralizan la obra, no destruyen el edificio tan magníficamente levantado? El primer edicto, de 1889, ordena demoler el principal baluarte de la *Christian Science*, cerrar la universidad, el Massachusetts Metaphysical College, "a fin de que el espíritu de

Cristo corra más libremente entre sus discípulos". Al mismo tiempo se disuelve también la organización visible de la Iglesia. Con el segundo edicto, de 1890, Mary Baker-Eddy se desprende de toda intervención e influencia personal en el funcionamiento de la comunidad: "No se me deberá pedir consejo oralmente ni por escrito sobre quién debe figurar o no en la lista de representantes extranjeros, sobre qué hay que publicar en el *Journal*, sobre las disensiones que puedan surgir entre los discípulos de la Ciencia Cristiana, sobre la admisión o exclusión de miembros de la Iglesia de la Ciencia Cristiana o sobre el tratamiento de los enfermos. Sin embargo, seguiré amando a toda la humanidad y trabajando por su bien." Con lo cual la vieja luchadora depone las armas. Y el tercer edicto anuncia incluso que abandona el campo de batalla y renuncia a todo cargo y dignidad. En mayo de 1889, el *Journal*, que como el *Moniteur* de Napoleón sólo comunicaba victorias, publica la gran noticia de su retirada a las nubes. "Ahora que nuestra querida madre en Dios nos deja y se retira a las montañas para recibir la revelación suprema y mostrarnos a nosotros y a las generaciones venideras el camino del verdadero conocimiento de Dios, guardemos respeto y silencio." Y, efectivamente, cierra su casa de Boston, compra una solitaria casa de campo en las afueras de Concord que lleva el nombre de *Pleasant View* y desaparece.

Un piadoso escalofrío sobrecoge a sus alumnos ante tanta sabiduría e inesperada humildad. Con esta renuncia al poder, piensan, Mary Baker-Eddy ha demostrado al mundo su indiferencia por todo lo terrenal más netamente que nunca; entra en la soledad conventual como el emperador Carlos en el convento de Yuste para servir sólo a Dios; abandona toda grandeza aparente por la invisible, como Ignacio de Loyola al deponer su espada en el altar de Montserrat. ¡Qué demoledora lección para todos los calumniadores que osaban tratar a Mary Baker-Eddy de ambiciosa, ávida de poder y de dinero! Ahora ha demostrado su pureza de modo irrefutable y con este acto de heroísmo ha santificado realmente su fe.

Pero, ¡qué ingenuo error! A esta mujer de puño de hierro nunca le ha pasado por la cabeza soltar el poder, y aún menos en este momento de simulada renuncia. En realidad, esta aparente retirada es la táctica más genial de la curtida guerrera. Si ahora destruye su obra, es sólo porque se ha hecho demasiado grande, demasiado vasta para seguir manejándola con firmeza y a su arbitrio. Rompe la organización precedente para sustituirla por otra más rígida y sobre todo más autocrática, para ser más dueña y soberana que antes. Pues, a medida que la Iglesia crecía, Mary Baker perdía su autoridad; algunas comunidades y universidades, bajo la tutela de directores y sacerdotes eventuales, se habían hecho demasiado independientes y situado a distancias inabarcables a su persona. ¡Con qué facilidad podían estas comunidades levantarse insolentemente contra su autoridad! ¡Con qué facilidad otros diáconos de su alejandrino imperio espiritual podían actuar como Kennedy y Spofford, y apóstoles y curadores establecerse por su cuenta! Prefiere, pues, destruir completamente el orden establecido y construir uno nuevo, más sólido y duradero. La organización horizontal de la *Christian Church* es sustituida en cierto modo, de acuerdo con el nuevo plan, por otra vertical, la democracia de la religión por una jerarquía, una pirámide de poder en cuya cúspide se concentra ineludiblemente la voluntad suprema de Mary Baker. En virtud de un solo decreto, todas las iglesias y comunidades de la *Christian Science* pierden su independencia, quedan completamente sometidas a una "iglesia madre", *Mother Church*, de nueva creación, cuyo *pastor emeritus* (la mejor traducción sería: cuyo papa) es, por supuesto, Mary Baker-Eddy. Cierto que un consistorio toma las decisiones, pero ¿Quién nombra a sus vocales? Mary Baker-Eddy. ¿Quién puede destituir a los miembros rebeldes? Mary Baker-Eddy. ¿Quién puede invalidar con su veto la elección del presidente? También Mary Baker-Eddy, qué de esta hábil manera se esconde invisible tras el concepto de *Mother Church*, pero con una autoridad diez veces más efectiva. Promulga un férreo decálogo que revoca para siempre toda independencia en el seno de la Iglesia, suprime a los predicadores, que hasta entonces podían exponer e interpretar para sus oyentes libremente y a discreción los problemas de la *Christian Science*, y los sustituye por simples *readers* o lectores; en la iglesia no se pueden vender otros libros que los de Mary Baker-Eddy ni pronunciar otras palabras que las suyas, indicando además el pasaje exacto al que pertenecen; con ello se evita de antemano cualquier herejía. Con la misma planificación se dispone la gestión financiera. Todo el dinero va a parar en adelante a los fondos de la iglesia madre, que nadie más que ella podrá administrar mientras viva. Cierto que existe pro forma un llamado *board of directors*, con un presidente y un tesorero, pero ¡ay de aquel que quisiera hace valer su propia voluntad y no someterse incondicionalmente a la voluntad invisible e indiscutible de la que en apariencia ha huido del mundo! Al instante le caería la gran excomunión de la Iglesia desde la nube que oculta a Mary Baker-Eddy inaccesible, inasequible.

Es evidente de qué modelos Mary Baker-Eddy toma las medidas para la reconstrucción de su iglesia cristiana: la protestante anglosajona estructura su pirámide de poder siguiendo exactamente la jerarquía de la Iglesia católica. En consecuencia, le corresponde, en un país democrático, más poder que al presidente de los Estados Unidos, cuyo mandato depende cada vez de las elecciones. Ella, en cambio, se arroga los atributos más importantes del papado: la inamovilidad y la infalibilidad. Después de este exitoso golpe de Estado, ya no tiene que temer que algún renegado debilite su soberanía, que la inquieten las rebeliones o la irriten las protestas. Ahora puede realizar libremente su deseo más profundo: mandar en vez de aconsejar. Con el rayo del anatema en sus manos, inaccesible e inabordable, excepto para devotas peregrinaciones o algunos pocos escogidos, vive ahora en su nuevo Vaticano de *Pleasant View*, rodeada de un aura de misterio. Puede convertirse, ahora y en vida, en mito, leyenda y símbolo para sus fieles.

Esta huida de Boston, de la notoriedad y la accesibilidad del trato cotidiano, ha demostrado ser un acierto desde el punto de vista psicológico, porque el hecho de hacerse invisible no sólo acrecienta su poder, sino que también la protege de una situación penosa. En efecto, a lo largo de los últimos años, Mary Baker-Eddy se había visto poco a poco involucrada en uno de los conflictos más singulares que se puedan imaginar. Ha llegado a la cima del éxito entre los setenta y los ochenta años, una edad a la que uno es o se vuelve viejo: un hecho inevitable. Y por más que la voluntad y el espíritu conserven su frescor y su actividad, el cuerpo de la maestra de la curación se somete poco a poco a la ley inexorable. Las piernas empiezan a fallarle, se le caen los dientes, se va quedando sorda y a veces los nervios se debilitan a causa de fatigas repentinas: achaques todos ellos que cualquier otra octogenaria puede confesar abiertamente como fenómenos naturales de la edad. Pero ¡fatalidad de la doctrina pregonada demasiado alto! A una mujer, a una sola mujer en la tierra, precisamente a ella, Mary Baker-Eddy, la fundadora de la *Christian Science*, sólo a ella entre millones de personas no le está permitido estar enferma ni siquiera parecerlo. Pues ¿no enseñaba ella misma que envejecer y morir es no tener confianza en Dios? Cuando a lo largo de treinta años se ha estado anunciando al mundo y pregonando a son de trompetas a millones de seres que es fácil vencer todas las enfermedades *by mind*, escapar victoriosamente del error de la vejez, del "desorden de la muerte" con la ayuda de la *Christian Science*, no se puede uno dejar sorprender envejeciendo. Ya en los últimos años, algunos indiscretos entre su audiencia, al verla aparecer en la tribuna con anteojos, planteaban la embarazosa pregunta de por qué la maestra de la medicina mental corregía su presbicia con lentes, es decir, con medios terrenales, en vez de curarla *by mind*. ¡Cuán delicado habría sido preguntar por qué utilizaba bastón para andar, por qué ella, que era enemiga acérrima de los médicos, confiaba su dentadura a un dentista en lugar de recurrir a la mind, por qué calmaba sus dolores y convulsiones con morfina! Por amor a la fe, Mary Baker-Eddy, la gran descubridora de la medicina infalible, no puede permitir que se vuelva contra ella la vieja máxima: *Medica, cura te ipsum*, "médico, cúrate a ti mismo". Por eso Mary Baker hace, como siempre, lo más sensato: esconder su decrepitud tras la leyenda de un piadoso abandono del mundo en *Pleasant View*. ¡Allí los postigos y la cerca del jardín cuidadosamente cerrados no permiten a miradas extrañas y profanas penetrar en su vida personal!

Pero detrás de los postigos protectores de *Pleasant View*, detrás de la verja con el cerrojo echado, del césped cuidadosamente cortado, de la magnífica veranda con columnas, de este "apacible lugar de aislamiento", se esconde en realidad un horno de pasión. Pues su espíritu incansablemente tenso tampoco encuentra la paz ni siquiera en la cima del triunfo. El viejo fantasma de la manía persecutoria sigue atormentándola a través de puertas y paredes; ella, que en su vida ha curado a miles, todavía no se ha repuesto del todo de los espectros del M.A.M., el *malicious animal magnetism*. A largos períodos de calma siguen siempre nuevos ataques de nervios de especial violencia. Entonces, en medio de la noche, los timbres retumban por la casa sobresaltada, y los criados tienen que acudir para calmar sus convulsiones o ahuyentar sus alucinaciones con palabras amables o con inyecciones. Pero más que de crisis histéricas del cuerpo esta mujer sufre de una total y trágica soledad del alma. Durante toda la vida su naturaleza dura y egoísta ha ansiado a un hombre en el que apoyarse, en el que descansar, o al menos a algunas personas de alto valor intelectual y de trato agradable. Pero, trágico destino de todas las naturalezas despóticas: siempre quieren tener gente a su alrededor a la que puedan apreciar, pero en realidad sólo soportan a esclavos, dóciles sacristanes que digan a todo amén y que ellas mismas desprecian. Lo mismo Mary Baker-Eddy. Se siente extraña a todos los satélites y confidentes de *Pleasant View*. "*I and my folks here are distinct, I never take them into counsel*". Criados obedientes ejecutan sus rudas y caprichosas órdenes sin contradecirla jamás. Pero, en secreto, la vieja luchadora anhela tanto encontrar alguna resistencia viva y le repugnan tanto estas naturalezas subalternas, que, afligida, escribe a una amiga que daría una fortuna por poder reunir a su alrededor a unos cuantos compañeros inteligentes y estimulantes. Pero quien irradia frío, sólo puede esperar frío, y la anciana permanece total e irremediablemente sola. "*I am alone in the world like a solitary star*". Ella lo sabe y, sin embargo, sin cesar, hasta el último latido de su corazón, esta mujer infeliz seguirá buscando ansiosamente a una persona a la que amar. Lo ha probado tres veces con tres maridos: dos se le murieron y uno la abandonó. Entonces, de repente, a los setenta años, recuerda que en algún lugar del ancho mundo vive un hijo nacido de sus entrañas. Quizá pueda encontrar en él al guardasellos de su voluntad. Lo hace venir para ponerlo a prueba. Pero ahora se venga de ella la vieja culpa de una maternidad sin amor. Durante demasiados años lo ha abandonado como una delincuente, indiferente e impasible, en manos de una sirvienta inculta, sin preocuparse jamás de su educación; ahora se encuentra ante un pequeño granjero del Oeste, rudo y fornido, que va dando vueltas, azorado, al sombrero que tiene entre los dedos; un hombre ignorante como una carpa, un patán rebosante de salud, sin ningún interés intelectual, que levanta sus ojos indolentes hacia ella y la escucha con benevolencia, pero sin entender nada, cuando le habla de la Ciencia Cristiana. Le desagrada a la madre el inglés de carretero, malo y pueblerino, del hijo, y tras intercambiar algunas palabras se da cuenta de que al granjero le importa un comino la metafísica y que lo único que quiere de la madre recién descubierta es que le preste unos cientos de dólares para reparar su cabaña. El sueño maternal se desvanece en su santiamén; desengañada, comprende que no tiene ni podrá tener jamás nada en común, ni en ideas ni en sentimientos, con aquel rústico muchacho. Con un gesto áspero y rudo ordena al hijo tan tardíamente encontrado que regrese lo más rápido posible al Oeste. Luego, cada vez que este pretende visitar de nuevo a su millonaria madre, ella rehúsa implacable. "Necesito tener tranquilidad en mi casa", le escribe sin tapujos. "Además, Boston no te gustará. No eres como esperaba encontrarte, y no debes venir." Pero el sentimiento maternal tardío o el deseo erótico reprimido de tener a su lado a un hombre joven como antaño a Kennedy, hacen mella en esta mujer de una frialdad insondable y, a la vez, desgarrada por la pasión. Y puesto que el hijo la ha defraudado, busca a otro. Para sorpresa general, Mary Baker-Eddy, a la edad patriarcal de setenta años, adopta a un joven médico, al doctor Foster, que en adelante se llamará Foster-Eddy: administrará el nuevo imperio religioso junto a su sorprendente madre adoptiva. Pero tampoco este príncipe heredero, elegido precipitadamente, soportará por mucho tiempo la tiranía de una voluntad autoritaria y celosa, también él ama demasiado "la vida de la carne" y será culpable del delito, por lo demás comprensible, de pecar con una mujer joven. La nueva Isabel, la nueva Catalina, despide inmediatamente al nuevo favorito. De esta manera, ya sólo queda un único hombre fiel en la casa, un tal Frye, esclavo sumiso, factótum discreto, que controla la caja, dirige los negocios, en los paseos en coche se sienta en el pescante como un criado y por la noche le administra las inyecciones de morfina: un esclavo como ella desea, un autómata ciego y dócil a su voluntad y completamente sometido a ella. Pero la tirana odia también en él la inferioridad, la apatía servil y lo llama "*the most disagreeable man that can be found*". *Pleasant View* no ha sido en ningún momento, como la biografía rosa pretende hacer creer, un remanso de paz: la hierba sigue quemándose incluso a la sombra de Mary Baker-Eddy. La inquietud reina eternamente en la casa de esta eterna inquieta. Tras sus postigos cerrados se libran las batallas más singulares, invisibles e inaccesibles al mundo, como las que tienen lugar en las silenciosas profundidades del mar entre el pez espada y los pulpos. Exteriormente, es un retiro para refugiarse del mundo, un templo del silencio, un lugar sagrado de peregrinaje; en su interior *Pleasant View* esconde en realidad, como la casa de Tolstói, un infierno humano que tan pronto hierve de pasiones como se hiela por el frío de la trágica soledad que rodea a todos los déspotas en edad senil.

Pero por más que vibren sus nervios hasta el final sacudidos por descargas eléctricas, sus ansias de poder, soberbias y titánicas, siguen férreas e imperturbables en esta mujer, y cada nuevo éxito no hace sino acrecentarlas. Después de cada conmoción volcánica en su vida afectiva, el cráter de su naturaleza eruptiva se estratifica en más y más capas: en medio de las crisis y las convulsiones construye su titánico imperio invisible por encima del mundo, una proeza colosal en la corta porción de tiempo que va de sus setenta a sus ochenta años. A finales del siglo, el movimiento de la *Christian Science* ha adquirido ya proporciones gigantescas. El número de alumnos se acerca a cien mil, la fortuna de la fundadora se cuenta por millones y sigue creciendo la obra que había empezado cuarenta años atrás en la buhardilla de un zapatero remendón; en las ciudades se erigen iglesias de piedra y mármol, miles de fieles peregrinan a Concord en trenes especiales, sólo para ver aparecer en el balcón por un segundo siquiera a la venerada figura. De Inglaterra, de Europa, de África, nuevas comunidades anuncian su creación. Mary Baker ya no necesita hacer nada personalmente, todo lo logra su aureola; la sugestión que su genio perspicaz había creado sigue bombeando y absorbiendo almas automáticamente. Sin decir una sola palabra, sin necesidad de mover un dedo, su discípula, Auguste Stetson, recauda, a principios de siglo, con un celo fanático, un millón doscientos cincuenta mil dólares para construir en Nueva York, frente a Central Park, en los terrenos más caros de la ciudad, una enorme iglesia de la *Christian Science*, cuyo interior de mármol puede dar cabida a cinco mil personas y a veinticinco salas para *healers*.

Pero precisamente el hecho de que esto se haga sin su intervención, de que la iglesia de Nueva York, el monumento visible más grande de su triunfo, se erija sin que ella interceda, estimula una vez más la ambición de Mary Baker-Eddy. Siempre furiosa contra sus alumnos y amigos ineptos, siempre envidiosa de los más dotados, no permitirá que Auguste Stetson se lleve la gloria de haber superado a su maestra. Su modesta iglesia de cincuenta mil dólares de Boston ¿ha de quedar a la sombra de ese espléndido edificio de Nueva York? ¿Será realmente posible que alguien piense que Auguste Stetson es la líder y que ella, Mary Baker-Eddy, está cansada y ha dimitido? ¡No! Mary Baker-Eddy no se deja superar. Déspota y tirana hasta su último hálito de vida, no compartirá gloria y título con nadie. ¡El mundo ha de ver una vez más el poder y la fuerza de su voluntad!

Y así en 1902, a sus ochenta y un años, Mary Baker vuelve a levantar la mano y, con el duro gesto de Moisés, golpea la roca y exige al congreso de fieles dos millones de dólares para la construcción de una nueva iglesia madre en Boston. Dos millones de dólares reclama la mujer que cuarenta años atrás no podía pagar un alquiler de un dólar y medio; dos millones, una suma mayor que la ofrecida jamás por un pueblo a un rey o emperador. Sin embargo –milagro sin par– Mary Baker-Eddy ha dado la orden y en pocas semanas se reúne la enorme suma. Apenas tres meses después de que esta mujer solitaria escribiera las diez líneas de la orden en un papel, mil obreros empiezan ya a trabajar en la grandiosa obra. Igual que la catedral de mármol de Florencia supera en mucho su modelo, la antigua catedral, convertida en el actual Baptisterio, así también un templo gigantesco de mármol blanco y reluciente cúpula sobrepasa no sólo a la pequeña *Mother Church*, que de pronto parece pobre, sino también a todos los edificios vecinos e incluso las torres de la ciudad, siendo en aquella época el edificio más bello de Boston y sin duda uno de los más espléndidos de los tiempos modernos, pero sobre todo un grandioso monumento a la energía espiritual, porque lo sacó de la tierra una mujer sola a los ochenta y cinco años de su vida.

En 1906, justo en esos ochenta y cinco años de Mary Baker-Eddy, es consagrado el gigantesco templo. Boston no había visto jamás una fiesta tan majestuosa. Los fieles acuden de todas partes en barcos y trenes especiales. Puesto que la nave sólo puede contener a cinco mil personas y son treinta mil las que quieren participar en la ceremonia, hay que repetir el trayecto seis veces desde las cinco de la mañana. Con banderas y gonfalones desfilan los delegados de todas las ciudades y países, de La Habana, Londres, Dresde, París, California y Canadá. Docenas de oradores de diversos países relatan en todos los idiomas y dialectos del mundo las milagrosas curas de la *Christian Science*; numerosos testimonios dan fe de las muchas personas que, desde tierras lejanas, veneran a esta mujer como la salvadora que ha redimido a la humanidad de todas las miserias del cuerpo y del alma; miles y miles de fieles entonan una y otra vez el himno santo compuesto por la propia Mary Baker-Eddy: *Shepherd, Show Me How to Go*; los niños, mensajeros de una nueva generación, cantan a coro con voces argentinas y entusiastas; ondean las banderas y los estandartes como en un desfile victorioso. Y, de hecho, desde Isabel de Inglaterra y Catalina de Rusia, ninguna mujer ha conseguido un triunfo semejante sobre el mundo, ninguna ha erigido un monumento tan visible a su poder como Mary Baker-Eddy, reina por voluntad y fuerza propias, soberana de un reino por ella misma creado.

CRUCIFIXIÓN

A los ochenta y cinco años Mary Baker-Eddy se encuentra en la cima más alta de su poder. ¡Un ascenso sin precedentes! Un templo gigantesco en Nueva York, una docena de iglesias y universidades en los Estados Unidos, una en Europa, la primera, en el corazón de Londres, y ahora, además, dominando todos los edificios vecinos con su brillante cúpula, esta basílica de Boston de dos millones de dólares: ¿qué mujer sobre la tierra, con sus manos marchitas, se ha adueñado en nuestro siglo de semejante poder napoleónico? La construcción de este nuevo San Pedro es un éxito sin igual…, pero tal vez un éxito demasiado grande, demasiado provocador. Porque desvía la atención y sobre todo la confianza de todo un país hacia la figura de Mary Baker. Hasta aquel momento la opinión pública norteamericana había hecho relativamente poco caso de ella. Se hablaba de vez en cuando de su secta, pero igual que centenares de otras; se confundía a los *Christian Scientists* con los metodistas, los baptistas y los seguidores de otras religiones parecidas. Sin embargo, ante este gigantesco edificio de mármol, que sobrepasa orgulloso todos los pináculos y tejados de la ciudad, la gente se queda boquiabierta: y es que nada impone tanto en nuestro mundo de números y cifras como la mística aritmética del millón. De pronto empiezan a oírse cuchicheos excitados y preguntas: ¿Quién es esta enigmática mujer que sólo necesita mover un dedo y lanzar una llamada para que, en pocas semanas, afluyan a ella millones de dólares? ¿Quién es esta maga que, en un santiamén, hace surgir tales catedrales millonarias en los lugares más bellos y caros de Boston y Nueva York? ¿Quién es? Los periódicos olfatean este interés y publican largos comentarios; al mismo tiempo el *Publicity Office* de la *Christian Science* aprovecha la curiosidad general y a tambor batiente anuncia una campaña para recaudar nuevos fondos. Pero también al mismo tiempo los enemigos ponen en posición sus cañones, los médicos se dan cuenta del peligro que supone para su mercado una mayor expansión de la *Christian Science*. Mark Twain publica su sátira en forma de libro y los herederos de Quimby, despertados por el alboroto, se enteran de las sumas que la antigua discípula de su padre y de su abuelo ha ido acumulando gracias a su iniciativa. Publican cartas y artículos acusatorios, declaran que la idea de la *Christian Science* es robada y su riqueza usurpada; ataques y artículos se suceden sin tregua. De pronto el foco de atención de la opinión pública se concentra en la persona de Mary Baker-Eddy, que se convierte en la mujer de Norteamérica de la que más se habla.

El día de la inauguración de la basílica de Boston centenares de reporteros con las estilográficas impacientes se disponen a describir la entrada de Mary Baker y docenas de fotógrafos preparan las cámaras para captar su imagen. Pero, ¡decepción! El día de su supremo triunfo Mary Baker no comparece en la iglesia de Boston. Al principio todo el mundo se sorprende, pero luego se desatan las conversaciones y los murmullos malévolos. Mary Baker-Eddy en cuyo nombre se han construido todas esas iglesias está muerta desde hace tiempo y algún grupo anónimo se aprovecha de su firma comercial en beneficio propio. La obstinada invisibilidad de Mary Baker-Eddy refuerza la sospecha, pues todos los que van a *Pleasant View* para verla son echados a la calle bajo los más variados pretextos, nadie penetra en su santuario. El personal de la casa tan pronto declara que la señora está *too busy*, demasiado ocupada, demasiado absorta en su trabajo para poder recibir visitas, como que ya tiene visitas o que la gran maestra está sumida en una meditación religiosa y no se la puede molestar. Pero como sea que los curiosos se agolpan cada día en mayor número y no paran de importunar, el *Christian Science-Journal* pide desesperadamente en su nombre a los fieles que "no se ocupen de su persona", *to look away from personality and fix their eyes on truth*. ¡Trágica maniobra del destino! Durante setenta años esta mujer sólo ha querido una cosa: que el mundo se ocupara de su persona; ahora, a los ochenta y cinco, cansada, enferma y decrépita, ahora que por primera vez desea esconderse, precisamente ahora el mundo la reclama.

Desde el día en el que la basílica brilla sobre Boston, Norteamérica siente curiosidad por saber quién es Mary Baker-Eddy. Y, como todos los sentidos humanos, la curiosidad también tiene su propio órgano: el periódico. Un *Daily Paper* de la categoría del *World* no puede tolerar que una sola persona le diga "no" y se niegue a recibir a sus reporteros cuando quinientos mil lectores quieren saber si esta mujer definitivamente vive o no, si está en sus cabales o chochea. La redacción de un periódico de esta categoría no tolera la palabra "imposible" a nadie en la tierra, de modo que confía a dos de sus periodistas más duchos y arrojados la misión de forzar las puertas del *sancta sanctórum* cueste lo que cueste, ya sea con dólares o con dinamita, y proporcionar información precisa sobre *Pleasant View* y Mary Baker-Eddy. Los dos sabuesos se van, decididos a todo. Primero se dirigen a la persona más importante de la casa, el administrador, quien, aterrorizado, les niega la entrada, pero ellos insisten y amenazan de tal modo, que al final les permite al menos echar una mirada rápida a la casa. Ya el primer día consiguen averiguar un hecho chocante: la mujer de cabellos blancos y cubierta con un velo que todas las tardes sale a pasear por los alrededores de Concord en el coche de Mary Baker-Eddy no es Mary Baker-Eddy, sino una doncella que la suplanta. ¡Espléndido material! Como buenos periodistas, hinchan los pocos e insignificantes detalles convirtiéndolos en una noticia sensacionalista según la cual Mary Baker-Eddy, la maestra del método de curación infalible y vencedora de todas las enfermedades, está hecha una completa ruina, física y moralmente, un instrumento sin voluntad en manos de los que la rodean.

Ha estallado la bomba. Consternados los miembros del comité de la *Christian Science* se reúnen en consejo. Enseguida se dan cuenta de lo perjudicial que sería para la credibilidad del poder de sugestión de la *Christian Science* que se propagara por todo el país, a través del megáfono de los periódicos, la noticia de que

Mary Baker-Eddy, la que niega la enfermedad y la vejez, está físicamente enferma y moralmente decaída. Suplican, pues, a la directora que, para salvar la fe y la comunidad religiosa, desmienta de una vez la leyenda de su debilidad mental y ruina corporal después de que la anciana reciba una vez a los reporteros. En este año de 1906, Mary Baker-Eddy es una anciana de ochenta y cinco años. Ha pagado a la edad el inevitable tributo: ve mal, apenas oye, no le quedan dientes y las piernas no le obedecen; por esta razón nada le debe de parecer más horrible a esta mujer orgullosa y despótica que la idea de revelar tanta decrepitud a personas extrañas y hostiles. Pero en esta ruina humana late todavía indestructible y con todo su vigor primitivo aquella vieja fuerza, aquella voluntad demoníaca de autoafirmación. Puesto que está en juego lo más importante, la fe en su fe, se declara heroicamente dispuesta al suplicio y se coloca voluntariamente, a los ochenta y cinco años, en el poste del tormento y concede una entrevista.

El 30 de octubre tiene lugar esta conmovedora escena que dura apenas una hora: los periodistas han acordado con el *board of directors* formular a Mary Baker-Eddy sólo cuatro preguntas:

1. ¿Disfruta de buena salud?
2. ¿Tiene otro médico aparte de Dios?
3. ¿Sale todos los días a pasear en coche?
4. ¿Administra su fortuna personalmente u otra persona se ocupa de sus asuntos económicos?

Nueve reporteros son conducidos al salón, donde esperan impacientes. De pronto se descorre una cortina que da acceso a la pieza contigua y ante ellos aparece inmóvil (no se les quería dar el espectáculo de su penoso caminar) la señora Eddy, sosteniéndose en la cortina de terciopelo. Sus hundidas mejillas han sido maquilladas, una capa de polvos cubre su apergaminada piel, una capa de armiño abriga su nuca macilenta y un collar de diamantes tintinea alrededor de su cuello arrugado. Todos se estremecen ante este fantasma enjaezado, ante este Cid muerto, ataviado con la armadura de un vivo, ante esta momia engalanada y maquillada. Durante un instante reina en el salón un silencio opresivo, casi piadoso. Después una reportera se adelanta –por consideración han elegido a Sibyl Wilbur, la futura biógrafa rosa– y comienza la flagelación con la pregunta:

—¿Disfruta de buena salud, señora Eddy?

El rostro de la octogenaria revela un penoso esfuerzo. El sonido de la voz no ha penetrado en su tímpano sordo. No ha comprendido.

—*What... what?* —pregunta.

La reportera repite la pregunta convenida, con voz más fuerte, casi gritando.

Ahora sí ha comprendido la señora Eddy y responde:

—Sí, sí, me encuentro bien.

A la segunda pregunta: "¿Tiene otro médico aparte de Dios?", el oído fracasa de nuevo. Hay que repetirla más fuerte. Entonces, a pesar de ser tratada por un dentista, balbucea con un enérgico gesto de defensa:

—¡No, no! Sus todopoderosos brazos me rodean.

A la tercera pregunta, la de si sale todos los días, responde que sí (aunque también es falso) apenas sin fuerzas. Pero a la cuarta, a la de si alguien administra sus bienes, ya no puede contestar. Un temblor nervioso recorre su cuerpo, su sombrero con una gran pluma se tambalea y todo su cuerpo empieza a balancearse, un instante más y se desplomará. Los amigos corren hacia ella y se la llevan. Uno de los desconsiderados torturadores aprovecha este segundo para acercársele y escrutar su rostro marchito, empolvado, maquillado y de ojos extintos (¡treinta líneas más para el periódico!). Lo apartan rápidamente. Con esto termina la entrevista; Mary Baker-Eddy ha superado el primer grado de la tortura.

Pero no le perdonan el segundo. La entrevista ha "dado el golpe". El mundo sabe ahora que Mary Baker-Eddy existe. La curiosidad embiste con doble furia. La redacción quiere más cantidad de este caviar selecto tan apetitoso llamado Mary Baker-Eddy y *Christian Science* para rellenar sus insaciables columnas. Quiere material, más material, detalles suculentos y atractivos, anécdotas jugosas sobre esta mujer que no quiere sino paz y olvido. Untan a una docena de reporteros con talonarios de cheques para investigar por todo el país las huellas de Mary Baker-Eddy en el pasado. Registran cada una de sus antiguas viviendas, fotografían a todos sus ex alumnos de Lynn, los entrevistan y los llevan ante notario para levantar acta de sus declaraciones, copian polvorientas actas judiciales, interrogan a sus amigos y enemigos, reimprimen, triunfantes, los artículos de periódico de los grises tiempos de Quimby. Durante esta minuciosa búsqueda, uno de los enviados descubre de improviso un hecho sensacional e insuperable: que la santa tiene un hijo, un hijo carnal olvidado, abandonado y menospreciado durante toda su vida, llamado George Glover, que vive en condiciones paupérrimas en algún lugar del Oeste, mientras su madre arrambla con cuatrocientos mil dólares al año sólo por sus escritos. ¡Qué hallazgo para un periódico! Mary Baker-Eddy deberá pagar con intereses acumulados su pecado de madre desalmada, por abandonar a su hijo en manos de gentes extrañas sin ocuparse de él durante décadas. La olvidadiza madre tiene todos los motivos para arrepentirse de haber rechazado sus modestas demandas de dinero. Pues un ladino abogado, el senador Chandler, se apresura a coger un tren expreso para visitar al hijo y lo solivianta contándole que su madre, que posee una fortuna millonaria, vive con las facultades mentales perturbadas en manos de un clan. Le explica que sólo él tiene derecho a su dinero, pero que debe interponer una demanda ante el juez, que no le costaría nada, que lo deje en sus manos. Para el pobre Glover, que no tenía una idea exacta de la riqueza de su madre, la noticia le suena a música celestial. ¡Naturalmente que dirá cuatro verdades a estos bandidos que le han cortado el camino a su madre! El año pasado, cuando le pidió quinientos dólares para su mujer enferma, seguro que uno de esos canallas interceptó su carta. Inmediatamente escribe, dictada por el abogado, una carta serena y cortés en la que anuncia su visita a casa de su querida madre.

Esta carta produce el efecto de un terremoto en *Pleasant View*. Ya a primera vista los directivos del comité de la *Christian Science* se dan cuenta del tremendo peligro que correría todo el *trust* religioso si se hiciera pública la insensibilidad de *Mother Mary* y llegaran al tribunal las rudas y molestas cartas que escribió a su hijo.

¡Diablos, esto daría al traste con la apariencia de santidad! ¡Una madre que durante años no se preocupa de su hijo legítimo! ¡Sobre todo nada de pleitos! ¡Mejor negociar, mejor pagar! Envían inmediatamente un mensajero a George Glover para incautar estas cartas comprometedoras. Pero el astuto abogado las ha depositado por precaución en una caja fuerte. No, ahora hay que desenmascarar al clan de *Pleasant View*, exige este furioso. El miedo que asalta a los círculos dirigentes se puede leer en el termómetro de las cifras. El administrador Frye, el mismo que un año antes había negado a George Glover quinientos miserables dólares para su mujer enferma, de pronto está dispuesto a ponerle sobre la mesa ciento veinticinco mil –sí, 125.000–, si retira la demanda.

Pero ya es demasiado tarde, el periódico y el abogado no quieren dejar escapar el proceso. Una vez más se repite la tragedia de la inversión de las cosas: durante treinta años, Mary Baker-Eddy, por su rabiosa terquedad y enfermiza manía de querer tener siempre la razón, ha entablado un proceso tras otro, en Lynn y Amesbury montañas de legajos son testimonio de su indomable espíritu batallador; pero ahora, cuando cansada y enferma quiere evitar a toda costa un litigio público, ahora se lo imponen a la fuerza, y esta causa privada se embrolla de tal modo que acaba por convertirse a la vez en un proceso contra la *Christian Science*. El mecanismo para el segundo grado de tortura está preparado. En su acusación ante el tribunal, el senador Chandler declara que Mary Baker-Eddy, la fundadora de la *Christian Science*, el *pastor emeritus*, sufre debilidad mental y como argumento para esta *dementia* no sólo aduce cruelmente su avanzada edad, sino que afirma además que la doctrina que ella ha propagado es ya en sí misma la mejor y más evidente prueba de su extravío, de su *delusion*.

"El mundo", así empieza el señor Chandler su argumentación, "es conocido por los astrónomos, los geólogos, los físicos, los químicos, los naturalistas y los legisladores del país. La señora Eddy, por el contrario, bajo la influencia de su extravío (*delusion*), afirma que el mundo no existe." "Este extravío –sigue diciendo– la lleva a afirmar otros absurdos, por ejemplo, que ha sido escogida por Dios de una manera milagrosa y sobrenatural para ser depositaria de revelaciones divinas y para dar al mundo un nuevo e infalible método de curación." El abogado hace burla y escarnio de su fe patológica en el *malicious animal magnetism*, de su ridículo miedo al demonio, y afirma, apoyándose en muchos detalles, que tal *dementia* se ha ido acentuando a lo largo de los años. Por primera vez la religión de Mary Baker-Eddy es puesta bajo el bisturí de la ley y diseccionada sin piedad ante un amplio público. Al principio el tribunal no toma ninguna decisión, se abstiene justificadamente de considerar *a priori* la doctrina de la *Christian Science* como un indicio de *insanity* y, por lo tanto, de declarar loca a Mary Baker-Eddy. Decide correctamente, someterla primero a un examen psiquiátrico para estudiar su estado mental. Dos jueces son enviados a la casa de la señora Eddy y –¡la peor de las ofensas!– un alienista encargado de dictaminar *ex officio* si la fundadora de la mayor comunidad religiosa de Estados Unidos e inventora de la *Christian Science* es o no una paranoica.

Mary Baker-Eddy espera, pues, el tercero y más doloroso grado de tortura. En marzo de 1907, a la edad de ochenta y seis años, se ve obligada a recibir en su casa al alienista y los dos jueces. Pero, incluso en plena decadencia física, esta mujer de hierro se muestra espléndida como siempre que se trata de su fe y de su obra. El peligro arranca entonces de su cuerpo débil y enfermo una última e inesperada reserva de energía, y en este momento decisivo pone de manifiesto una vez más toda su fuerza y lucidez. Es interrogada durante una hora entera, y no sobre problemas espirituales y metafísicos, sino que se le plantean las típicas preguntas de psiquiatra, por ejemplo, cuántos árboles tiene en el jardín, años y fechas, y –¡oh, terrible ironía!– la pregonera de la irrealidad de todo lo terrenal tiene que responder de qué manera invierte su dinero, si lo tiene depositado en una cuenta bancaria o prefiere hacerlo en empréstitos municipales o bonos del Estado. Mary Baker-Eddy hace acopio de todas sus fuerzas y responde con claridad y firmeza. Los inquisidores la han encontrado en un momento de plena forma, pues la consciencia de que con sus respuestas salvará o perderá toda su obra hace que su cerebro inquieto y confuso se concentre de nuevo. El alienista y los jueces se van sin dar su voto: probablemente su fallo definitivo habría sido favorable a la valerosa mujer. Pero los amigos de Mary Baker-Eddy no quieren otro proceso e instan a un acuerdo. Finalmente, los abogados se reúnen y negocian una indemnización para George Glover. Los representantes de la señora Eddy ofrecen a su hijo carnal doscientos cincuenta mil dólares y otros cincuenta mil a su hijo adoptivo, el Dr. Foster, si ambos retiran la demanda de inmediato. Afortunadamente, George Glover se declara satisfecho con el cuarto de millón; gracias a este pacto de última hora la posterioridad se ha visto privada del fallo más grotesco de un tribunal norteamericano, el que habría decidido si la *Christian Science* era una inspiración divina o un producto de la paranoia.

Después de estas terribles torturas Mary Baker-Eddy se derrumba totalmente. Sus nervios arden como yesca, su vieja obsesión por el *malicious animal magnetism* se reaviva, pues es imposible, afirma, instigar a la gente contra ella por medios naturales. Según la anciana, detrás de estas persecuciones se esconde el odio de los mesmeristas, su malvado magnetismo. La vieja y patológica manía persecutoria la oprime de nuevo. De pronto, Mary Baker-Eddy declara que no puede permanecer un día más en su casa de *Pleasant View*, que allí ya no puede respirar ni dormir ni vivir, que necesita absolutamente y sin tardanza huir de aquella mansión infestada de magnetismo. Cuando Mary Baker-Eddy exige algo, sus deseos, por insensatos que sean, son una orden terminante para sus esclavos. Con temor y angustia secretos ceden ante su febril obcecación. Unos agentes enviados con toda urgencia compran por cien mil dólares una nueva villa en Chestnut Hill, cerca de Boston y, comoquiera que Mary Baker-Eddy no desea permanecer un día más en su "envenenada" casa de *Pleasant View*, contratan a setecientos obreros que trabajan como locos en turnos de día y noche sólo para que esta mujer torturada por los nervios se traslade allí con la mayor urgencia. Pero, ¡cómo han cambiado los tiempos! ¡Qué distinto este traslado de aquel otro en Lynn, donde la echaron de casa y arrojaron su maleta de madera a la calle lluviosa sin consideración alguna! Hoy se reserva un tren especial a la administración de ferrocarriles, y más aún: este tren especial va precedido de una locomotora vacía –¡sólo el zar de Rusia de entre todos los monarcas de la tierra ha conocido tamaño lujo y tamaña precaución!– y seguido de otra para evitar cualquier posible choque y mantener a salvo el máximo tiempo posible esta vida preciosa para el mundo. Pues, en su obsesión patológica por el magnetismo animal, la infeliz teme una influencia mortal de sus enemigos incluso en el tren. Por la noche llega a su nuevo hogar de Chestnut Hill. Y, a partir de este día, el Vaticano de *Pleasant View*, el lugar santo para cientos de miles de peregrinos devotos, queda abandonado para siempre.

Y, ¡oh maravilla! en Chestnut Hill, la nube que enturbia sus sentidos se disipa de nuevo, y la octogenaria recupera sus fuerzas indestructibles. Una pasión sigue ardiendo en ella hasta su último hálito de vida: la enorme voluntad de hacerse valer.

¡Aquel que se ha rebelado contra ella debe ser doblegado! Una fuerza se ha levantado contra su fuerza, una voluntad contra su voluntad: el periódico. Y ella no tolera otra fuerza junto a la suya. Tiene que vengarse de los reporteros, de los redactores y directores del periódico. Tienen que saber que, en un país de cien millones de habitantes, Mary Baker-Eddy no depende de ellos. ¡Creará su propio periódico! El 8 de agosto de 1908 manda una bula a su administrador: "Es mi deseo que publique inmediatamente un diario y lo llame *Christian Science Monitor.* ¡Y hágalo sin demora!" Cuando Mary Baker-Eddy ordena prontitud, todo sucede como por arte de magia. El 19 de setiembre se exhorta a los *Christian Scientists* a hacer aportaciones económicas sin decirles para qué. Basta una llamada de la hechicera. El dinero no tarda en afluir a raudales. De la noche a la mañana son derribados los inmuebles situados cerca de la basílica para dar cabida a un nuevo gran edificio, la futura sede del periódico, adonde llevan las grandes máquinas rotativas envueltas en lonas impermeables para que nadie descubra el secreto antes de tiempo. El 25 de noviembre, sin que nadie lo espere, ni siquiera los fieles de su doctrina, aparece el primer número de su diario, el *Christian Science Monitor*, que todavía hoy existe, y hay que decir en honor a la verdad que es un periódico excelente, bien informado y de un alto nivel cultural, que informa con imparcialidad de todo lo que pasa en el mundo, sobre política, literatura, deportes y bolsa; por lo demás, su pertenencia a la *Christian Science* se manifiesta sólo en la simpática particularidad de que, al contrario que la mayoría de periódicos, excluye de su campo de visión, en tanto que le es posible, sucesos feos y repugnantes como asesinatos, epidemias, escándalos y crímenes y, en cambio, destaca todo lo que fomenta, alegra y deleita la vida: una tendencia de lo más eficaz para convertir en realidad el carácter de optimismo vital de la *Christian Science* sin recurrir a las molestas exageraciones del dogma.

El imperio está consolidado. Si su fundadora, a los ochenta y siete años, mira hacia atrás, puede sentirse satisfecha. Todos sus enemigos han sido vencidos o han desaparecido; Spofford, Kennedy y su marido apóstata llevan una vida oscura en algún lugar, anónimos y desconocidos, mientras el nombre de Mary Baker-Eddy sube cada día más en la escala de la gloria. A la ciencia que la combatía, ha opuesto una ciencia propia, una universidad contra la universidad, una iglesia contra las iglesias, un periódico contra los periódicos: lo que todo el mundo tenía por delirio, por locura de una mujer, vive en cientos de miles de almas como convicción firmemente arraigada. Ha conseguido todo lo que podía conseguir, todo el poder de la tierra y de la época está en sus manos. Una sola pregunta preocupa a esta anciana: ¿qué hacer con tanto poder? ¿Quién lo heredará y administrará? Las miradas en el seno de la comunidad se dirigen desde hace tiempo hacia una persona, la más fiel y abnegada de sus discípulas, Auguste Stetson, que con increíble energía había conquistado Nueva York, la ciudad más importante, y reunido más millones, entre todos los *healers* y discípulos, para la sagrada causa. Pero los celos de Mary Baker-Eddy van más allá de su vida. No dejará su vasta herencia precisamente a una mujer y menos a una mujer capaz; ningún otro nombre debe ir unido eternamente al de la *Christian Science.* Y así, con el fin de impedir para siempre la elección de Auguste Stetson, sólo para evitar que esta sea su heredera, a los ochenta y nueve años –sí, a los ochenta y nueve años, con las manos apergaminadas y entumecidas– se apresura a expulsar de la iglesia a la más fiel y capaz de sus discípulas. Durante toda una vida su orgullo inexorable no ha tolerado jamás un competidor, y así será para toda la eternidad.

Preferiría arrojar su herencia al anonimato que dársela a un nombre extraño. Y, de hecho, sólo un nombre ha permanecido sagrado para sus seguidores: el de Mary Baker-Eddy.

Hasta sus ochenta y nueve años la lucha ha infundido siempre nuevas fuerzas a esta indómita mujer. Pero ahora ya no tiene a nadie contra quien luchar. Finalmente, la edad, negada en vano, triunfa, la ley inexorable de la realidad se impone. La vida se extingue, el cuerpo decrépito se desmorona o, para decirlo en sus propias palabras, "el sueño mortal de vida, sustancia y alma se debilita en la materia". Y el 4 de diciembre yace inerte en su cama "un despojo que la fe ha abandonado", el cadáver de Mary Baker-Eddy. Sólo la muerte ha vencido a este corazón de hierro.

Pero para sus fieles la muerte no significa ausencia, sino sólo invisibilidad. Sin énfasis ni emoción aparentes, los lectores anuncian en las iglesias de la *Christian Science*, como un hecho insignificante e intrascendente, que Mary Baker-Eddy, a los noventa años, “ha desaparecido de nuestro horizonte”. No se celebran funerales públicos ni ceremonias pomposas. Y sólo unos pocos elegidos participan en el entierro sencillo y, como quien dice, anónimo, que quiere pasar desapercibido y sin ostentación, pues para los creyentes de la *Science* la muerte no significa fin alguno y la transformación del cuerpo no es un verdadero cambio. La *so called dead*, “la llamada muerta”, es metida en un ataúd de acero, el ataúd en una fosa y la fosa, colmada de cemento. Durante dos días, hasta que el cemento se ha endurecido e impermeabilizado, guardas especiales velan la tumba: los han dispuesto así los líderes de la iglesia para desmentir las esperanzas de algunos fanáticos exaltados de que Mary Baker-Eddy, como Cristo, rompiera la losa de su tumba y resucitara al tercer día. Pero no se produce ningún hecho sobrenatural. Ya no hace falta otro milagro, pues el éxito de su vida y de su doctrina, difícil de explicar con la sola ayuda de la razón, ya forma parte de los prodigios más grandes de nuestro tiempo, pobre en milagros y, por esta razón, incrédulo.

LA SUCESIÓN

Impresionado y asombrado por la incomparable marcha triunfal de la *Christian Science*, Mark Twain, a caballo entre los dos siglos, lanza a Norteamérica su desesperado grito de alerta. En unos años –argumenta el siempre ecuánime humorista, pero esta vez con seriedad–, si no se le opone resistencia, esta doctrina aberrante conquistará todo el país, incluso el mundo entero, porque la *Christian Science* es una teoría científica hecha a la medida de gentes simples y puesto que, como es sabido, las cuatro quintas partes de la humanidad pertenecen a los pobres de espíritu, esta patraña metafísica tiene asegurada la victoria. El vaticinio, demasiado prematuro, de Mark Twain no se ha cumplido, desde luego, al igual que la creencia mesiánica de los *scientists* de que su dogma inauguraría "una nueva era de progreso para el mundo". La *Christian Science* no ha vencido ni ha sido vencida, se ha adaptado, en silencio y con la espada a la funerala, al mundo y a su ciencia: ¡destino típico de todas las revoluciones del espíritu! Después del entusiasmo inicial, todo movimiento religioso entra, inevitablemente, en un estadio más tolerante en el que la fe ya no se mueve, sino que se estanca, en el que la obra creada se disuelve en la figura de su creador y el organismo se convierte en organización: lo mismo ha ocurrido con la doctrina de Mary Baker-Eddy. Todavía cuenta con cientos de miles de adeptos, incluso puede que su número haya aumentado tras la muerte de la fundadora. Pero lo importante es que la existencia de estos cientos de miles no tiene repercusión alguna en los otros millones de conciudadanos; lo que en vida de su fundadora había sido un torrente impetuoso y espumeante que amenazaba peligrosamente los dominios de la ciencia, ahora es un plácido arroyo que fluye entre los cauces reglamentarios. Los *scientists* siguen celebrando sus piadosas reuniones, en las iglesias se sigue leyendo los mismos textos de *Science and Health*, y el periódico *Christian Science Monitor* sigue teniendo una gran tirada, pero este heraldo ya no llama a la lucha contra la *physiology*, sino que evita elegantemente toda contienda, toda polémica. Ya no se oye hablar de procesos ni de ruidosos conflictos, también el estruendoso altavoz de la *publicity* ha enmudecido y ha cedido el lugar a la propaganda discreta de boca en boca; con la muerte de la gran conquistadora el dogma ha perdido completamente su temperamento combativo. El *healer*, el ayudante de la *Christian Science*, trabaja hoy pacíficamente al lado del médico diplomado, el nuevo tratamiento por la sugestión religiosa se incorpora sin fricciones a la psicología y la psiquiatría modernas; al igual que otras innumerables tesis y teorías, esta también se ha conformado sensatamente con un ámbito más reducido. La *Christian Science* no se ha desbordado ni se ha secado: se ha contenido, y su primitiva forma eruptiva se ha convertido en fórmula. Después de su primer estallido volcánico, la lava emitida del alma apasionada de Mary Baker-Eddy se ha solidificado y hoy, bajo el cráter extinguido, se ha establecido una apacible comunidad.

Pero una fuerza que ha creado tal movimiento psicológico de masas no se pierde del todo en nuestro universo intelectual; ningún pensamiento humano, aunque exceda a la razón, pierde a la larga su fuerza creadora. La idea de Mary Baker-Eddy no ha muerto del todo con ella. Ya se daba en Norteamérica por completamente liquidada la discusión sobre la *Christian Science* y la curación por la fe, cuando la ola refluye poco a poco desde una orilla inesperada, desde Europa, y con las teorías de Coué se plantea una vez más ante la ciencia el problema de Mary Baker-Eddy: ¿Se puede vencer la enfermedad con la fe? Influido sin duda por las ideas de la *Christian Science*, el farmacéutico de Nancy pone la posibilidad de curación en manos de cada persona, incluso excluye el contacto intermedio entre el paciente y su enfermedad, el *healer* exigido por Mary Baker-Eddy, uniendo en el mismo individuo al que sugestiona y al sugestionado mediante un desdoblamiento de la personalidad. Pero Coué, al dejar, como su precursora, la curación de las enfermedades exclusivamente a la voluntad humana, se convierte en heraldo y seguidor de esta audaz piloto que guía hacia lo sobrenatural. Por más que las formulaciones unilaterales de Mary Baker-Eddy sean alteradas o completamente descartadas en el futuro, una cosa seguirá siendo determinante para su significación psicológica universal: que el problema de la curación por la fe, planteado tan rudamente al mundo por esta mujer, ya nunca encontrará reposo. Con ello, y más allá de la razón o la sinrazón, esta diletante de la ciencia se ha asegurado una posición permanente entre los pioneros de la psicología y ha demostrado una vez más que en la historia del espíritu el entusiasmo del profano, inculto y fanático puede ser tan importante para el progreso de las ideas como toda la sabiduría y toda la ciencia, pues la primera prueba y el primer deber de toda idea nueva es sembrar la inquietud; también la exageración, que precisamente, hace avanzar, al igual que el error, que fomenta el progreso con su radicalismo. Verdadera o falsa, éxito o fracaso, toda fe que un individuo, gracias a su empuje, impone a la humanidad, hace retroceder los límites de nuestro mundo espiritual y ensancha sus fronteras.

Sigmund Freud

Cuanto más el juego secreto de los deseos se oculta bajo la luz más mortecina de los afectos comunes, tanto más relevante, formidable y estrepitoso se manifiesta en estado de pasión violenta: el sutil estudioso del alma humana, que sabe hasta qué punto se puede contar con el mecanismo del común libre albedrío y hasta dónde es lícito sacar conclusión por analogía, transferirá muchas experiencias de este campo a su doctrina y las utilizará para la vida moral… Si surgiera para este campo, como para los demás reinos de la naturaleza, un Linneo que lo clasificara según los instintos y las inclinaciones, cuántas sorpresas habría…

SCHILLER

LA SITUACIÓN EN EL CAMBIO DE SIGLO

¿Cuánta verdad soporta y cuánta verdad arriesga un espíritu? Esta ha sido siempre para mí la verdadera medida de los valores. El error (la fe en el ideal) no es ceguera, el error es cobardía... Cada conquista, cada paso hacia adelante en el camino del conocimiento es consecuencia de un acto de valor, de dureza con uno mismo, de sinceridad con uno mismo.
NIETZSCHE

La medida más segura de una fuerza es la resistencia que es capaz de vencer. Así, la acción de Sigmund Freud, primero demoledora y después reconstructora, no se llega a conocer del todo si no es en su postura frente a la situación moral de la preguerra y a la idea –o mejor, la falta de idea– que se tenía entonces de los instintos humanos. Hoy circulan con toda normalidad en el lenguaje y en la sangre de la época ideas freudianas que hace veinte años eran tenidas aún por blasfemias y herejías. Hasta tal punto parecen naturales las fórmulas por él acuñadas, que se necesita un mayor esfuerzo para sustraerse a ellas que para adoptarlas. Así pues, precisamente porque nuestro siglo XX es incapaz de comprender por qué el XIX se volvió con tanta saña contra el descubrimiento de las fuerzas instintivas del alma, tanto tiempo esperado, es necesario exponer retrospectivamente la actitud de aquella generación respecto a los temas psicológicos y exhumar a la ridícula momia de la moral de preguerra.

El desprecio de aquella moral –¡demasiado la ha sufrido nuestra juventud como para no odiarla con toda el alma!– no implica en sí nada contra el concepto de moral ni contra su necesidad. Toda comunidad humana, unida por vínculos religiosos o nacionales, se ve obligada, para afirmarse, a refrenar las tendencias agresivas, sexuales y anarquistas del individuo, a contenerlas y transferirlas tras los diques que llamamos moral y ley. Por supuesto, también, que cada uno de estos grupos se crea normas y formas particulares de moral: desde las hordas primitivas hasta el siglo de la electricidad, cada comunidad se ha esforzado, con distintos métodos, en domeñar los instintos primitivos. Las civilizaciones severas utilizaban la fuerza bruta: las épocas espartana, judaica, calvinista y puritana trataban de extirpar los instintos voluptuosos ("pánicos") de la humanidad con el hierro candente. Sin embargo, por crueles que fueran sus mandamientos y sus prohibiciones, estas épocas tan draconianas servían cuando menos a la lógica de una idea. Y cada idea, cada fe, santifica hasta cierto punto la violencia de su aplicación. Si la disciplina espartana llega hasta la crueldad, lo hace con la finalidad de educar la raza, de formar generaciones viriles y aguerridas: desde el punto de vista de su ideal de *polis*, de comunidad, la sensualidad libertina debía parecer un menoscabo a la fortaleza del Estado. El cristianismo, a su vez, combate la inclinación carnal del ser humano en nombre de la salvación del alma y de la espiritualización de la naturaleza siempre extraviada. Precisamente porque la Iglesia, la más sabia de las psicólogas, sabe que la pasión de la carne del hombre es eternamente adamita, con toda energía le contrapone como ideal la pasión del espíritu; en hogueras y mazmorras abate su orgullosa obstinación y así ayuda al alma a volver a su patria suprema: lógica cruel, pero lógica, al fin y al cabo. Aquí, como en todas partes, la aplicación de la ley moral brota del tallo de una concepción del mundo muy arraigada. La moral aparece como la forma sensible de una idea metafísica.

Pero, ¿en nombre de quién y al servicio de qué idea, el siglo XIX, piadoso sólo en apariencia durante ese tiempo, exige todavía una moral codificada? Sensual, groseramente materialista y experto en ganar dinero, sin asomo de la gran fe armoniosa de los siglos anteriores, abogado de la democracia y de los derechos humanos, ya no puede querer en serio negar a sus ciudadanos el derecho a disfrutar libremente. Quien un día izara la bandera de la tolerancia en el edificio de la civilización ya no posee el derecho señorial de inmiscuirse en el concepto de moral del individuo. De hecho, el Estado moderno ya no se esfuerza en absoluto, como antaño la Iglesia, en imponer a sus súbditos una moral interior; únicamente el código social demanda observar una convención exterior. No se exige, pues, un moralismo real, sino sólo una apariencia de moralidad: que todos actúen ante todos "como si". En cuanto a saber hasta qué punto el individuo actúa de manera realmente moral, es algo que sólo le incumbe a él: su única obligación es no dejarse atrapar contraviniendo las convenciones. Se pueden realizar muchas y diversas cosas, pero se nos impide hablar de ellas. En rigor, se puede decir que la moral del siglo XIX no aborda el problema propiamente dicho. Lo evita y despliega todas sus fuerzas en hacer caso omiso de él. Durante tres o cuatro generaciones, la moral civilizada ha tratado, o más bien eludido, todos los problemas sexuales y morales valiéndose únicamente de ese ilogismo disparatado según el cual basta con ocultar algo para que no exista. Y lo que más gráficamente ilustra la situación real es esta cruel agudeza: la moral del siglo XIX no ha estado dominada por Kant, sino por *cant* (en inglés, hipocresía).

Pero, ¿cómo es posible que una época tan lúcida y racional se extraviara en una psicología hasta tal punto falsa e insostenible? ¿Cómo el siglo de los grandes descubrimientos y de las grandes conquistas técnicas pudo desprestigiar su moral hasta convertirla en un truco de prestidigitación tan gastado? La respuesta es simple: a causa de este mismo orgullo por su razón, a causa de la arrogancia de su cultura y del exaltado optimismo de su civilización. Los inesperados avances de su ciencia habían provocado en el siglo XIX una especie de embriaguez de la razón. Parecía que todo se sometía servilmente al imperio del intelecto. Cada día, casi cada hora, anunciaba una nueva victoria de las ciencias humanísticas; a cada momento se conquistaban nuevos elementos reluctantes del tiempo y del espacio; las alturas y los abismos revelaban sus secretos a la metódica curiosidad de la mirada humana provista de prismáticos; por doquier la anarquía cedía a la organización, el caos a la voluntad del espíritu especulativo. ¿No era capaz, pues, la razón humana de dominar los instintos anárquicos en la sangre del individuo, de derrotar el tropel indómito de los instintos? Se dice que la labor principal a este respecto se ha realizado ya hace tiempo y que lo que todavía flamea de vez en cuando en la sangre del hombre moderno, del hombre "culto", no son sino los últimos y pálidos relámpagos de una tempestad que se aleja, los últimos estertores de la vieja bestialidad agonizante. Pero, unos años más, unas décadas más, y el género humano, que ha ascendido de forma tan magnífica del canibalismo a la humanidad y al sentido social, depurará y absorberá estas últimas y turbias escorias en sus llamas éticas: es inútil, pues, siquiera mencionar su existencia. Procurar sobre todo no llamar la atención de los hombres sobre las cuestiones sexuales, y las olvidarán; no excitar con discursos a la antiquísima bestia, encerrada detrás de los barrotes de hierro de la moral, no alimentarla con preguntas, y se amansará; pasar rápidamente, apartando la vista, por delante de todo lo que es desagradable, proceder siempre como si no hubiera nada: he aquí todo el código moral del siglo XIX.

Para esta campaña concéntrica contra la sinceridad, el Estado aúna y pertrecha todos los poderes que dependen de él. Todos, arte y ciencia, moral y familia, iglesia, escuela y universidad reciben las mismas instrucciones de guerra: eludir toda explicación, no atacar al adversario, sino evitarlo dando un gran rodeo; nunca entrar en discusiones reales, jamás luchar con argumentos, sino con el mero silencio; en cualquier caso, sólo boicotear e ignorar. Y admirablemente obedientes a esta táctica, todas las fuerzas intelectuales y todos los servidores de la cultura pasan de largo del problema con gallarda hipocresía. Durante un siglo, en Europa la cuestión sexual es puesta en cuarentena. No es negada ni afirmada, ni planteada ni resuelta, sino arrinconada en silencio detrás de un biombo. Un inmenso ejército de guardianes, disfrazados de maestros, educadores, pastores, censores e institutrices se levanta para poner la brida a la juventud y arrebatarle su espontaneidad y su placer corporal. Ninguna corriente de aire debe rozar sus cuerpos, ninguna palabra sincera ni explicación alguna deben tocar sus almas cándidas. Y mientras que antes, en todos los pueblos sanos y en todas las épocas normales, el adolescente núbil entraba en la edad adulta como en una fiesta; mientras que, en las culturas griega, romana y judaica, e incluso en las sociedades incultas, el muchacho de trece o catorce años era admitido francamente en la comunidad de los mayores, hombre entre hombres, guerrero entre guerreros, aquí una pedagogía maldita lo aleja de todo acto de sinceridad por métodos artificiales y antinaturales. Nadie habla libremente delante de él y con ello nadie lo libera. Lo que sabe sólo puede haberlo aprendido en lupanares o en los cuchicheos de compañeros mayores. Y como nadie se atreve a transmitir esta ciencia de las cosas más obvias de la naturaleza si no es en voz baja, todo adolescente se convierte sin querer en un nuevo servidor de esta cultura de la hipocresía.

Es consecuencia de este siglo de disimulo y comedimiento obstinados, de todos con todos, el ínfimo lugar que ocupa la psicología dentro de una cultura de un nivel intelectual eminente. Porque, ¿cómo podía desarrollarse una ciencia profunda del alma sin honradez ni sinceridad?; ¿cómo se podía propagar la claridad si precisamente los llamados a transmitir el saber, maestros, pastores, artistas y sabios, eran también ignorantes e hipócritas? Pero la ignorancia engendra siempre dureza. Y, así, se manda contra los jóvenes quienes no tienen la más remota idea, una generación de pedagogos sin piedad, que causa daños irreparables en sus almas infantiles con las eternas y autoritarias órdenes de "dominarse" y ser "morales". Adolescentes que, acuciados por la presión de la pubertad y que sin conocer mujer buscan el único alivio posible a sus cuerpos, son profundamente heridos en el alma por estos "ilustrados" mentores con la sabia advertencia de que practican un "vicio" terrible, que destruye la salud, y les inculcan, a la fuerza, un sentimiento de inferioridad y una consciencia mística de pecado. Estudiantes universitarios (yo mismo lo he vivido) reciben de esta clase de profesores, a los que la sociedad de entonces gustaba de designar con el sospechoso nombre de "expertos pedagogos", unas hojas explicativas en las que aprenden que toda enfermedad sexual es, sin excepción, "incurable". Con tales cañones dispara sin vacilar el desvarío moral de la época contra los nervios de los muchachos. Con semejantes botas claveteadas pisotea la ética pedagógica el mundo de los adolescentes. No es de extrañar que, gracias a este cultivo sistemático del miedo en almas todavía inseguras, se oiga a cada instante un disparo de revólver; nada tiene de raro que semejantes refrenamientos alteren el equilibrio interior de muchísimos niños y fabriquen en serie la clase de neurasténicos que llevan a lo largo de toda su vida el peso de sus miedos y represiones infantiles. Faltos de consejo, miles de estas criaturas estropeadas por la moral de la hipocresía, andan errantes de médico en médico. Pero como los médicos de la época no saben descubrir la raíz de estas enfermedades, es decir, la sexualidad, y la psicología pre-freudiana no se atreve, por respeto a las convenciones éticas, a penetrar en estos dominios secretos (porque debían permanecer ocultos), también los neurólogos se encuentran desconcertados ante los casos críticos. Al no saber qué hacer, mandan a todos los desequilibrados, todavía no maduros para la clínica o el manicomio, a establecimientos de hidroterapia. Allí se les administra bromuro y se les alisa la piel con vibraciones eléctricas, pero nadie se atreve a abordar las causas reales de su enfermedad.

La falta de comprensión persigue todavía con más saña a los anormales. Estigmatizados por la ciencia como éticamente inferiores, como hereditariamente tarados, y como criminales por la ley, arrastran durante toda la vida, teniendo delante de sí la prisión y detrás a los chantajistas, el yugo invisible de su mortal secreto. A nadie pueden pedir consejo, a nadie pueden pedir ayuda. Porque, si en tiempos prefreudianos un homosexual acudiera al médico, este tal señor doctor frunciría las cejas, indignado con un paciente que se atrevía a importunarlo con semejantes "cochinadas". Un consultorio médico no es lugar para estas cosas privadas. Pero, entonces, ¿dónde se ocupan de ellas? ¿Dónde puede acudir el hombre perturbado o extraviado en su vida sentimental? ¿Qué puerta se abre para aconsejar y salvar a estos millones de individuos? Las universidades se desentienden, los jueces se aferran a la ley, los filósofos (con la excepción del valiente Schopenhauer) prefieren no darse cuenta en su cosmos de estas desviaciones del eros, perfectamente naturales para todas las culturas anteriores; la opinión pública cierra los ojos convulsivamente y declara que son cuestiones delicadas que no se pueden discutir. Ni una palabra sobre ellas en los periódicos ni en la literatura, ni una discusión en los medios científicos: la policía está informada, y esto basta. Para el siglo ultramoral y tolerante es tan conocido como indiferente el hecho de que cientos de miles de cautivos deliren en la acolchada celda del sigilo: lo único importante es que ningún grito llegue al exterior, que la aureola que se ha fabricado la cultura, el más moral de los mundos, sea preservada a los ojos del mundo. Porque para esta época la apariencia moral es más importante que el ser humano.

Durante todo un largo y horrible siglo esta cobarde conjuración de silencio "moral" domina Europa. Entonces, de repente, una voz lo rompe. Un día, sin ningún propósito revolucionario, un joven médico se levanta en el círculo de sus colegas y, partiendo de sus investigaciones, habla de la naturaleza de la histeria, de los trastornos, las inhibiciones de los instintos y de su posible liberación. No le hacen falta grandes gestos ampulosos, no proclama excitado que ha llegado la hora de sentar el concepto de moral sobre una nueva base, de discutir abiertamente la cuestión sexual. No, este joven médico, rigurosamente objetivo, no hace el papel de predicador cultural en círculos académicos. Simplemente pronuncia una conferencia sobre la diagnosis de las psicosis y sus causas. Pero la naturalidad serena con la que constata que muchas neurosis, en realidad todas, tienen su origen en la represión del deseo sexual, provoca un miedo cerval en los colegas. No es que consideren falsa esta etiología, al contrario, la mayoría de ellos ya lo ha intuido o experimentado, todos ellos reconocen en privado la importancia del sexo para la completa constitución del individuo. Sin embargo, como forman parte de la época y comparten su sensibilidad, en tanto que siervos de la moral civilizada, se sienten enseguida heridos por esta sincera referencia a un hecho claro como el agua, como si la simple indicación del diagnóstico equivaliera ya a un gesto indecoroso. Se miran unos a otros desconcertados: ¿este joven docente ignora acaso la convención tácita de no hablar de estos temas engorrosos, y menos en una sesión pública de la muy distinguida Sociedad de Medicina? Sobre el capítulo de la sexualidad –y el novato debería conocer y acatar esta convención– los colegas se entienden entre sí con guiños, gastan bromas acerca de ella mientras juegan a las cartas, pero en el siglo XIX, un siglo tan cultivado, no se exponen tesis semejantes ante un foro académico. Ya la primera comparecencia en público de Sigmund Freud –la escena ocurrió realmente– produce a sus colegas de facultad el mismo efecto que un tiro de pistola en una iglesia. Y los más benévolos le hacen ver inmediatamente que sería más prudente, por el bien de su carrera académica, abstenerse en el futuro de estas investigaciones sucias y escabrosas. No conducen a nada, o al menos a nada que valga la pena discutir en público.

Pero a Freud no le preocupan las convenciones, sino la honestidad. Ha encontrado un rastro y se dispone a seguirlo. Y precisamente el sobresalto de sus colegas le demuestra que ha puesto el dedo en la llaga, que con el primer golpe ha tocado el nervio del problema. Se mantiene firme. No se deja intimidar por las advertencias bien intencionadas de los colegas mayores y amistosos ni por los lamentos de una moral ofendida, que no está acostumbrada a ser tratada tan bruscamente *in puncto puncti*. Con un denuedo tenaz, un coraje viril y una capacidad de intuición que, juntos, forman su genio, Freud no ceja en apretar cada vez con mayor fuerza el punto más sensible, hasta que por fin revienta el absceso del silencio; la herida queda al descubierto y se puede iniciar la curación. En su primer avance hacia lo desconocido, el médico solitario no sospecha aún todo lo que encontrará en esta oscuridad. Sólo percibe el abismo, y este abismo atrae cada vez más con su magnetismo al espíritu creador.

El hecho de que el primer encuentro de Freud con su generación se convierta en un choque a pesar de la aparente insignificancia del motivo, es un símbolo y no una casualidad. Porque no son sólo la gazmoñería ofendida y la dignidad moral en vigor las que se escandalizan por una teoría particular: no, con una clarividencia nerviosa del peligro, el ya superado método del silencio percibe aquí una oposición real. No es la *manera* como Freud toca esta esfera, sino el *hecho* de que la toque y se atreva a hacerlo, lo que significa una provocación al duelo, a un combate singular. Porque desde el primer momento no se trata de una mejora, sino de un cambio radical; no de preceptos, sino de principios; no de detalles, sino del todo. Se encuentran frente a frente dos maneras de pensar, dos métodos tan diametralmente opuestos, que no existe ni puede existir jamás acuerdo entre sí. La vieja psicología pre-freudiana, imbuida de la ideología del predominio del cerebro sobre la sangre, exige del individuo, del hombre culto y civilizado, que reprima sus instintos con la razón. Freud responde claro y contundente: los instintos no se dejan reprimir, y es una ligereza admitir que, en el caso de ser reprimidos, desaparecerían del mundo. En el mejor de los casos se los puede desalojar del consciente para alojarlos en el subconsciente. Pero entonces, peligrosamente deformados, se estancan en este espacio interior y engendran, por su constante fermentación, desasosiego, trastornos nerviosos y enfermedades. Completamente desilusionado, sin fe en el progreso y sin consideración alguna, Freud establece de un modo radical que las fuerzas instintivas de la libido, proscritas por la moral, constituyen una parte indestructible del hombre que renace en cada embrión, un elemento poderoso que no se puede descartar, sino en el mejor de los casos neutralizar y volver inofensivo trasladándolo a la consciencia. De modo, pues, que aquello que la vieja ética social consideraba como el enemigo capital, esto es, la toma de conciencia, para Freud es saludable, y lo que aquélla tenía por saludable, esto es, la represión, él demuestra que es peligroso. Donde el viejo método solía tapar, Freud reclama destapar. En vez de ignorar, exige identificar. En vez de eludir, abordar. En vez de pasar de largo, profundizar. En vez de velar, desvelar. Sólo puede dominar los instintos quien los conoce; sólo puede sujetar a los demonios quien los saca de su abismo y los mira francamente a los ojos. La medicina tiene tan poco que ver con la moral y el pudor como con la estética o la filología: su misión principal no consiste en reducir a silencio lo más secreto del hombre, sino, al contrario, en hacerlo hablar. Sin la más mínima consideración por la voluntad de disimulo del siglo, Freud reta a su época a discutir los problemas de la represión y del inconsciente que el individuo debe reconocer y confesarse a sí mismo. Y con ello, emprende la cura no sólo de innumerables personas, sino también de toda una época moralmente enferma, trasladando su conflicto fundamental del disimulo hipócrita al campo de la ciencia.

Este nuevo método postulado por Freud no sólo ha cambiado el concepto de nuestra alma individual, sino que también ha señalado una dirección distinta a todas las cuestiones capitales de nuestra cultura y a su genealogía. Por eso, todo aquel que quiera considerar la obra de Freud desde 1890 como un mero trabajo en el campo de la medicina lo ofende burdamente y comete un error grave, pues confunde, consciente o inconscientemente, el punto de partida con el objetivo. El hecho de que Freud haya hendido la muralla china de la vieja psicología partiendo por azar de la medicina es históricamente cierto, pero carece de importancia para sus resultados. Pues lo importante en un creador no es de dónde viene, sino únicamente a dónde ha llegado. Freud viene de la medicina igual que Pascal de las matemáticas y Nietzsche de la filología clásica. Sin duda este origen impregna su obra de una cierta tonalidad, pero no determina ni limita su grandeza. Y ya sería hora precisamente hoy, a sus setenta y cinco años de vida, de asumir la idea de que su obra y su mérito ya no se basan, desde hace tiempo, en el detalle secundario de la curación más o menos completa, todos los años, de algunos cientos de neuróticos gracias al psicoanálisis, ni tampoco en algunos de sus artículos teóricos y de sus hipótesis. Que la libido esté o no sexualmente "marcada", que el complejo de castración y la actitud narcisista, y tantos otros artículos de fe codificados, sean o no canonizados para toda la eternidad; todas estas cuestiones se han convertido desde hace tiempo en tema de controversia teológica entre universitarios y carecen de la menor importancia para la aportación decisiva de Freud a la historia del pensamiento, una aportación que él ha impuesto al mundo con el descubrimiento del dinamismo del alma y su nueva técnica de abordar los problemas. Un hombre de visión creadora ha transformado la esfera interior, y el hecho de que se trate de una verdadera revolución, de que su "sadismo de la verdad" trastocara el modo de ver todas las cuestiones del alma, lo han reconocido antes que nadie los representantes de la generación moribunda; han comprendido lo peligroso de su teoría (es decir, peligroso para ellos); se han dado cuenta enseguida con pánico todos esos ilusionistas, optimistas, idealistas y abogados del pudor y de la buena antigua moral: he aquí a un hombre que se salta todas las señales de aviso, al que no asusta ningún tabú ni intimida ninguna contrariedad, un hombre para el que no hay nada realmente "sagrado". El instinto les decía que, poco después de Nietzsche, el anticristo, con Freud les llegaba otro gran destructor de las viejas tablas, el anti-ilusionista, alguien que penetra todos los primeros planos con su despiadada mirada de rayos X, que descubre el sexo tras la libido, al hombre primitivo tras el niño inocente, en la intimidad de la familia antiguas y peligrosas tensiones entre padre e hijo y en los sueños más anodinos los ardientes hervores de la sangre. Desde el primer momento los atormenta un incómodo presentimiento: un hombre así, que no ve sino ilusiones en sus valores más sagrados, cultura, civilización, humanidad, moral y progreso, ¿no querrá tal vez ir todavía más lejos con su cruel sonda? ¿No querrá este iconoclasta transferir finalmente su impúdica técnica de análisis del alma individual al alma colectiva? ¿No llegará hasta el extremo de atacar con su martillo los fundamentos de la moral de Estado y los complejos de familia amasados con tanto esfuerzo, y disolver con sus ácidos terriblemente cáusticos el sentimiento patriótico e incluso el religioso? De hecho, el instinto del mundo moribundo de la preguerra lo vio con claridad: el coraje irreductible y la intrepidez intelectual de Freud no se han detenido en ninguna parte. Indiferente a las objeciones y a las envidias, al ruido y al silencio, con la paciencia sistemática e imperturbable del artesano, ha ido perfeccionando su palanca de Arquímedes hasta poderla hincar en el universo. A los setenta años, Freud acomete su última empresa: aplicar su método, experimentado en el individuo, a toda la humanidad e incluso a Dios. Tiene el coraje de ir más y más lejos, más allá de la nada suprema, de las ilusiones, hasta el grandioso infinito donde ya no hay fe ni esperanza ni sueños, ni siquiera sueños de cielo, donde desaparece el sentido y la misión de la humanidad.

Sigmund Freud ha dado al género humano –brillante obra de un hombre solo– una explicación más clara de sí mismo; más clara, digo, no más feliz. Ha profundizado en la concepción del mundo de toda una generación; digo profundizado y no embellecido. Pues la actitud radical no hace feliz, sólo sabe imponer decisiones. No es misión de la ciencia sumir el siempre infantil corazón de la humanidad en nuevos ensueños sosegadores; su cometido es enseñar a los hombres a caminar derechos y firmes por nuestro difícil planeta. A esta tarea indispensable ha contribuido Sigmund Freud de modo ejemplar: en el curso de su obra, su dureza se ha convertido en fortaleza y su severidad en ley inflexible. Jamás ha mostrado Freud al hombre, por querer consolarlo, una salida cómoda, un refugio en un reino de los cielos terrenal o celestial, sólo el camino que lleva a su interior, el camino peligroso a las profundidades de su alma. Su clarividencia está desprovista de indulgencia, su modo de pensar no ha hecho la vida del hombre ni una pizca más fácil. Frío y cortante como el viento del norte, su irrupción en una atmósfera cargada ha disipado muchas nieblas doradas y las nubes rosadas de los sentimientos, pero más allá del horizonte despejado se abre una nueva y diáfana perspectiva sobre el reino del espíritu. Gracias a la obra de Freud, las próximas generaciones contemplarán una época nueva con otros ojos, más libres, más sabios y sinceros. Si la peligrosa psicosis de la hipocresía que durante un siglo ha intimidado la moral europea al fin ha remitido, si hemos aprendido a mirar dentro de nuestras vidas sin falso pudor; si palabras como "vicio" y "pecado" nos causan horror; si los jueces, aleccionados sobre la fuerza prepotente de los instintos naturales, a veces dudan en pronunciar veredictos de culpabilidad; si los maestros aceptan hoy con naturalidad las cosas naturales y las familias admiten con franqueza las cosas francas, si en el concepto de moral hay más sinceridad y entre los jóvenes más camaradería; si las mujeres reconocen más libremen te su sexo y su deseo; si hemos aprendido a respetar la unicidad de cada individuo y comprendemos positivamente el misterio de nuestro propio ser espiritual: todos estos elementos de enderezamiento moral los debemos, nosotros y nuestro mundo nuevo, en primer lugar a este hombre que tuvo el coraje de saber lo que sabía, y el triple de coraje para imponer este saber a la moral de una época que se defendía contra él con enojo y cobardía. Puede que muchos detalles de su obra sean discutibles, pero ¡qué importan los detalles! Las ideas viven tanto de las aprobaciones como de las desaprobaciones, una obra no vive menos del amor que del odio que suscita. La única victoria decisiva de una idea y la única también a la que hoy estamos dispuestos a rendir homenaje es la que es capaz de trascender en la vida. Porque, en nuestro tiempo de justicia vacilante, nada aviva tanto la fe en el predominio del espíritu como el ejemplo vivido, el que nos enseña que basta con que un solo hombre tenga la valentía de decir la verdad para que aumente la veracidad en todo el universo.

SEMBLANZA

La sinceridad es la fuente de todo genio.
BOERNE

La austera puerta de una casa de alquiler en Viena encierra desde hace medio siglo la vida privada de Sigmund Freud; uno está casi tentado de decir que este hombre no ha tenido ninguna vida, tan modestamente y apartada transcurre su existencia personal. Setenta años en la misma ciudad, más de cuarenta en la misma casa, y allí la consulta en la misma habitación, la lectura en el mismo sillón, el trabajo literario delante del mismo escritorio. Paterfamilias de seis hijos, sin necesidades personales, sin otras pasiones que las del trabajo profesional y la vocación. Nunca ha desperdiciado ni un ápice de su tiempo, empleado con parquedad y a la vez con generosidad, en vanidosas ostentaciones, en cargos y dignidades; jamás el creador se coloca delante de la obra creada por motivos propagandísticos: la vida de este hombre se somete única y exclusivamente al ritmo ininterrumpido, uniforme y paciente del trabajo. Cada una de las miles y miles de semanas de sus setenta y cinco años describe el mismo círculo cerrado de una actividad delimitada, cada día transcurre exactamente igual que el anterior: durante el curso académico, clase en la universidad una vez por semana, los miércoles por la noche, regularmente y siguiendo el método socrático, un simposio intelectual, rodeado de estudiantes; los sábados por la tarde, una partida de cartas; aparte de eso, de la mañana a la noche, o, mejor dicho, hasta medianoche, dedica cada minuto y cada segundo al análisis, al tratamiento de enfermos, al estudio, a la lectura y a la labor científica. El inflexible calendario de trabajo no conoce hojas en blanco, la densa jornada de Freud a lo largo de medio siglo no dispone de una sola hora de reposo del espíritu. La actividad constante es tan natural para este cerebro siempre en movimiento como para el corazón el latido que bombea la sangre; el trabajo en Freud no supone una ocupación sometida a la voluntad, sino una función normal, constante y fluida. Precisamente esta vigilancia y esta atención ininterrumpidas son el rasgo más sorprendente de su genio: la normalidad se convierte en fenómeno. Desde hace cuarenta años Freud realiza ocho, nueve, diez y a veces once análisis diarios, lo que quiere decir que nueve, diez u once veces se concentra durante una hora entera, con una atención máxima, casi palpitante, en el alma de otra persona, escucha y pesa cada una de sus palabras, a la vez que su memoria infalible compara los resultados del nuevo psicoanálisis con los de otras sesiones anteriores. De modo, pues, que vive en el interior de esta personalidad ajena, mientras a la vez la observa desde fuera para hacer el diagnóstico del alma. Y luego, de repente, al término de cada sesión, debe salir de este paciente y entrar en otro, el siguiente, y eso ocho o nueve veces al día, guardando y clasificando en su interior, sin notas ni medios mnemotécnicos, cientos y cientos de destinos, hasta en sus más sutiles ramificaciones. Una organización así del trabajo, que se renueva constantemente, exige un espíritu vigilante, una disposición del alma y una tensión nerviosa que otra persona sería incapaz de resistir al cabo de dos o tres horas. Pero la asombrosa vitalidad de Freud, esta extraordinaria fuerza dentro de su capacidad intelectual, no conoce relajación ni fatiga. Cuando, ya, tarde, termina la actividad analítica, la jornada de nueve o diez horas al servicio del hombre, empieza entonces la reflexión, el análisis de los resultados: ese otro trabajo, que el mundo cree que es su única labor. Y todo este esfuerzo gigantesco, dedicado sin pausa a miles de personas y que repercute en millones de ellas, se desarrolla a lo largo de medio siglo sin la ayuda de un secretario o de asistentes: escribe todas las cartas de su puño y letra, él solo lleva a cabo todas las investigaciones hasta el final y también solo da la forma definitiva a sus trabajos. Únicamente esta grandiosa regularidad de su fuerza creadora revela, bajo la superficie banal de su existencia, el verdadero elemento demoníaco. Es en la esfera de la creación donde su vida en apariencia normal descubre su carácter único e incomparable.

Este instrumento de precisión en el trabajo, que durante décadas funciona sin fallos, interrupciones o anomalías, sería inconcebible si el material no fuera perfecto. Como en Händel, Rubens y Balzac, creadores igualmente torrenciales, la sobreabundancia intelectual de Freud proviene de una naturaleza sanísima. Hasta los setenta años, este gran médico no ha estado jamás enfermo de gravedad, este agudo observador de las reacciones nerviosas no ha padecido jamás de los nervios, este lúcido investigador de todas las anomalías del alma, este sexualista tan denigrado ha mantenido, durante toda la vida y en todas sus manifestaciones personales, una sorprendente actitud sana y uniforme. Su cuerpo no conoce por experiencia propia siquiera los trastornos más corrientes y cotidianos que se derivan del trabajo intelectual, casi nunca ha sufrido dolor de cabeza o cansancio. Durante décadas Freud no ha tenido que consultar a ningún colega médico, jamás una indisposición le ha obligado a suspender una sesión. Será sólo en la edad patriarcal cuando una insidiosa enfermedad intentará quebrar esta salud policrática. ¡Pero en vano! Con la herida apenas cicatrizada, se pone de nuevo en marcha la vieja energía, sin merma ni tardanza alguna. Para Freud salud es sinónimo de respiración, el estado de vigilia lo es de trabajo, y la creación, de vida. Y tan intensa y densa es la tensión durante el día, como completa la relajación nocturna para este cuerpo de hierro forjado. Un sueño breve pero profundo renueva todas las mañanas la energía magníficamente normal y a la vez magníficamente supernormal de su espíritu. Cuando duerme, Freud lo hace con profundidad y, en vela está enormemente despierto.

La imagen exterior no contradice en absoluto el total equilibrio de las fuerzas interiores. También ella muestra una proporción perfecta en cada rasgo, un aspecto del todo armónico. Una estatura ni demasiado alta ni demasiado baja; el cuerpo, ni demasiado pesado ni demasiado endeble: siempre y por doquier, un término medio ejemplar, situado exactamente entre los extremos. Durante años los caricaturistas han desesperado ante su rostro, pues su óvalo perfectamente regular no se presta a la necesaria exageración para el dibujo. En vano colocan juntos los retratos de sus años jóvenes para sacar de ellos algún rasgo predominante, alguna señal caracterológica que sobresalga. Sus facciones a los treinta, cuarenta y cincuenta años no nos muestran más que a un hombre atractivo y viril, a un señor de rasgos regulares, casi demasiado regulares. Cierto que los ojos, oscuros y concentrados, revelan al ser intelectual, pero ni con la mejor voluntad encontramos en estas fotografías descoloridas más que uno de esos semblantes de sabio, de una virilidad idealizada, enmarcado por una cuidada barba, como les gustaba pintarlos a Lenbach y a Makart: sombrío, afable y serio, pero en definitiva nada revelador. Uno ya está casi a punto de renunciar a todo intento de estudio caracterológico delante de este rostro encerrado en su propia armonía, cuando de pronto los últimos retratos empiezan a hablar. Es la edad, que en la mayoría de las personas desfigura los esenciales rasgos individuales y los desmenuza en arcilla gris, lo que mueve el cincel del artista; en el caso de Freud, es la edad patriarcal, la vejez y la enfermedad lo que cincela indiscutiblemente la fisonomía de este simple rostro. Desde que los cabellos encanecen, y la barba ya no sombrea tan tupidamente el obstinado mentón ni tan oscuramente la boca severa, desde que sale a la luz la parte inferior de la cara, huesuda pero plástica, se descubre algo duro, algo indiscutiblemente ofensivo: la voluntad inflexible, obstinada y casi sañuda de su naturaleza. Desde el fondo, la mirada, antes sólo contemplativa, se abre paso ahora más sombría, más aguda y penetrante; un pliegue de amarga desconfianza hiende como una herida la frente descubierta y surcada de arrugas. Y los labios estrechos se cierran tensos como para un "no" o un "esto no es verdad". Por primera vez se advierte en el rostro de Freud el empuje y el rigor de su ser y se nota también que no es un *good grey old man* que la edad ha vuelto dulce y sociable, sino un analista implacable que no se deja engañar por nadie ni acerca de nada. Un hombre ante el cual se tendría miedo de mentir, porque él, con esta mirada suspicaz y disparada como una flecha desde el fondo de la oscuridad, acecha cualquier evasiva y divisa de antemano todo escondrijo; un rostro que abruma quizá, más que libera, pero animado por una soberbia capacidad de percepción; no es el rostro de un mero observador, sino el de un sagaz e implacable psicólogo.

No trate nadie de pulir el perfil del carácter de este hombre, de suavizar su dureza de personaje bíblico o la enconada intransigencia que irradia el ojo casi amenazante del viejo luchador. Porque si jamás le hubiera faltado a Freud esta firmeza tajante, franca e inexorable, su obra se habría visto privada de lo mejor y más importante. Como Nietzsche con el martillo, Freud ha filosofado toda la vida con el escalpelo, y estos instrumentos no sirven en manos flojas e indulgentes. La indulgencia, la cortesía, la compasión y la tolerancia serían completamente incompatibles con la manera de pensar radical de su naturaleza creadora, cuyo sentido y misión consiste únicamente en elucidar los extremos, no en armonizarlos. La tenacidad combativa de Freud busca siempre un claro *pro* o *en contra*, un *sí* o un *no* a su causa, y nunca un *por un lado* y *por otro*, un *quizás* o, *sin embargo*. Cuando se trata de la razón y de tener razón en el campo del espíritu, Freud no guarda miramientos, no conoce reservas ni pactos ni piedad: como Jehová, perdona menos a un tibio que a un apóstata. Las medias verdades no tienen valor para él, sólo le atrae la verdad pura al cien por cien. Toda nebulosidad, tanto en las relaciones personales de un hombre con otro, como en los sublimes claroscuros de la humanidad que llamamos ilusiones, provocan automáticamente su deseo impetuoso y casi irritado de separar, delimitar y ordenar: su mirada quiere y debe posarse siempre en los fenómenos con la agudeza de la luz fija y directa. Pero esta claridad de visión y de pensamiento y la necesidad de dilucidar no significan para Freud un esfuerzo ni acto de voluntad; el análisis es un acto instintivo de su naturaleza, innata e irrefrenable. Cuando Freud no comprende algo del todo o enseguida, es incapaz de explicarlo; lo que no ve claro por sí mismo, nadie se lo puede explicar. Su ojo, tanto como su espíritu, es autocrático y absolutamente intransigente. Y es precisamente en la lucha, solo contra un enemigo superior en número, cuando se despliega con plenitud el instinto agresivo de su prurito intelectual que la naturaleza ha forjado como una cuchilla cortante.

Si Freud se muestra duro, severo e inexorable con los demás, no es menos duro y desconfiado consigo mismo. Ejercitado en escudriñar la más recóndita falsedad de un hombre hasta los pliegues más secretos del inconsciente, en desenmascarar detrás de cada estrato una confesión todavía más profunda, detrás de cada confesión otra más sincera y detrás de cada verdad otra más veraz, se aplica a sí mismo una idéntica atención analítica del autocontrol. Por esta razón me parece mal elegido el calificativo de "pensador audaz" tantas veces aplicado a Freud. Sus ideas no tienen nada de improvisación, apenas nada de intuición. Ni irreflexivo ni precipitado en sus formulaciones, Freud duda a menudo durante años antes de proponer abiertamente una conjetura como afirmación; para un genio constructivo como el suyo, saltos bruscos del intelecto o síntesis precipitadas serían auténticos contrasentidos. No descendiendo sino peldaño a peldaño, con prudencia y sin la menor exaltación, Freud es el primero en descubrir los lugares poco firmes; innumerables veces encontramos en sus escritos advertencias dirigidas a sí mismo, tales como: "Esto puede que sea una hipótesis" o "Sé que pocas cosas nuevas puedo decir a este respecto." El verdadero coraje de Freud empieza tarde, sólo cuando tiene una certeza. Sólo cuando este desilusionista despiadado se ha convencido por completo a sí mismo y ha vencido su propia desconfianza, su miedo a aumentar la fantasía general con una nueva ilusión, expone entonces su idea. Pero, desde el momento en el que ha confesado públicamente una idea, esta se convierte en su carne y en su sangre, en una parte inherente de su existencia intelectual, y ningún Shylock podrá arrancarle del cuerpo ni una sola fibra de ella. La certidumbre de Freud llega siempre tarde, pero una vez obtenida ya no se puede quebrantar.

Esta tenaz firmeza en sus puntos de vista ha sido calificada de dogmatismo por sus enojados adversarios e incluso a veces motivo de queja por parte de sus seguidores en voz baja o alta. Pero dicha inflexibilidad es un rasgo caracterológico inseparable de su naturaleza: no procede una actitud voluntaria, sino espontánea, de una óptica particular. Lo que Freud contempla con su mirada creadora, lo ve como si nadie lo hubiera visto anteriormente. Cuando piensa, olvida todo lo que otros antes que él, han pensado sobre el tema. Ve los problemas de un modo natural y necesario, y por dondequiera que abra el libro sibilino del alma humana, se encuentra siempre con una página nueva; y antes de que su pensamiento crítico la aborde, su ojo ya ha llevado a cabo la creación. Se puede corregir un error de opinión, pero nunca modificar la percepción creadora de una mirada: la visión está más allá de cualquier influencia y la fuerza creadora más allá de la voluntad. Pero, ¿a qué llamamos creación realmente si no a esa capacidad de ver cosas antiquísimas e inmutables como si nunca las hubiera iluminado la estrella del ojo humano, de expresar de nuevo lo mil veces dicho de un modo tan virginal como si nunca hubiera salido de boca humana? Puesto que esta magia de la visión intuitiva del sabio no se puede aprender, tampoco se puede enseñar, y la tenacidad con que una naturaleza genial persiste en su primera y única visión no es terquedad, sino una profunda necesidad.

Por esta razón Freud nunca trata de convencer, persuadir o embaucar a sus lectores y oyentes. Se limita a exponer. Su honradez absoluta renuncia totalmente a presentar incluso las ideas que le parecen más importantes bajo una forma poética y seductora y a acomodar al gusto de espíritus sensibles ciertos bocados duros y amargos suavizando la expresión. Comparada con la prosa delirante de Nietzsche, que siempre hace arder los más osados fuegos artificiales del mundo del arte y del circo, la de Freud parece, de buenas a primeras, sobria, fría e incolora. La prosa de Freud no hace propaganda, no busca prosélitos, renuncia por completo al colorido poético, al ritmo musical (para el que, como él mismo confiesa, le falta inclinación interior, evidentemente en el sentido de Platón, que culpa a esta tendencia de perturbar el pensamiento puro). Y sólo a eso aspira Freud, siguiendo las palabras de Stendhal: "*Pour être bon philosophe, il faut être sec, clair, sans illusion.*" La claridad, en todas las manifestaciones humanas tanto como en la expresión lingüística, es para Freud lo *optimum* y *ultimum*; subordina todos los valores artísticos, como secundarios, a la norma suprema de la luz y la claridad, y sólo al filo diamantino de los contornos debe el lenguaje resultante su incomparable *vis plastica*. Una prosa sin la más mínima ostentación, una prosa romana, latina, que se ciñe estrictamente al tema, nunca lo revestido de digresiones poéticas, antes bien expresado con palabras duras y crudas. No adorna, no acumula ni mezcla vocablos; no es farragoso y evita hasta el límite las imágenes y las comparaciones. Pero, cuando las utiliza, son siempre contundentes y acertadas como una bala. Ciertas formulaciones lingüísticas de Freud poseen la sensualidad translúcida de las piedras preciosas y surten el efecto, en medio de su prosa de claridad vidriada, de camafeos encastados en conchas de cristal, y cada una de ellas produce un efecto inolvidable. Pero ni una sola vez, en sus exposiciones filosóficas, abandona Freud el camino recto –aborrece las divagaciones lingüísticas tanto como los circunloquios del pensamiento–, y en toda su vasta obra no se encuentra una sola frase que no sea claramente comprensible, sin esfuerzo, incluso para el profano. Su expresión, como su pensamiento, apunta siempre a una precisión casi geométrica: por eso sólo un estilo en apariencia apagado, pero de hecho sumamente luminoso, podía servir a sus propósitos de claridad.

Todo genio, dice Nietzsche, lleva una máscara. Freud ha escogido una de las más impenetrables: la de la discreción. Su vida exterior esconde una productividad demoníaca tras una existencia burguesa y sobria, casi pedantesca. Su rostro oculta al genio creador tras unos rasgos serenos y regulares. Su obra, audaz y revolucionaria como pocas, reviste modestamente su aspecto exterior de métodos universitarios afines a las ciencias naturales exactas. Y la frialdad incolora de su estilo engaña respecto de su artística y cristalina fuerza creadora. Genio de la sobriedad, gusta de manifestar sólo lo que de sobrio tiene su ser, no lo genial. En primer lugar, se hace visible la mesura, y la desmesura no aparece sino mucho después, al llegar al fondo. En todas las cosas Freud es más de lo que quiere hacer ver y, sin embargo, en cada una de las manifestaciones de su naturaleza sigue siendo inequívocamente él mismo, pues dondequiera que impere en un hombre la ley de una unidad superior, esta aflora palpable y triunfante en todos los elementos de su ser: estilo, obra, aspecto y vida.

EL PUNTO DE PARTIDA

"Ni en mi juventud, ni tampoco más tarde, sentí una preferencia especial por la condición y la actividad del médico", confiesa Freud en su biografía con la franqueza inflexible para consigo mismo que lo caracteriza. Sin embargo, esta confesión se completa con otra que resulta muy esclarecedora: "Me sentía impulsado más bien por una especie de afán de saber orientado más hacia las relaciones humanas que hacia los objetos naturales." Pero esta inclinación tan íntima no se corresponde con ninguna carrera académica, pues el programa de estudios de medicina de la Universidad de Viena no incluye ninguna materia de enseñanza con el nombre de "Relaciones humanas". Y puesto que el joven estudiante tiene que pensar pronto en ganarse el pan, no puede abandonarse por mucho tiempo a sus inclinaciones personales, sino que se ve obligado a marcar el paso pacientemente con los demás estudiantes por el empedrado de los doce semestres prescritos. Ya como estudiante, Freud trabaja seriamente en investigaciones independientes; sus deberes académicos, en cambio, los cumple, según su propia y franca confesión, "muy negligentemente", y no obtiene su título de doctor en medicina hasta el año 1881, a la edad de veinticinco años, "con bastante retraso".

Es el destino de muchos: en este hombre inseguro de sus pasos se prepara, a modo de presentimiento, una vocación que de momento debe trocar por una profesión práctica que le es indiferente. Pues desde el principio el lado artesanal de la medicina, su parte técnica y escolástica, no atrae a este espíritu orientado hacia lo universal. Psicólogo nato en el fondo de su ser –lo ignorará durante mucho tiempo–, el joven médico busca instintivamente la manera de, como mínimo, acercar su campo de actividad teórico al dominio del alma. Escoge, pues, la especialidad de psiquiatría y se dedica a la anatomía del cerebro, porque entonces en las aulas de medicina no se enseñaba ni practicaba todavía la psicología aplicada al individuo, esa ciencia del alma de la que hoy ya no podemos prescindir: Freud la tendrá que inventar. Toda anomalía del alma es considerada por la concepción mecanicista de la época como una simple degeneración de los nervios, como una alteración enfermiza; prevalece impávido el error de pensar que un día, gracias a un conocimiento cada vez más minucioso de los órganos y a los experimentos con animales, se podrán calcular exactamente los automatismos del alma y corregir cualquier desviación. Es por esta razón por la que la psicología de entonces tiene su gabinete en el laboratorio de fisiología, y se cree que se llevan a cabo estudios exhaustivos midiendo las oscilaciones y vibraciones de los nervios mediante el escalpelo y la lanceta, el microscopio y los aparatos de reacción eléctricos. De modo que al principio también Freud tiene que sentarse a la mesa de disección y buscar con toda suerte de aparatos técnicos unas causas que en realidad nunca se manifiestan bajo la tosca forma de una evidencia palpable. Trabaja durante años en el laboratorio de los famosos anatomistas Brücke y Meynert, y ambos maestros no tardan en reconocer en el joven ayudante el don innato del descubridor creativo e independiente. Ambos tratan de ganarlo como colaborador permanente para su especialidad. Meynert incluso ofrece al joven médico la posibilidad de que lo sustituya en sus clases de anatomía del cerebro. Pero una tendencia interior se resiste inconscientemente en Freud. Quizá su instinto presiente ya la decisión que acabará por tomar; en todo caso, rechaza el honroso ofrecimiento. Sin embargo, sus trabajos histológicos y clínicos realizados hasta entonces siguiendo los métodos académicos bastan para nombrarlo agregado de neurología en la Universidad de Viena.

Agregado de neurología: en aquella época, en Viena, esto significaba un título muy codiciado y bien remunerado para cualquier médico sin fortuna y de veintinueve años de edad. Freud debería tratar ahora a sus pacientes año tras año sólo según el método clásico prescrito y debidamente aprendido, y podría llegar así a ser catedrático supernumerario y al final incluso consejero áulico. Pero ya entonces se manifiesta en él ese instinto tan característico de autocontrol que durante toda su vida lo llevará a avanzar y profundizar cada vez más. Pues este joven profesor reconoce honradamente lo que todos los demás neurólogos se ocultan entre ellos y a menudo a sí mismos, a saber, que toda la técnica de tratamiento nervioso de los fenómenos psicógenos, tal como se enseña en 1885, es completamente inoperante y se encuentra atascada en un callejón sin salida. Pero, ¿cómo practicar otra, si en Viena no se enseña más que esta? Lo que en 1885 (y hasta mucho más tarde) se puede aprender de los catedráticos vieneses el joven agregado lo ha aprendido ya hasta el último detalle: trabajo clínico esmerado, anatomía perfectamente exacta y, además, las virtudes fundamentales de la escuela de Viena, que son una estricta escrupulosidad y una aplicación inflexible. Más allá de esto, ¿qué podría aprender de unos hombres que no saben más que él? Por eso la noticia de que, en París, desde hace unos años, se practica la psiquiatría con una orientación completamente distinta, le produce un inmenso efecto y provoca en él una tentación irresistible. Sorprendido y receloso, pero también fascinado, se entera de que allí Charcot, aunque originalmente especialista en anatomía del cerebro, lleva a cabo experimentos singulares con la ayuda de esa maldita e infame hipnosis que, en Viena, desde que Franz Anton Mesmer fuera por fortuna expulsado de la ciudad, ha sido tres veces anatemizada. Freud se da cuenta enseguida de que, desde lejos, sólo por los informes de las revistas médicas, no se puede hacer una idea exacta de tales experimentos, de que hay que verlos uno mismo para poder juzgarlos. Y el joven científico, guiado por esta misteriosa intuición interior que deja entrever siempre a los espíritus creadores su verdadero camino, parte inmediatamente hacia París. Su maestro Brücke respalda la solicitud del joven médico sin fortuna que pide una bolsa de viaje. Se la conceden. Y para empezar de nuevo a aprender antes de enseñar, el joven profesor viaja a París en el año 1886.

Enseguida se encuentra en una atmósfera diferente. Cierto que Charcot, como Brücke, parte de la anatomía patológica, pero ya la ha dejado atrás. En su famoso libro *La foi qui guérit*, el gran científico francés ha investigado las condiciones psicológicas de los milagros religiosos, rechazados hasta el momento como inverosímiles por la arrogancia científica, y ha establecido ciertas regularidades típicas en sus manifestaciones. En vez de negar los hechos, ha empezado a interpretarlos y, con la misma falta de prejuicios, se ha acercado a todos los demás sistemas de curación milagrosa, entre ellos el desacreditado mesmerismo. Por primera vez Freud conoce a un sabio que, contrariamente a su escuela de Viena, no repudia de antemano la histeria como una simulación, sino que estudia esta enfermedad del alma, la más interesante de todas, por ser la más plástica, y demuestra que sus ataques y arrebatos son consecuencia de trastornos interiores, por lo que hay que interpretarlos de acuerdo con causas psíquicas. En aulas públicas, Charcot demuestra con pacientes hipnotizados que las conocidas y típicas parálisis pueden ser provocadas o suprimidas en cualquier momento mediante la sugestión en estado de sonambulismo y que, en consecuencia, no son simples reflejos fisiológicos, sino que están sometidas a la voluntad. Aunque los detalles de su teoría no siempre convencen al joven médico vienés, sin embargo, le impresiona en gran medida el hecho de que en París se reconozcan y se tengan en cuenta dentro de la neurología no sólo las causas físicas, sino también las psíquicas e incluso las metafísicas. Ve con complacencia que allí la psicología se acerca de nuevo a la antigua ciencia del alma y se siente más atraído por este método anímico que por todo lo aprendido antes. También en su nueva esfera de actividad tiene la suerte –aunque, ¿se puede llamar suerte lo que en el fondo es el eterno y recíproco olfato instintivo de los espíritus superiores?– de despertar un interés especial entre sus profesores. Lo mismo que Brücke, Meynert y Nothnagel en Viena, también Charcot descubre pronto en Freud una naturaleza y un pensamiento creadores y lo atrae a su esfera personal. Le encarga la traducción de sus obras al alemán y lo distingue a menudo con su confianza. Cuando, al cabo de unos meses, Freud regresa a Viena, su visión interior del mundo ha cambiado. Se da cuenta vagamente de que el camino de Charcot no es el que más le conviene; también aquel investigador se ocupa demasiado del experimento corporal y apenas se fija en lo que demuestra en el plano psíquico. Pero ya estos pocos meses han hecho madurar en el joven científico un nuevo coraje y unas nuevas ansias de independencia. Ahora puede empezar su propio trabajo de creación.

Antes, es verdad, queda por cumplir una pequeña formalidad. Todo becario de la universidad está obligado, a su regreso, a presentar un informe sobre sus experiencias científicas en el extranjero. Freud lo hace en la Sociedad de Medicina. Habla de los nuevos métodos de Charcot y describe los experimentos hipnóticos de la Salpêtrière. Pero, desde Franz Anton Mesmer, el cuerpo médico de Viena desconfía terriblemente de cualquier procedimiento sugestivo. Con una sonrisa de superioridad despachan el informe que expone Freud según el cual es posible provocar artificialmente los síntomas de histeria, y su comunicación sobre la existencia de una histeria masculina produce una franca risotada entre sus colegas. Primero le dan benévolos golpecitos en la espalda y lo compadecen por haber dejado que en París se la dieran con queso. Pero, como Freud no cede, cierran al indigno renegado las puertas del santuario, el laboratorio de estudios cerebrales, donde –¡alabado sea Dios!– todavía se practica una psicología "seria y científica". Desde entonces Freud se convierte en la *bête noire* de la Universidad de Viena, no vuelve a pisar el suelo de la Sociedad de Medicina y, sólo gracias a la protección privada de una paciente rica e influyente (como él mismo confiesa), obtiene al cabo de unos años el título de catedrático supernumerario. La ilustre Facultad recuerda muy a disgusto que Freud pertenece al cuerpo académico. El día de su septuagésimo aniversario la institución prefiere bien explícitamente *no* acordarse y se abstiene incluso de saludarlo y felicitarlo. Freud no ha llegado nunca a profesor titular, tampoco a consejero áulico ni a consejero privado; siempre ha sido lo que fue desde el principio: un profesor supernumerario entre los numerarios.

Con su rechazo a los procedimientos mecanicistas de la neurología utilizados en Viena, que trataban de curar las enfermedades del alma exclusivamente por medio de excitaciones cutáneas o de medicamentos, Freud no sólo ha echado a perder su carrera, sino también su consultorio médico. Ahora tiene que caminar solo. En estos comienzos apenas si ha llegado a conocer algo más que el lado negativo de la cuestión, a saber: que no se pueden hacer los descubrimientos psicológicos decisivos en el laboratorio psiquiátrico ni con aparatos para medir las reacciones nerviosas. Sólo con un método completamente distinto, y partiendo de otro punto de vista, la ciencia se puede acercar a las misteriosas marañas del alma. Encontrar este método o, mejor dicho, inventarlo, será en adelante el apasionado empeño de sus próximos cincuenta años. París y Nancy le han proporcionado ciertas indicaciones sobre el camino a seguir. Pero, en el mundo de la ciencia, como en el del arte, una idea única no basta para hallar las formas definitivas; en el campo de la investigación la verdadera fecundación sólo se produce con el cruzamiento de una idea y una experiencia. Entonces basta un mínimo impulso para descargar la fuerza creadora.

Este impulso lo da –tan fuerte ha llegado a ser la tensión– la colaboración personal y amistosa con un colega mayor, el doctor Josef Breuer, al que Freud ha conocido antes en el laboratorio de Brücke. Breuer, médico de cabecera muy ocupado, científico incansable sin llegar a ser un creador, había informado a Freud, ya antes de su viaje a París, de un caso de histeria en una muchacha que él había conseguido curar de un modo curioso. La joven presentaba los síntomas ya conocidos de esta enfermedad nerviosa, la más evidente de todas: parálisis, distorsiones, inhibiciones y perturbaciones mentales. Breuer había observado que la joven se sentía aliviada cada vez que podía hablarle lo bastante de ella misma. Por lo que el sabio médico dejaba pacientemente a la enferma que se desahogara con toda libertad, pues se había percatado de que cada vez que ella podía dar curso libre a su fantasía afectiva, experimentaba una mejoría transitoria. Y la muchacha hablaba y hablaba. Pero durante estas confesiones abruptas y deshilvanadas, Breuer se dio cuenta de que la enferma evitaba adrede hablar de lo esencial, de las causas que motivaban su histeria. Intuyó que aquella criatura sabía algo de sí misma que no quería en absoluto aceptar y que por eso lo reprimía. Y para despejar el camino obstruido que conducía a la experiencia oculta, se le ocurrió hipnotizar regularmente a la muchacha. Sumida en este estado de voluntad suprimida, el médico confiaba en poder despejar para siempre todas las "inhibiciones" (cabe preguntarse qué palabra se podría utilizar aquí, si el psicoanálisis no hubiera inventado esta) que se oponían al esclarecimiento definitivo del caso. Y, en efecto, su intento dio resultado: en estado de hipnosis, en el que queda abolido todo pudor, la muchacha confesaba sin rodeos todo lo que hasta entonces había ocultado tan tenazmente al médico y, sobre todo, a sí misma, esto es, que junto a la cabecera de la cama de su padre enfermo había experimentado y reprimido ciertos sentimientos. Estos sentimientos refrenados por motivos de decoro habían encontrado o, mejor dicho, inventado como derivativo los síntomas enfermizos. Pues, cada vez que la joven confesaba estos sentimientos en estado de hipnosis, desaparecían inmediatamente los fenómenos que los sustituían: los síntomas de histeria. Breuer prosiguió sistemáticamente el tratamiento en este sentido. Y en la medida en la que se explicaba la enferma, los peligrosos fenómenos histéricos retrocedían: resultaban inútiles. Al cabo de unos meses, la paciente fue devuelta a casa completamente curada.

En una ocasión Breuer había comentado este caso singular como especialmente notable a su joven colega. Lo que más le complacía de este tratamiento era haber devuelto la salud a una neurótica.

Pero Freud, con su profundo instinto, sospecha enseguida, tras esta terapia descubierta por Breuer, una ley de mucho mayor alcance que consistía en que "las energías del alma se pueden desplazar", que en el "inconsciente" (tampoco esta palabra había sido inventada todavía) tiene que existir una dinámica de conmutaciones que transforma los sentimientos desviados de su curso natural (o, como decimos desde entonces, "no liberados") y los lleva a otras manifestaciones, físicas o psíquicas. El caso encontrado por Breuer ilumina desde otro ángulo las experiencias traídas de París, y para seguir entre las tinieblas la huella descubierta, los dos amigos deciden trabajar juntos. Las obras escritas por ellos en colaboración: *Sobre el mecanismo psíquico de los fenómenos histéricos*, de 1893, y *Estudios sobre la histeria*, de 1895, representan la primera consignación escrita de estas ideas revolucionarias: en ellas centellea por primera vez la aurora de una nueva psicología. Estas investigaciones comunes establecen por primera vez que la histeria no es la consecuencia, como se creía hasta entonces, de una enfermedad orgánica, sino de un trastorno provocado por un conflicto interior del que ni siquiera el mismo enfermo es consciente y bajo cuya presión se forman esos "síntomas", esas alteraciones enfermizas. Así como la fiebre es originada por una infección interna, los trastornos psíquicos tienen su origen en una represión de los sentimientos. Y así como la fiebre mengua cuando la supuración encuentra una vía de salida, así también cesan las violentas contracciones y desviaciones de la histeria tan pronto como se consigue dar salida a los sentimientos retenidos y reprimidos, y "dirigir hacia caminos normales, donde pueda circular libremente, el flujo afectivo empleado para mantener el síntoma, que había sido desviado y, por decirlo así, inmovilizado en falsas vías".

Al principio, Breuer y Freud recurren a la hipnosis como instrumento de liberación psíquica. Pero en aquella época prehistórica del psicoanálisis, la hipnosis no representa en absoluto un remedio en sí mismo, sino sólo un medio. La emplean simplemente para ayudar a relajar las tensiones afectivas: representa, por decirlo así, la anestesia para la operación que se va a acometer. Sólo cuando se han eliminado los obstáculos del estado de vigilia consciente, el enfermo expresa libremente lo que mantenía en secreto, y por el solo hecho de confesarlo disminuye la presión angustiosa.

Se procura un desahogo a un alma oprimida, la liberación de la tensión que la tragedia griega celebra como un elemento de salvación y de felicidad. Por esta razón, Breuer y Freud desde el primer momento califican su método de "catártico" en el sentido que le da Aristóteles. Gracias al conocimiento de sí mismo, el acto fallido, artificial y enfermizo se hace superfluo, y los síntomas, que sólo tenían un valor simbólico, desaparecen. Expresar los sentimientos significa, pues, en cierto modo, desahogarse; conocerse es también liberarse.

Breuer y Freud habían llegado juntos a estas hipótesis importantes, incluso decisivas. A partir de aquí, sus caminos se separan. Breuer, el médico, alarmado por los muchos peligros de esta pendiente, vuelve a la medicina; lo que le interesa sobre todo son los medios de curación de la histeria, la supresión de los síntomas. En cuanto a Freud, que acaba de descubrir en sí mismo al psicólogo, se siente más fascinado por el fenómeno psíquico, por el misterio del proceso de transformación que ya empieza a entrever. Atrae y excita su curiosidad cada vez más impetuosa el hecho recién descubierto de que los sentimientos pueden ser refrenados y sustituidos por síntomas; en un caso adivina toda la problemática del mecanismo de la psique. Porque, si los sentimientos pueden ser reprimidos, ¿quién los reprime? Y, sobre todo, ¿adónde son relegados? ¿Según qué leyes las fuerzas se conmutan pasando del plano psíquico al físico, y en qué espacio tienen lugar estas transformaciones incesantes de las que el hombre en estado de vigilia no sabe nada y de las que, sin embargo, tiene conocimiento cuando se lo fuerza a ello? Una esfera desconocida, en la que la ciencia hasta ahora no se ha aventurado, empieza a perfilarse vagamente ante los ojos de Freud; divisa a lo lejos los contornos difusos de un nuevo mundo: el inconsciente. Y en adelante el "estudio de la región inconsciente de la vida anímica del individuo" se convertirá en la pasión de su vida. Ha empezado el descenso al abismo.

EL MUNDO DEL INCONSCIENTE

Siempre requiere un esfuerzo especial querer olvidar lo que uno sabe, descender artificialmente de un nivel superior de conocimiento a otro más ingenuo. Y lo mismo ocurre cuando se quiere evocar la manera como el mundo científico de 1900 interpretaba el concepto de inconsciente. La psicología anterior, pre-freudiana, sabía perfectamente que nuestro caudal anímico no se agota del todo con la actividad consciente de la razón y que detrás de ella existe otra fuerza que actúa, por decirlo así, en la sombra de nuestro ser y de nuestro pensamiento. El problema es que no sabía qué hacer con esta realidad, pues nunca intentó trasladar realmente dicho concepto al dominio de la ciencia y de la investigación. La filosofía de la época se ocupa de los fenómenos psíquicos sólo cuando entran en el círculo luminoso de la consciencia. Pero le parece un contrasentido –una *contradictio in adjecto*– pretender convertir el inconsciente en objeto de la consciencia. No considera el sentimiento como tal sino cuando es claramente perceptible, y la voluntad sólo cuando expresa un deseo; pero, mientras las exteriorizaciones psíquicas no se elevan por encima de la superficie de la vida consciente, la psicología las descarta de las ciencias humanísticas por imponderables.

Freud traslada al psicoanálisis el *terminus technicus* "inconsciente", pero le da un sentido completamente distinto del de la filosofía clásica. Para Freud el consciente no es el único acto psíquico, y el inconsciente, en consecuencia, no pertenece a una categoría diferente y subordinada; afirma categóricamente que todos los actos psíquicos son al principio producto del inconsciente; aquellos de los que se tiene consciencia no representan una clase diferente ni superior, sino que deben su entrada en el consciente a una propiedad exterior, como la luz que ilumina un objeto. Una mesa sigue siendo una mesa, tanto si permanece invisible en una sala oscura como si una lámpara eléctrica la hace visible. La luz sólo hace perceptible su presencia a los sentidos, pero no es la causa de su existencia. Cierto que en este estado de mayor visibilidad se la puede estudiar con más precisión que a oscuras, aunque también en este caso con otro método, palpando y tanteando, es posible verificar hasta cierto punto su naturaleza. Pero, como es lógico, la mesa invisible en la oscuridad pertenece al mundo físico tanto como la visible, y del mismo modo, en psicología, el inconsciente pertenece al dominio del alma tanto como el consciente. Así pues, en Freud, por primera vez, "inconsciente" ya no significa "incognoscible" y entra en la ciencia con un nuevo significado. Gracias a esta sorprendente exigencia freudiana de examinar con más detenimiento y con un nuevo instrumento metodológico –la escafandra de su psicología abisal–, no sólo la superficie de los fenómenos psíquicos, sino también su fondo más recóndito, bajo la superficie del consciente, la psicología académica vuelve a ser al fin una verdadera ciencia del alma, aplicable a la vida práctica e incluso curativa.

Este descubrimiento de un nuevo espacio de investigación, la transformación fundamental y la formidable ampliación del campo de fuerzas del alma, revela la auténtica genialidad de Freud. De golpe la esfera psíquica reconocible multiplica su contenido y, además de la dimensión de superficie, abre a la investigación el mundo de la profundidad. Gracias a este cambio, aparentemente insignificante –las ideas importantes aparecen siempre a posteriori como simples y evidentes–, se modifican todas las medidas del dinamismo psíquico. Y es probable que una futura historia del espíritu cuente este instante creador de la psicología entre los momentos más grandes y de mayor alcance, del mismo modo que Kant y Copérnico, con un simple desplazamiento del ángulo de visión intelectual, cambiaron la manera de pensar de la época. Pues ya hoy la imagen que se forman del alma las universidades a comienzos de siglo nos parece tan torpe, errónea y estrecha como un mapa ptolomeico que llama cosmos a una parte insignificante del universo geográfico. Al igual que aquellos ingenuos cartógrafos, los psicólogos prefreudianos designan este continente inexplorado como *terra incognita*; "inconsciente" para ellos es un sinónimo que viene a sustituir incognoscible e inescrutable. Sospechan que en alguna parte debe haber un depósito oscuro y enmohecido del alma en el que desaguan para encenagarse nuestros recuerdos no utilizados, un trastero donde amontonamos sin ningún objetivo lo olvidado y desaprovechado, un almacén del cual, a lo sumo y de vez en cuando, nuestra memoria saca algún objeto para llevarlo a la consciencia. Pero el concepto fundamental de la ciencia prefreudiana era y sigue siendo este: el mundo inconsciente es en sí completamente pasivo, absolutamente inactivo, es una vida vivida y muerta, un pasado acabado y, por lo tanto, sin influencia ni poder sobre nuestro presente anímico.

A esta concepción Freud opone la suya: el inconsciente no es en absoluto un residuo de la vida del alma, sino su materia prima, de la cual sólo una minúscula parte llega a la superficie iluminada de la consciencia. Y esta parte principal, a la que llamamos el inconsciente, no por no manifestarse está muerta ni deja de ser dinámica. En realidad, es tan activa y viva como la otra e influye en nuestros pensamientos y sentimientos; quizá incluso representa la parte más vivida de nuestra existencia psíquica. Así pues, aquel que en todas sus decisiones no cuenta con la voluntad inconsciente comete un error, porque excluye del cálculo el estímulo principal de nuestras tensiones interiores; de la misma manera que no se puede evaluar el volumen de un iceberg por el fragmento que emerge de la superficie (su verdadera masa queda oculta bajo el agua), así también se engaña aquel que cree que sólo nuestros pensamientos claros, nuestras energías conscientes, determinan nuestros actos y nuestros sentimientos. Nuestra vida no flota libremente en el elemento de lo racional, sino que se halla bajo la constante presión del inconsciente; cada instante de nuestra vida diaria es arrastrado por las olas de un pasado aparentemente olvidado. Nuestro mundo superior no pertenece a la voluntad consciente y a la razón metódica en la medida en que nos imaginamos, sino que de las oscuras nubes del inconsciente saltan como chispas las decisiones importantes, y de las profundidades del mundo de los instintos nacen los terremotos que sacuden nuestro destino. Ahí abajo se aloja, apiñado, todo lo que en la esfera consciente separan las fronteras vidriadas de las categorías espacio y tiempo; los deseos de una infancia olvidada, que creíamos enterrados para siempre, se mueven impacientes y a veces, ardientes y hambrientos, invaden nuestra claridad diurna; el miedo y la angustia, olvidados tiempo ha por nuestra memoria consciente, lanzan de repente sus gritos mediante el conducto de los nervios; allí se entrelazan, enraizados en nuestro ser, las ansias y los deseos no sólo de nuestro propio pasado, sino también de generaciones convertidas en ceniza y de antepasados bárbaros. De las profundidades surgen nuestros actos más propios, del misterio, oculto para nosotros mismos, brotan las súbitas iluminaciones, el poder superior que domina nuestra fuerza. Allí habita, entre tinieblas, ignorado, el antiquísimo Yo del que nuestro Yo civilizado ya nada sabe o nada quiere saber; pero, de repente, se yergue y atraviesa las delgadas capas de la cultura, y sus instintos, primitivos e indomables, afluyen amenazadores a nuestra sangre, pues la voluntad primordial del inconsciente es subir a la luz, hacerse consciente y desahogarse en la acción: "Puesto que existo, debo actuar". En todo momento, en cada palabra que pronunciamos, en cada uno de nuestros actos, nos vemos obligados a reprimir o más bien repeler movimientos inconscientes; nuestro sentimiento ético o civilizador tiene que defenderse sin cesar de la bárbara voluptuosidad de los instintos. Y así –fantástica visión, evocada por primera vez por Freud– toda nuestra vida anímica aparece como una lucha interminable y grandiosa entre la voluntad consciente y la inconsciente, entre la acción responsable y nuestros instintos irresponsables. Pero todo lo aparentemente inconsciente tiene en cada una de sus manifestaciones, aun cuando sean incomprensibles para nosotros, un sentido preciso; hacer comprender a cada individuo el sentido de sus impulsos inconscientes es la misión futura que Freud exige de una nueva y necesaria psicología. Sólo conocemos el mundo de los sentimientos de un hombre cuando podemos iluminar sus regiones subterráneas: sólo descendiendo al fondo de su alma podemos averiguar las causas reales de sus trastornos y alteraciones. Aquello de lo que el hombre tiene consciencia, el psicólogo y el psicoterapeuta no tienen necesidad de enseñárselo. Únicamente cuando no conoce su inconsciente puede serle verdaderamente útil el médico.

Pero ¿cómo descender a estas regiones crepusculares? La ciencia de la época no conoce el camino. Niega rotundamente la posibilidad de comprender los fenómenos del subconsciente con sus aparatos de precisión mecánica. La vieja psicología, pues, sólo podía llevar a cabo sus investigaciones a la luz del día, en el mundo del consciente; pero pasaba indiferente y sin mirar ante el mudo o el que hablaba en sueños. Freud rompe y desecha esta concepción como un leño podrido. Está convencido de que el inconsciente no es mudo, sino que habla, aunque con otros signos y símbolos distintos de los del lenguaje consciente. Por ello, quien quiere descender desde la superficie al fondo de sí mismo, debe en primer lugar aprender el lenguaje de este nuevo mundo. Como los egiptólogos ante la piedra de Rosetta, Freud empieza a interpretar signo tras signo, a elaborar un vocabulario y una gramática del lenguaje del inconsciente para hacer comprensibles las voces que vibran, tentando o advirtiendo, detrás de nuestras palabras y de nuestro estado de vigilia, y a las que por regla general obedecemos más ciegamente que a nuestra ruidosa voluntad. Aquel que comprende un lenguaje nuevo capta también un nuevo sentido. Así Freud, con su nuevo método de psicología abisal, abre las puertas de un mundo psíquico desconocido, y gracias a él, la psicología científica pasa de ser una mera observación teórica de los fenómenos de la consciencia a lo que siempre debería haber sido: la ciencia del alma. Ya no quedará por más tiempo inadvertido, a la sombra lunar de la ciencia, uno de los hemisferios de nuestro cosmos interior. Y a medida que se aclaran y se distinguen los primeros contornos del inconsciente, se manifiesta de manera cada vez más certera una nueva perspectiva sobre la grandiosa y reveladora estructura de nuestro mundo psíquico.

INTERPRETACIÓN DE LOS SUEÑOS

Comment les hommes ont-ils si peu réfléchi jusqu'alors aux accidents du sommeil, qui accusent en l'homme une double vie! N'y aurait-il pas une nouvelle science dans ce phénomène?... il annonce au moins la désunion fréquente de nos deux natures. J'ai donc enfin un témoignage de la supériorité qui distingue nos sens latents de nos sens apparents.
Louis Lambert, *Balzac,* 1833

El inconsciente es el secreto más profundo de todo ser humano: ayudarle a descubrirlo es la tarea que se propone el psicoanálisis. Pero, ¿cómo se revela un secreto? De tres maneras: se puede arrancar a un hombre a la fuerza lo que oculta (no en vano los siglos han mostrado cómo se desatan los labios más obstinados mediante la tortura); se puede, por combinación, adivinar lo que se esconde aprovechando los breves instantes en que su contorno –como el dorso de un delfín por encima del impenetrable espejo del mar– emerge durante un segundo de la oscuridad; y, finalmente, se puede esperar con gran paciencia que la vigilancia baje la guardia y el secreto se revele al fin.

La psicología utiliza estas tres técnicas alternativamente. Primero trató a la fuerza de hacer hablar al inconsciente sometiéndolo a hipnosis. La psicología ha tenido claro desde siempre que el hombre sabe de él más de lo que se confiesa a sí mismo y a los demás, pero no conocía la manera de acercarse al subconsciente. El mesmerismo representó el primer intento de mostrar que, en estado de letargo artificialmente provocado, se puede sacar más de un hombre que en estado de vigilia. Puesto que en estado de trance tiene la voluntad anestesiada, no sabe que habla delante de otros; en tanto que se cree solo, flotando en el universo, expresa ingenuamente sus deseos y secretos más íntimos. Por esta razón la hipnosis parecía al principio el procedimiento más prometedor. Sin embargo, pronto (por razones que llevaría demasiado tiempo exponer) Freud renuncia a esta manera violenta de irrumpir en el inconsciente, por considerarla inmoral y estéril; de la misma forma que la justicia, en una fase más humana, renuncia voluntariamente a la tortura para sustituirla por el arte más sutil del interrogatorio y la prueba de los indicios, así también el psicoanálisis pasa de la primera época en la que se empleaba la violencia para obtener la confesión a la de la conjetura basada en la combinación de datos. Todo animal, por ágil y ligero que sea, deja huellas. Al igual que el cazador reconoce en la más mínima pisada el modo de andar y la especie del animal que busca, y el arqueólogo a partir de un fragmento de ánfora establece el carácter de una generación en toda una ciudad sepultada, el psicoanálisis, en su época más avanzada, aplica su arte detectivesco a las señales actuales en las que la vida inconsciente se descubre en la consciente. Ya en sus primeras investigaciones de estos pequeños indicios, Freud descubre un rastro sorprendente: los llamados actos fallidos. Por actos fallidos (para cada nuevo concepto Freud encuentra siempre el término certero como un disparo al corazón) entiende la psicología abisal todos aquellos fenómenos singulares que la mayor y más antigua maestra de la psicología, la lengua, había reconocido como un grupo homogéneo y había caracterizado en alemán con la partícula *ver*, por ejemplo *versprechen* (equivocarse al hablar), *verlesen* (equivocarse al leer), *verschreiben* (equivocarse al escribir), *verwechseln* (tomar una cosa por otra), *vergessen* (olvidar), *vergreifen* (confundir). Hechos insignificantes, sin duda, errores que todos cometemos una docena de veces al día. Pero, ¿de dónde salen estos duendecillos de la vida cotidiana? ¿Cuál es la causa de esta rebelión de la materia contra nuestra voluntad? Ninguna, el azar o la fatiga, responde la vieja psicología, si es que llega a juzgar dignos de su atención estos errores vulgares y de poca monta. Descuido, distracción, inadvertencia. Pero Freud aborda estos fenómenos con más agudeza: ¿qué significa distracción sino no tener el pensamiento allí donde se quisiera tener? Y cuando no se realiza el acto voluntario, ¿cómo es que otro involuntario corre inmediatamente a reemplazarlo? ¿Por qué pronunciamos una palabra distinta de la que nos proponíamos decir? Puesto que en el acto fallido se realiza lo contrario de lo que se quería, tiene que haber intervenido alguien de improviso para ejecutarlo. Ha de haber algo que deje salir la palabra errónea, que esconda el objeto que uno quiere encontrar, que introduzca maliciosamente en la mano el objeto falso en lugar del que se está buscando conscientemente. Freud no admite en el plano psíquico (y esta idea preside todo su método) nada que carezca de sentido o sea simplemente fortuito. Para él todo hecho psíquico tiene un sentido determinado, cada acción tiene su autor, y, puesto que en los actos fallidos el consciente no actúa, sino que es suplantado, ¿qué otra cosa puede ser esta fuerza sustitutiva sino el inconsciente, buscado durante tanto tiempo y en vano? Así pues, acto fallido no significa para Freud distracción, sino la victoria de un pensamiento reprimido. En los lapsus que cometemos al hablar, escribir o interpretar se expresa algo que nuestra voluntad consciente no quería dejar salir. Y este algo habla la lengua del inconsciente, una lengua desconocida que primero hay que aprender.

Así se aclaran dos puntos fundamentales. Primero, que, en cada acto fallido, en cada acción aparentemente errónea, se expresa un deseo oculto. Y segundo, que en la esfera de la voluntad consciente debe de haber una resistencia contra esta manifestación del inconsciente. Si por ejemplo (escojo uno de los ejemplos de Freud) un profesor dice del trabajo de un colega en un congreso: "No podemos *despreciar* lo bastante este descubrimiento", está claro que su intención era decir *apreciar*, pero en su fuero interno pensaba en *despreciar*. El acto fallido delata su verdadero sentir, divulga, para su propio espanto, el secreto deseo de ver desacreditado más que enaltecido el trabajo de su colega. O cuando una turista muy fina y educada se queja en una excursión a los Dolomitas de que tiene la blusa y la camisa empapadas de sudor y añade: "Pero cuando llegue al pantalón (*hose*) y pueda desvestirme…", ¿quién no comprenderá que su primera intención era completar la frase informando ingenuamente de que tenía sudados la blusa, la camisa y el pantalón? La idea del pantalón estaba a punto de traducirse en palabra cuando, en el último momento, su consciente se da cuenta de la inconveniencia de la situación, se representa la palabra, quiere cambiarla por otra, *haus* (casa), pero se produce el lapsus. La voluntad oculta no ha sido vencida, sino que, aprovechando una confusión momentánea, intercala la palabra en la frase siguiente como "acto fallido". Cuando uno se equivoca al hablar, dice lo que no quería decir, pero que en realidad pensaba. Olvida lo que en su interior verdaderamente quería olvidar. Pierde lo que deseaba perder. Casi siempre el acto fallido es una confesión y una traición a uno mismo.

Este descubrimiento psicológico de Freud, insignificante en comparación con sus hallazgos propiamente dichos, es el más unánimemente reconocido, porque es el más divertido y menos chocante: en el marco de su teoría no representa sino una transición. Pues estos actos fallidos ocurren relativamente pocas veces, proporcionan sólo minúsculos fragmentos del subconsciente, demasiado pocos y demasiado dispersos en el tiempo para poder componer con ellos un mosaico general. Pero a partir de ahí, por supuesto, la naturaleza observadora de Freud va más allá y examina toda la superficie de nuestra vida psíquica para comprobar si no existen otros fenómenos "absurdos" y para interpretarlos bajo esta nueva luz. Y no tiene que buscar mucho para dar con uno de los más frecuentes de nuestra vida psíquica, uno que pasa igualmente por absurdo y hasta por el prototipo del absurdo. Ya el habla habitual designa el sueño, ese visitante diario de nuestras horas nocturnas, como un intruso borroso y un vagabundo extravagante en la ruta normalmente lógica y clara de nuestro cerebro: ¡los sueños, sueños son! Decimos que un sueño es una nada vacía, una pompa de jabón multicolor, sin objeto ni sentido, *fata morgana* de la sangre, y sus imágenes no "significan" nada. No se puede hacer nada con los sueños, no somos responsables de estos ingenuos juegos de los duendes de nuestra fantasía, argumenta la vieja psicología, rechazando toda interpretación razonable: entrar en discusiones con ese mentiroso bufón que es el sueño no tiene sentido ni valor para la ciencia.

Pero, ¿quién habla y actúa en nuestros sueños? ¿Quién los dibuja, pinta y crea? La antigüedad más remota ya sospechaba que alguien distinto a nuestro yo despierto hablaba, actuaba y ejercía su voluntad en los sueños. Decía de ellos que estaban "inspirados" o introducidos en nosotros por una fuerza superior. Se manifiesta allí una voluntad supraterrenal o –si se nos permite la palabra– superpersonal. Pero para cada voluntad extrahumana el mundo místico sólo conocía una interpretación: los dioses. Porque, ¿quién, aparte de ellos, poseía la fuerza transformadora y el poder supremo? Eran ellos quienes, invisibles por lo general, se acercaban a los hombres en sueños simbólicos, les susurraban un mensaje al oído, les llenaban los sentidos de espanto y de esperanza y, exhortando o conjurando, trazaban imágenes multicolores en la pantalla negra del sueño. Creyendo oír en estas manifestaciones nocturnas una voz sagrada o divina, todos los pueblos de los tiempos primitivos dedicaban todo su fervor a comprender en lenguaje humano este lenguaje divino, el "sueño", para conocer a través de él la voluntad de los dioses. Y así, en los albores de la humanidad, una de las primeras ciencias es la interpretación de los sueños: antes de cada batalla y de cada decisión, después de una noche transida de sueños, los sacerdotes y los sabios examinan e interpretan sus imágenes como símbolos de un bien próximo o de un mal inminente. Pues el antiguo arte de interpretar los sueños, al contrario del utilizado por el psicoanálisis, que pretende desvelar el pasado de un hombre, cree que con tales fantasmagorías los inmortales anuncian el futuro a los mortales. Esta ciencia mística se expande durante miles de años en los templos de los faraones, en las acrópolis griegas, en los santuarios de Roma y bajo el cielo ardiente de Palestina. Para cientos y miles de generaciones y pueblos el sueño era el más genuino intérprete del destino.

La nueva ciencia empírica, por supuesto, rompe decididamente con esta concepción tratándola de ingenua y supersticiosa. Al no reconocer a los dioses y apenas lo divino, no ve en los sueños un mensaje del cielo ni sentido alguno. Para ella los sueños son un caos, una cosa sin valor porque carece de sentido, un simple acto psicológico, vibraciones tardías, átonas y disonantes de excitaciones nerviosas, burbujas de sangre que afluyen al cerebro, residuos de impresiones diurnas no digeridas, que arrastra la marea negra del sueño. Esta mezcolanza incoherente carece, desde luego, de todo sentido lógico o psíquico. Es la razón por la que la ciencia no concede a las secuencias de imágenes soñadas ni verdad ni objetivo, ni ley ni significado, y su psicología no trata de buscar sentido a lo que carece de él ni de atribuir importancia a lo que no la tiene.

Es con Freud –al cabo de dos o tres mil años– cuando se vuelve a justipreciar el sueño como un acto revelador del destino. Una vez más la psicología abisal ha reconocido un orden allí donde las otras sólo veían un caos, un movimiento agitado e incoherente: lo que a sus antecesores parecía un laberinto inextricable, sin principio ni final, para ella es la *via regia*, el camino real, que enlaza la vida inconsciente con la consciente. El sueño es el intermediario entre el mundo de nuestros sentimientos ocultos y el que está sometido al conocimiento: gracias a él podemos saber muchas cosas que nos negamos a saber despiertos. Ningún sueño, afirma Freud, carece completamente de sentido, todos tienen, en tanto que actos psíquicos perfectamente válidos, un significado determinado. Son la revelación, no de una voluntad superior, divina y sobrehumana, pero sí a menudo de la voluntad más íntima y secreta del hombre.

Sin embargo, este mensajero no habla nuestra lengua habitual, la de la superficie sino la lengua del abismo, la de la naturaleza inconsciente. Por esta razón no comprendemos enseguida su sentido y su misión: primero debemos aprender a interpretarlos. Una ciencia nueva, todavía en gestación, tiene que enseñarnos a captar, identificar y traducir en un lenguaje comprensible lo que pasa, con una velocidad cinematográfica, en las imágenes proyectadas sobre la pantalla negra de los sueños. Pues, como en todas las lenguas primitivas de la humanidad, como en las de los egipcios, caldeos y aztecas, la lengua de los sueños se expresa exclusivamente en imágenes, y a nosotros se nos presenta cada vez la tarea de traducir sus símbolos en conceptos. Esta transposición de la lengua de los sueños a la del pensamiento la emprende el método freudiano con un propósito nuevo basado en la caracterología. Si la antigua interpretación profética de los sueños quiere sondear el futuro de un hombre, la naciente interpretación psicológica busca ante todo descubrir el pasado psicobiológico para llegar así a su presente más íntimo. Pues el Yo de una persona en sueños es sólo en apariencia el mismo que en estado de vigilia. Como el tiempo no existe en los sueños (no por casualidad decimos que algo ha pasado veloz "como un sueño"), somos a la vez todo lo que un día fuimos y somos ahora, el niño y el adolescente, el hombre de ayer y el de hoy, es decir, el Yo completo, la suma total de nuestra vida, de lo que hemos vivido, mientras que en estado de vigilia sólo percibimos nuestro Yo del momento. Toda vida es, pues, doble. Abajo, en el inconsciente, somos nuestra totalidad, el ayer y el hoy, el hombre primitivo y el hombre civilizado en una mezcla confusa de sentimientos, restos arcaicos de un Yo más amplio compenetrado con la naturaleza. Arriba, a la luz clara y radiante, solo existe el Yo consciente del tiempo. Y de esta vida universal, pero más sorda, tiene noticia nuestra existencia temporal casi exclusivamente por la noche, mediante este misterioso mensajero de las tinieblas: el sueño; lo que vislumbramos de más esencial en nosotros lo sabemos por él. Escucharlo y comprender su mensaje significa, pues, conocer nuestra identidad más íntima. Quien conoce sus deseos no sólo en estado de vigilia, sino también en las profundidades de sus sueños, conoce realmente esta suma de vida vivida y temporal que llamamos personalidad.

Pero, ¿cómo lanzar una sonda a tales impenetrables e inconmensurables profundidades? ¿Cómo reconocer de forma clara lo que nunca se muestra claramente, lo que oscila como una llama confusa y vacilante por las galerías tenebrosas de nuestro sueño, lo que no habla sino en enigmas? Para encontrar una clave aquí, el código capaz de descifrar y traducir a la lengua de la conciencia las imágenes incomprensibles de los sueños, parece indispensable la magia, la intuición de un vidente. Pero Freud posee en su taller de psicología una ganzúa que abre todas las puertas; utiliza un método casi infalible: siempre que se propone llegar a lo más complicado, empieza partiendo de lo más simple. Coloca siempre la forma primera al lado de la última; siempre y en todo lugar, para comprender la flor, tantea primero el camino hasta las raíces. Por eso, Freud empieza su psicología de los sueños en el niño, en vez de hacerlo en el adulto consciente y cultivado. Porque la consciencia infantil acumula todavía pocas cosas en el almacén de la imaginación, el raciocinio es todavía limitado, la asociación de ideas es aún débil y el material de los sueños, por lo tanto, fácil de comprender. El sueño infantil requiere un mínimo de arte interpretativo para penetrar la fina capa del pensamiento y adivinar hasta el más recóndito de sus sentimientos. Un niño ha pasado por delante de una chocolatería, los padres no han querido comprarle nada: el niño, pues, sueña con chocolate. Sin ninguna clase de filtros, sin matices ni colorido, en el cerebro del niño la avidez se convierte en imagen, el deseo en sueño. No existen todavía la inhibición, el comedimiento y la prudencia moral, intelectual o pudorosa. Con la misma naturalidad con la que el niño expone a cualquiera su cuerpo desnudo sin ningún sentimiento de pudor, desvela sus deseos más íntimos en el sueño.

Así se prepara en cierto modo la interpretación futura. Las imágenes simbólicas del sueño suelen esconder deseos insatisfechos o reprimidos que no se pueden realizar a la luz del día y se afanan por volver a entrar en nuestras vidas por el camino de los sueños. Lo que por alguna razón no puede convertirse en acción o palabra durante el día se expresa allí en cuadros, imágenes y fantasías multicolores; desnudos y despreocupados, todos los deseos y aspiraciones del Yo interior pueden juguetear y retozar a sus anchas en el oleaje del sueño sin guardia ni vigilancia. Aparentemente sin trabas –Freud corregirá pronto este error– se exterioriza allí lo que en la vida real no puede hacerse valer: los deseos más oscuros, los apetitos más peligrosos y prohibidos; en este coto inaccesible el alma, encerrada durante todo el día en el redil, puede al fin dar rienda suelta a sus tendencias sexuales y agresivas; en el sueño el hombre puede abrazar y violar a la mujer que lo rechazó en la vida real, el mendigo puede alzarse con riquezas, el feo adornarse con un bello disfraz, el viejo rejuvenecer, el desesperado sentirse feliz, el olvidado hacerse famoso, y el débil, fuerte. Sólo aquí el hombre puede matar a sus adversarios, sojuzgar a sus superiores, satisfacer al fin sus deseos más íntimos en un éxtasis divinamente libre e ilimitado. Todo sueño no significa, pues, sino un deseo reprimido durante el día o disimulado ante uno mismo: esta parece ser la fórmula inicial.

El gran público se ha quedado con esta primera constatación de Freud, porque la fórmula "el sueño es como un deseo insatisfecho" es tan fácil y cómoda, que se puede jugar con ella como con una canica. Y, de hecho, ciertos círculos creen que llevan a cabo seriamente análisis de los sueños entreteniéndose con el divertido juego de sociedad que consiste en explorar los símbolos del deseo y de la sexualidad mediante los sueños. En realidad, nadie ha observado ni celebrado con más respeto que Freud la multiplicidad de mallas que forman la red de los sueños y el arte místico de sus enredados dibujos. Su desconfianza frente a resultados demasiado rápidos no tardó en advertir que tanta claridad sinóptica y tan pronta comprensibilidad sólo son válidos para los sueños infantiles, porque en los adultos la fértil fantasía se sirve ya de un formidable material simbólico de asociaciones y recuerdos, y el vocabulario de imágenes que en el cerebro infantil comprende a lo sumo unos cientos de representaciones distintas, en el adulto teje, con una habilidad y una rapidez inimaginables, millones y quizá miles de millones de instantes vividos enlazándolos en mallas de lo más entreveradas. Se ha acabado, en el alma del adulto, la desnudez y la franqueza sin rebozo del alma infantil, que mostraba sus deseos con total desinhibición; ha concluido la despreocupada charla con imágenes de los primeros juegos nocturnos, pues el sueño del adulto no sólo es más diferenciado que el del niño, y también más refinado, insidioso, falso e hipócrita, sino que además se ha vuelto moral. Incluso en este mundo privado de simulaciones, el eterno Adán que habita en todo hombre ha perdido el paraíso de la ingenuidad; conoce el bien y el mal hasta en el más profundo de sus sueños. La puerta de la conciencia social y ética ni siquiera en sueños se ha cerrado del todo, y, con los ojos cerrados y los sentidos vacilantes, el alma del hombre tiene miedo de ser atrapada en deseos indecentes, en delitos soñados, por su censor interior, la conciencia, el Superyó, como lo denomina Freud. El sueño, pues, no transmite los mensajes del inconsciente por vías expeditas, francas y abiertas, sino que los introduce de contrabando por caminos secretos, con los disfraces más extravagantes. Por eso advierte Freud expresamente que hay que admitir como verdadero contenido de los sueños aquello que ellos cuentan. En los sueños del adulto un sentimiento *quiere* expresarse, pero no *se atreve* a hacerlo *libremente*. Por miedo al "censor" no habla sino a través de deformaciones intencionadas y muy refinadas, pretexta cualquier absurdo para no dejar adivinar su sentido real: como todo poeta, el sueño es un mentiroso de la verdad, es decir, confiesa *sub rosa*, desvela una experiencia interior, pero sólo mediante símbolos. Hay que distinguir, pues, cuidadosamente dos capas: la de lo que el sueño ha "poetizado" con el propósito de encubrir (lo que se llama "trabajo del sueño") y la de los verdaderos elementos psíquicos que esconde tras esos velos variopintos: el "contenido del sueño". La misión del psicoanálisis consistirá en desenmarañar esta entreverada madeja de deformaciones y poner al descubierto en esa novela en clave –todo sueño es "poesía y verdad"– la verdadera confesión y, con ella, el meollo de los hechos. No es lo que el sueño dice, sino lo que *quería* decir en realidad, lo que nos hace penetrar en la esfera inconsciente de la vida psíquica. Sólo allí se encuentra la profundidad a la que aspira llegar la psicología abisal.

Pero cuando Freud atribuye al análisis de los sueños una importancia particular para el estudio de la personalidad, no aboga en absoluto por una vaga interpretación de los mismos. Exige un proceso de investigación rigurosamente científico, parecido al que la crítica literaria aplica a una obra poética. Así como el germanista trata de separar los accesorios imaginarios del tema principal y se pregunta qué ha inducido al autor a adoptar esta configuración de los hechos –como, por ejemplo, en el episodio de Margarita, reconoce a posteriori como impulso la experiencia con Federica–, así también el psicoanalista busca en la ficción del sueño el impulso afectivo de su paciente. La imagen de una personalidad se le revela a Freud más claramente mediante sus sueños; aquí, como siempre, descubre mucho más a fondo al hombre en estado creativo. Pero, como el objetivo principal del psicoanálisis tiene que consistir en conocer la personalidad, le incumbe servirse de la sustancia poética de cada hombre, cribando el material de sus sueños: si se guarda de las exageraciones, si resiste la tentación de inventar él mismo un sentido, puede en muchos casos encontrar importantes puntos de apoyo para definir los estratos interiores de la personalidad. Sin duda la antropología debe a Freud indicaciones preciosas gracias a este fértil descubrimiento del simbolismo psíquico de los sueños; pero, en el curso de sus investigaciones, ha ido más allá, consiguiendo algo todavía más importante, a saber: interpretar por primera vez el sentido biológico del fenómeno del sueño como una necesidad psíquica. La ciencia había establecido desde hacía tiempo la significación del sueño en la organización de la naturaleza: el descanso nocturno restaura las fuerzas agotadas por la labor de la jornada, renueva la sustancia nerviosa gastada y consumida, interrumpe el fatigoso trabajo consciente del cerebro con una pausa de reposo. En consecuencia, la forma higiénica más perfecta del sueño debería ser, bien mirado, una nada completamente negra, un sumirse en el abismo parecido a la muerte, una paralización de toda actividad cerebral, no ver, no saber, no pensar; ¿por qué, pues, la naturaleza no ha concedido al hombre esta forma de relajación, al parecer la más eficaz? ¿Por qué ella, siempre tan sensata, hace aparecer en esta pantalla negra unas imágenes tan incitadoras? ¿Por qué interrumpe todas las noches la nada total, esa inmersión en el nirvana, con sus trémulas y tentadoras apariciones?

¿Para qué los sueños? ¿Acaso no interrumpen, no confunden, no molestan y no dificultan en realidad el reposo tan sabiamente concebido? En apariencia absurdos, ¿no son incluso un contrasentido de la naturaleza que, por lo común, tiene siempre un objetivo y prevé a largo plazo? A esta pregunta tan natural la ciencia de la vida no sabía hasta entonces qué responder. Es Freud, por primera vez, quien establece que los sueños son necesarios para recuperar nuestro equilibrio psíquico. El sueño es la válvula de nuestra fuerza afectiva. Pues nuestra sed insaciable de vida y de placer, nuestros deseos infinitos se sienten estrechos en nuestro cuerpo terrenal. ¿Y cuántas de estas miríadas de deseos puede el hombre normal satisfacer realmente en el espacio de un día burguesamente delimitado? Apenas una milésima parte de nuestros anhelos llega a realizarse en cada uno de nosotros, y así un deseo insaciado e insaciable, que tiende a lo infinito, arde en el pecho incluso del rentista, del jornalero y del funcionario más humilde. En todos nosotros fermentan exuberantes antojos perversos, una imponente voluntad de poder, ansias reprimidas y cobardemente deformadas, una vanidad disfrazada, pasión y envidia. Todos los días, innumerables mujeres despiertan, al pasar, efímeros deseos, y todas las veleidades y aspiraciones insatisfechas se almacenan, entrelazadas y ponzoñosas, en el inconsciente, desde las primeras horas de la mañana hasta la noche. Sometida a esta presión atmosférica, ¿no debería el alma estallar o desahogarse en violencias asesinas, si el sueño nocturno no procurara una salida a todos estos deseos reprimidos? Dando rienda suelta en el coto inofensivo del sueño a todas nuestras concupiscencias encerradas durante el día, liberamos nuestra vida afectiva de las pesadillas, en este "auto desenmascaramiento" desintoxicamos nuestras almas de sus opresiones, de la misma manera que durmiendo liberamos el cuerpo de la intoxicación de la fatiga. En un mundo aparente y accesible sólo a nosotros, todos nos desahogamos en actos imaginarios e inocentes en vez de hacerlo en actos socialmente delictivos. El sueño es un sustitutivo del acto, a menudo nos lo ahorra, y por esta razón es tan magistral y brillante la fórmula de Platón: "Los buenos son aquellos que se contentan con soñar lo que los otros realmente hacen". Los sueños no nos visitan para turbar nuestra vida ni nuestro descanso nocturno, sino para protegernos; en sus fantasías alucinantes el alma se libera de la presión de sus tensiones ("Lo que se acumula en el fondo del corazón se estornuda en sueños", dice gráficamente un proverbio chino), de modo que a la mañana siguiente el cuerpo reanimado encuentra un alma purificada y ligera, en vez de un alma saturada.

Freud ha reconocido en este efecto descompresor y catártico, el sentido, largo tiempo negado e ignorado, que tiene el sueño para nuestra vida, y esta solución liberadora es válida tanto para el visitante nocturno del sueño como para las formas más elevadas de la fantasía y del ensueño, como el mito y la poesía. Pues, ¿qué significa y quiere la poesía sino liberar al hombre de sus tensiones interiores por medio del símbolo, descargarle de las angustias que inundan su alma y depositarlas en una zona inofensiva? En toda obra de arte auténtica la creación es un "alejamiento de uno mismo", y cuando Goethe confiesa que Werther ha matado por él, con ello expresa de una manera magníficamente plástica que ha salvado la vida gracias a que ha rechazado su propio suicidio proyectado y lo ha transferido a un personaje imaginario reflejo de sí mismo, es decir que, hablando desde un punto de vista psicoanalítico, ha descargado en Werther su impulso suicida. Y del mismo modo que los individuos se liberan de sus penas y pasiones en el sueño, también los pueblos se redimen de sus miedos y anhelos en las creaciones plásticas que llamamos mitos y religiones: en los altares sagrados se purifican los apetitos corporales refugiados en el símbolo, y en la confesión y la plegaria la presión psíquica se transforma en palabras salvadoras. El alma de la humanidad –¿qué otra cosa sabíamos de ella?– se ha manifestado siempre en la poesía como imaginación creativa. Sólo a los sueños en forma de religiones, mitos y obras de arte debemos un atisbo de su fuerza creadora. Ninguna ciencia del alma –el reconocimiento de este hecho lo ha legado Freud a nuestra época– puede llegar a la verdadera personalidad de un hombre, si se limita a considerar su actividad consciente y responsable: tiene que llegar también al abismo, donde su ser es mito y donde, precisamente en el flujo de la creación inconsciente, forma la imagen más verídica de su vida interior.

LA TÉCNICA DEL PSICOANÁLISIS

Es extraño que el interior del hombre haya sido tan poco estudiado y tan trivialmente tratado. ¡Qué poco se ha utilizado la física para el alma y el alma para el mundo exterior!
NOVALIS

En unos pocos lugares de nuestra multiforme corteza terrestre el precioso petróleo brota de las profundidades de la tierra en una súbita e inesperada erupción; en otros, el oro queda al descubierto en las arenas fluviales, y en otros más, aflora el carbón. Pero la técnica humana no espera a que estos acontecimientos excepcionales tengan la deferencia de producirse acá y allá. No cuenta con el azar, sino que se pone a perforar el suelo para hacer manar a chorros el oro negro, a abrir galerías en las entrañas de la tierra, a veces miles de ellas inútiles, para llegar al mineral precioso. Asimismo, una eficaz ciencia del alma no puede contentarse con las confesiones fortuitas que proporcionan los sueños y los actos fallidos a modo de simples indicios; debe también, para acercarse a la verdadera capa del inconsciente, recurrir a una psicotecnia, a un trabajo de ingeniería que penetre en el subsuelo con una labor perseverante y sistemática. Este es el método que Freud ha encontrado y al que ha dado el nombre de psicoanálisis.

En nada recuerda a ninguno de los métodos anteriores de la medicina o la psicología. Es completamente autónomo y nuevo, un procedimiento independiente de todos los demás, una psicología al lado, y en cierto modo debajo, de todas las anteriores, y por esta razón denominada psicología abisal por el propio Freud. El médico que quiere aplicarla se sirve de sus conocimientos universitarios en una medida tan reducida que uno no tarda en preguntarse si, para practicar el psicoanálisis, se requiere una formación académica. De hecho, después de haber dudado largo tiempo, Freud admite el llamado "análisis lego", es decir, el tratamiento practicado por médicos no graduados. El psicólogo, en el sentido freudiano, deja el examen anatómico a la fisiología y concentra todos sus esfuerzos en hacer visible lo invisible. Puesto que no busca nada palpable o tangible, no necesita aparato alguno; la butaca en la que se sienta el médico representa, como en la *Christian Science*, todo el instrumental de su terapéutica. Pero la *Christian Science* utilizaba todavía para sus curas narcóticos y anestésicos espirituales, inyectaba, para suprimir las dolencias, ciertos reconstituyentes como Dios y la fe. El psicoanálisis, en cambio, evita toda intervención, tanto física como moral, pues su propósito no consiste en *introducir* algo nuevo en el hombre, ya sea medicamento o fe, sino en *extraer* de él algo que ya tiene dentro. Sólo el conocimiento eficaz de uno mismo aporta la curación en el sentido del psicoanálisis: sólo cuando el enfermo se vuelve hacia sí mismo, hacia su personalidad (y no hacia una fe banal en la curación), es dueño y señor de su enfermedad. La operación, pues, no se realiza en el paciente desde fuera, sino completamente dentro de su elemento psíquico.

Lo único que el médico aporta a este tipo de tratamiento es su experiencia, su atenta vigilancia y su prudente control. No dispone de medicamentos ya preparados como el facultativo, ni de una fórmula mecánica, como la *Christian Science*: su ciencia propiamente dicha no está prescrita ni codificada, sino que la destilan las vivencias del enfermo. El paciente no aporta al tratamiento más que su conflicto. Pero no lo presenta clara y abiertamente, sino bajo los más extraños y engañosos velos, máscaras y deformaciones, de modo que al principio la esencia de su trastorno no es perceptible; ni para él ni para el médico. Lo que el neurótico enseña y admite es sólo un síntoma. Pero los síntomas, en la esfera psíquica, nunca muestran claramente la enfermedad; al contrario, la ocultan, pues según la interpretación de Freud (completamente nueva), las neurosis no tienen significación en sí mismas, porque se deben a causas distintas. El neurótico no sabe lo que realmente le perturba, o no quiere saberlo conscientemente. Durante años se descarga en tantos y diversos síntomas y actos compulsivos, que al final ni él mismo sabe en qué consiste su conflicto interno. Y aquí interviene el psicoanálisis. Su misión consiste en ayudar al neurótico a descifrar el enigma cuya solución es él mismo. En un "trabajo conjunto de reconocimiento", el psicoanalista examina con el enfermo el espejo en el que se reflejan los síntomas en busca de los arquetipos de la enfermedad; paso a paso recorren ambos la vida psíquica del paciente hasta reconocer y esclarecer definitivamente el conflicto interior.

En un primer momento esta aplicación técnica del tratamiento psicoanalítico recuerda más a la criminología que a la medicina. Según Freud, en cada neurótico y neurasténico se ha producido, no se sabe cómo ni cuándo, una fractura en la unidad de la personalidad, y la primera medida a tomar es averiguar con la máxima precisión posible el estado de cosas; la memoria psíquica debe reconstruir lo mejor posible el lugar, el tiempo y la forma en que apareció este acontecimiento interior olvidado o reprimido. Pero ya en este paso inicial el procedimiento psicoanalítico tropieza con un primer obstáculo que su jurisprudencia no contempla, porque en este momento, y hasta cierto punto, el paciente lo es todo a la vez: es la persona contra la cual se ha perpetrado el crimen y también el ejecutor del mismo. Por los síntomas es acusador y testigo de cargo y, a la vez, feroz encubridor y ocultador de pruebas. En algún lugar, en lo más profundo de su ser, conoce cada uno de los hechos y, no obstante, a la vez no sabe nada de ellos; lo que dice de los nexos causales no es la causa; lo que sabe lo quiere ignorar, y lo que no sabe, de alguna manera lo conoce, a pesar de todo. Pero –¡más fantástico todavía!– este proceso no ha empezado ahora en la consulta del neurólogo, en realidad viene produciéndose en el neurótico desde hace años y de manera ininterrumpida sin haber podido llegar nunca al final. Y lo que la intervención del psicoanálisis debe conseguir en primera instancia es precisamente el fin de este proceso. Es en busca de esta solución, de este desenlace, por lo que el enfermo, sin saberlo, acude al médico.

Pero el psicoanálisis no pretende, mediante una fórmula rápida, liberar inmediatamente de su conflicto al neurótico, al hombre que ha perdido el camino en el laberinto de su alma. Al contrario, primero lo hace retroceder por el dédalo de experiencias y extravíos de su vida hasta llegar al punto decisivo donde empezó la peligrosa desviación. Pues, para corregir la falsa trama de un tejido defectuoso e hilvanar de nuevo, el tejedor debe ajustar la máquina para colocarla en el lugar en el que se rompió. Asimismo, el psicólogo, para restablecer la continuidad de la vida interior, debe volver una y otra vez e inevitablemente (no se trata de un trabajo rápido, hecho con intuiciones y clarividencia) al punto donde un acto violento produjo el pliegue y la rotura. Ya Schopenhauer, hablando desde un campo de estudio vecino, había expresado la suposición de que la curación completa de la demencia sería imaginable, si se pudiera llegar al punto donde se produjo el choque decisivo en la imaginación; para comprender por qué se marchita la flor, el científico debe descender hasta las raíces, hasta el inconsciente. Y deberá recorrer con responsabilidad un camino laberíntico, largo, tortuoso y lleno de peligros; al igual que el cirujano, en el curso de la operación, procede con más prudencia y precaución a medida que se acerca al delicado tejido nervioso, también el psicoanalista avanza tanteando, con ardua lentitud, a través de esta materia tan vulnerable, de una capa de la vida a otra más profunda. El tratamiento no dura días o semanas, sino meses, a veces años y exige del médico una concentración constante no conocida ni por aproximación hasta ahora, un esfuerzo de síntesis comparable quizá sólo a los ejercicios de voluntad de los jesuitas. A lo largo de la cura todo transcurre sin notas, sin recursos de ninguna clase, únicamente mediante una observación repartida en largos espacios de tiempo. El paciente se echa en un sofá de manera que no puede ver al médico sentado detrás de él (para evitar las trabas del pudor y de la conciencia), y habla. Pero no habla de forma conexa, al contrario de lo que se suele creer erróneamente, porque no se trata de una confesión; visto a través del ojo de la cerradura, el tratamiento ofrecería un espectáculo de lo más grotesco, porque durante meses en apariencia no pasa nada excepto que, de dos personas: una habla y la otra escucha. El psicoanalista recomienda de manera expresa y encarecida que, durante la exposición, el paciente renuncie a toda reflexión consciente y no intervenga en el proceso en curso como abogado, juez o demandante; en definitiva, que se inhiba de todo y ceda sin pensar a las ideas que se le ocurran involuntariamente (pues estas ideas no le vienen de fuera, sino de dentro, del inconsciente). No debe buscar lo que, en su opinión, es pertinente al caso, pues, en el fondo, su desequilibrio psíquico atestigua precisamente que este hombre no sabe cuál es su "caso", su enfermedad. Si lo supiera, sería psíquicamente normal, no manifestaría síntomas y no tendría necesidad del médico. Por eso, el psicoanálisis rechaza todos los relatos preparados o escritos y no reclama del paciente, sino que exponga con toda espontaneidad tantos recuer dos psíquicos como le vengan a la mente. El neurótico debe hablar sin rodeos y con toda franqueza, hablar sin parar y por los codos, como en un monólogo, sin orden ni concierto, decir cualquier cosa que se le ocurra, incluso lo que pueda parecer insignificante, pues precisamente las ideas espontaneas, fortuitas no buscadas conscientemente, son las más importantes para el médico. Gracias a esos "detalles accesorios" el médico puede acercarse a lo esencial. Por ello, sea verdadero o falso, importante o no, teatral o sincero, el deber primordial del paciente es contar muchas cosas, exponer todo el material posible de su experiencia, es decir, toda la sustancia biográfica y caracterológica.

Aquí empieza la tarea propiamente dicha del analista. De todo el montón de escombros del edificio de una vida, acarreados poco a poco a empellones, de estos miles de recuerdos, observaciones y sueños, el médico debe separar las escorias en la criba psicológica y extraer el mineral auténtico mediante un largo proceso de refundición: separará la materia psicoanalítica del simple material bruto. Jamás debe otorgar de buena fe plena validez a la materia prima relatada por el paciente, deberá tener siempre presente "que las confidencias y ocurrencias del enfermo sólo son deformaciones de lo que busca, alusiones, por decirlo así, por las que hay que adivinar lo que se oculta detrás". Pues lo que importa para diagnosticar la enfermedad no es lo que el neurótico ha vivido (su alma se ha desembarazado de ello hace tiempo), sino lo que *todavía no ha vivido*, este excedente afectivo que lleva dentro sin utilizar, como un bocado no digerido en el estómago, y que lo oprime buscando una salida, pero retenido cada vez por una voluntad contraria. El médico debe tratar de determinar este elemento inhibido y su inhibición en cada una de las manifestaciones psíquicas con "una atención sostenida y uniforme", para llegar poco a poco a la sospecha y de la sospecha a la certidumbre. Pero esta observación tranquila, objetiva, hecha, como quien dice, desde fuera, le es a la vez facilitada y dificultada, sobre todo al principio del tratamiento, por la actitud, casi inevitable en el enfermo, que Freud denomina "la transferencia". El neurótico, antes de acudir al médico, ha ido por el mundo trajinando durante mucho tiempo ese exceso de sentimientos no vividos y no utilizados, sin jamás poder librarse de él. Lo transporta de aquí para allá en docenas de síntomas, sin saber interpretar para sí mismo, en las escenas más singulares, su propio conflicto; pero en cuanto encuentra por primera vez en la persona del psicoanalista a alguien que lo escucha con atención y participa de sus juegos como profesional, le lanza inmediatamente el lastre, como si fuera una pelota, e intenta descargar en él sus emociones no utilizadas. Establece con él un cierto *rapport*, una intensa relación afectiva de amor o de odio. Por primera vez se consigue fijar como en una placa fotográfica lo que hasta entonces se agitaba alocadamente en un mundo imaginario y no se había podido revelar. Es esta "transferencia" lo que da realmente sentido al tratamiento psicoanalítico: todo enfermo que no sea capaz de ella debe ser considerado inepto para la cura, porque el médico, para identificar el conflicto, tiene que ver cómo se desarrolla delante de él en forma viva, emocional; el paciente y el médico tienen que *vivirlo* en común.

Esta experiencia conjunta en el trabajo psicoanalítico consiste en que el enfermo produce o, mejor dicho, reproduce el conflicto y el médico lo interpreta. Pero para explicarlo e interpretarlo este no ha de contar en absoluto (como podríamos estar tentados de creer a primera vista) con la ayuda del enfermo; en todo psiquismo impera la dualidad y el doble sentido de los sentimientos. El mismo paciente que acude al psicoanalista para librarse de su enfermedad (de la cual sólo conoce los síntomas) a la vez se aferra a ella inconscientemente, pues esa enfermedad no representa un cuerpo extraño para él, sino que es obra suya, un producto propio muy particular, una parte activa y característica de su Yo, de la que no se quiere desprender. Así pues, se aferra firmemente a su enfermedad, porque prefiere esos síntomas desagradables a la verdad, que teme y que el médico le quiere explicar (en el fondo, contra su voluntad). Puesto que siente y razona por partida doble, ora desde el consciente ora desde el inconsciente, es a la vez el cazador y el animal perseguido, de modo que sólo una parte del paciente ayuda al médico, siendo la otra su adversario más enconado, y mientras que con una mano le ofrece, al parecer de buen grado, la verdad, con la otra confunde y oculta los hechos reales. Conscientemente, pues, el neurótico no puede ayudar a su auxiliador, no puede decirle *la* verdad, ya que precisamente el hecho de no saberla o no querer saberla es lo que lo ha desequilibrado y trastornado. Miente acerca de sí mismo incluso en los momentos en que quiere ser sincero. Detrás de cada verdad se esconde siempre una verdad más profunda, y, cuando confiesa algo, a menudo es para ocultar tras esa confesión algo todavía más secreto. El deseo de confesar y el pudor se mezclan y se contraponen de modo misterioso; el enfermo, en su relato, tan pronto da todo de sí como lo retiene, y su voluntad de revelar se ve inevitablemente interrumpida por la inhibición. Algo en cada persona se contrae como un músculo cuando otra quiere acercarse a lo que esconde en lo más profundo: por eso todo psicoanálisis es en realidad una lucha.

Pero el genio de Freud sabe en todo momento ganarse al más enconado enemigo para convertirlo en su mejor ayudante. Y esta misma resistencia es a menudo lo que desencadena la involuntaria confesión. Para el observador de oído fino el hombre se traiciona doblemente al hablar: primero, por lo que dice y, segundo, por lo que calla.

El arte detectivesco de Freud presiente la proximidad del misterio decisivo precisamente cuando su interlocutor quiere, pero no puede hablar: la inhibición lo traiciona y se convierte en colaboradora, indicando el camino. Cuando el enfermo habla demasiado alto o demasiado bajo, se precipita o se atropella, es cuando el inconsciente quiere hablar. Y todas esas numerosas resistencias, esos pequeños atascos y vacilaciones, esa voz demasiado alta o demasiado baja, en cuanto se acerca a un determinado complejo, muestran al fin claramente, junto con la inhibición, lo que inhibe y lo inhibido, es decir, el conflicto secreto y oculto.

Porque siempre, en el curso de un psicoanálisis, se trata de revelaciones infinitesimales, de fragmentos de experiencias, a partir de los cuales se recompone luego como un mosaico la imagen de la vida interior. Nada más ingenuo que la idea instalada en salones y cafés de que basta con que uno eche sus sueños y sus confesiones en el psicoanalista como en una máquina expendedora, la ponga en marcha y esta le haga unas cuantas preguntas, para que en el acto salga el diagnóstico por una ranura. En realidad, el tratamiento psicoanalítico es un proceso enormemente complicado, que no tiene nada de automático, comparable más bien al arte de la restauración que, conforme al estilo, devuelve el esplendor a un viejo cuadro ensuciado y repintado por una mano torpe; un trabajo admirable, paciente y milimétrico que, capa tras capa, renueva y restaura una materia delicada y preciosa antes de que reaparezca la imagen primitiva en sus colores naturales bajo la pintura que la cubría. Aunque ocupado sin cesar en detalles, el trabajo del psicoanálisis no persigue sino el todo, la reconstrucción de la personalidad entera: por eso, en un verdadero análisis, no se pueden sacar conclusiones de un complejo aislado, sino que siempre hay que partir de los fundamentos y reconstruir toda la vida psíquica del hombre. La paciencia es, pues, la primera condición que exige este método, una paciencia activa junto con una atención constante del espíritu, aunque no ostensiblemente viva, porque, sin que se note, el médico debe repartir su atención con imparcialidad y sin prejuicios entre lo que el paciente dice y lo que no dice, y estar alerta, además, a los matices de su exposición. Debe confrontar siempre las declaraciones de cada nueva sesión con las anteriores, para ver qué episodios repite con más frecuencia su interlocutor y en qué puntos se contradice, pero sin revelar el objeto de su curiosidad. Pues tan pronto como el paciente nota que lo están espiando, pierde su espontaneidad, que es lo único capaz de provocar los breves fogonazos fosforescentes del inconsciente en los que el médico reconoce los contornos del paisaje de aquella alma desconocida. Pero tampoco debe imponer luego al paciente su propia interpretación, puesto que el sentido del psicoanálisis estriba precisamente en que el enfermo llegue a comprenderse a sí mismo desde dentro, en que todo lo vivido por él se exteriorice. El caso ideal de curación se da sólo cuando el mismo paciente reconoce al fin la inutilidad de sus demostraciones neuróticas y no emplea sus energías afectivas en sueños e ilusiones, sino en vivir y actuar. Sólo entonces el analista da de alta al enfermo.

Pero ¿cuántas veces –¡cuestión azarosa!– el psicoanálisis consigue un resultado médico tan perfecto? Me temo que no muchas, porque el arte de preguntar y escuchar requiere un oído tan fino, una sensibilidad de tan gran clarividencia, una aleación tan especial de las más preciosas sustancias espirituales, que sólo un ser predestinado, alguien con verdadera vocación de psicólogo, es capaz de curar. La *Christian Science* y el método Coué pueden permitirse formar a simples mecánicos de su sistema. Les basta con aprender cuatro fórmulas universales: "La enfermedad no existe", "Cada día me siento mejor"; con estas ideas machacadas tan rudamente, incluso las manos más duras martillean sin grandes consecuencias las almas débiles hasta destruir totalmente el pesimismo de la enfermedad. Pero, en el tratamiento psicoanalítico, el médico consciente de su responsabilidad tiene el deber de encontrar un sistema independiente para cada caso particular, y esta capacidad de adaptación creadora no se obtiene con aplicación e inteligencia. Para ello se requiere ser un conocedor de almas nato y experimentado, estar dotado por naturaleza de la facultad de introducirse con el pensamiento y el sentimiento en los destinos que le son más extraños, junto con un gran tacto y una paciente capacidad de observación. Además, de un psicoanalista con un verdadero espíritu creador debería emanar un cierto elemento mágico, una corriente de simpatía y seguridad a la que toda alma se confiaría de grado y con apasionada obediencia: cualidades que no se pueden aprender y que no se encuentran reunidas en una misma persona sino por un acto de gracia. La escasez de estos auténticos maestros del alma me lleva a pensar que el psicoanálisis será siempre vocación de unos pocos y nunca –como sucede hoy por desgracia tan a menudo– profesión y negocio. Pero aquí Freud se muestra curiosamente indulgente; cuando dice que la aplicación eficaz de su arte interpretativo requiere tacto y experiencia, pero que "no es difícil de aprender", ha de permitirnos trazar al margen un gran y casi furioso signo de interrogación. Ya la palabra "aplicación" me parece poco afortunada para un proceso que exige emplear las más poderosas fuerzas del saber e incluso un buen grado de inspiración psíquica. Pero es que, además, la indicación de que es fácil de aprender me parece francamente peligrosa. Pues, así como el conocimiento de la técnica de versificación no hace al poeta, tampoco el estudio más aplicado de la psicotecnia hace al verdadero psicólogo, y a nadie más que al psicólogo nato, el hombre dotado de tacto e intuición para penetrar el alma humana, debería permitírsele intervenir en este órgano, el más fino, delicado y sutil de todos. Causa pavor imaginarse siquiera el peligro que puede suponer en manos torpes el método inquisitivo que un espíritu creador como Freud concibió con la mayor sutileza y un enorme sentido de responsabilidad. Es probable que nada haya menoscabado tanto la reputación del psicoanálisis como el hecho de no haber sido privativo de un círculo selecto y limitado, y de que se haya pretendido enseñar algo que no se puede aprender. Pues al pasar de mano en mano con prisa y sin escrúpulos, muchas de sus ideas se han vulgarizado y no precisamente depurado; lo que hoy en día, en el Viejo Mundo y más aún en el Nuevo, se quiere hacer pasar por tratamiento psicoanalítico, aficionado o profesional, a menudo no es más que una triste parodia de la práctica original de Sigmund Freud, basada en el genio y la paciencia. Quien quiera juzgar imparcialmente, comprobará sin dificultad que, sólo con estos análisis de diletantes, no es posible tener una visión fiable de los resultados del psicoanálisis como método curativo, ni saber si, a causa de la intervención de profanos dudosos, se podrá afirmar jamás la validez absoluta de un método clínicamente exacto. El veredicto no nos corresponde a nosotros, sino al futuro.

La técnica psicoanalítica de Freud –es lo único cierto– no es todavía, ni con mucho, la última y decisiva palabra en el campo de la medicina psíquica. Pero para ella quedará siempre la gloria de haber sido la primera página de un libro que había permanecido demasiado tiempo sellado: el primer intento metodológico de comprender y curar al individuo a partir del material de su propia personalidad. Con un instinto genial, un hombre solo ha expuesto el *vacuum* de la medicina contemporánea, el hecho inconcebible de que, durante mucho tiempo, se hubieran descubierto tratamientos responsables para los órganos más pequeños del hombre –higiene bucal, higiene de la piel, conservación del cabello–, mientras que las necesidades del alma todavía no habían encontrado refugio en la ciencia. Los pedagogos guiaban hasta la edad adulta al individuo aún sin formar y luego lo abandonaban con indiferencia a su suerte. Y olvidaban del todo a los que en la escuela no acababan de forjarse, no dominaban la materia e, impotentes, arrastraban consigo sus conflictos no aligerados. Durante generaciones, no hubo lugar para estos neuróticos y psicópatas, encerrados en ellos mismos, prisioneros en el mundo de sus instintos; no dispusieron de un centro de consulta y orientación. El alma enferma erraba desvalida por las calles buscando ayuda en vano. Freud creó esta instancia. El lugar que, en tiempos antiguos, ocupaba omnipotente el psicogogo, el curador de almas y el maestro de sabiduría o, en épocas piadosas, el sacerdote, lo asignó Freud a una ciencia nueva y moderna cuyos límites sólo ella misma deberá señalar. Pero la tarea ha sido magníficamente definida, la puerta está abierta. Y por doquier el espíritu humano presiente la vastedad y las profundidades inexploradas; ya no descansa, sino que emprende el vuelo y despliega sus incansables alas.

EL MUNDO DEL SEXO

También lo antinatural es naturaleza... Quien no la ve por todas partes, no la ve en ninguna.
GOETHE

El que Sigmund Freud se haya convertido en el fundador de una ciencia sexual de la que hoy ya no es posible prescindir, es algo que en realidad ocurrió sin que él se lo propusiera. Pero, como si fuera una de las misteriosas leyes que regulaban su vida, el camino lo ha llevado siempre más allá de lo que en un principio buscaba, y le ha abierto territorios en los que nunca se hubiera atrevido a penetrar por iniciativa propia. A los treinta años, probablemente habría sonreído todavía incrédulo si alguien le hubiera predicho que le estaba reservado, a él, el neurólogo, convertir en objeto de una ciencia la interpretación de los sueños y la clasificación biológica de la vida sexual, pues nada, tanto en su vida privada como en la académica, indicaba el mínimo interés por un campo de observación tan extravagante. Freud no abordó el problema sexual porque lo buscara, sino porque le salió al paso en el curso de sus investigaciones.

Le sale al encuentro, para su gran sorpresa, sin ser llamado ni esperado en absoluto, desde el fondo del abismo que había descubierto con Breuer. Partiendo de la histeria, habían encontrado juntos una fórmula según la cual las neurosis y la mayoría de trastornos psíquicos se producen cuando un deseo no se puede satisfacer en su forma natural, porque es inhibido y reprimido por el inconsciente. Pero, ¿a qué categoría pertenecen los deseos que el hombre civilizado reprime principalmente y que esconde al mundo e incluso a sí mismo como los más íntimos y penosos? Freud no tarda en dar con una respuesta que es imposible que pase desapercibida. El primer tratamiento psicoanalítico de una neurosis muestra apetencias eróticas reprimidas. El segundo, lo mismo, y el tercero también. Y Freud pronto lo sabe: siempre o casi siempre la neurosis es causada por un deseo sexual que no puede ser satisfecho y que, transformado en inhibiciones y represiones, aflige la vida psíquica. El primer sentimiento de Freud ante este descubrimiento involuntario fue quizá el asombro de que un hecho tan evidente hubiera pasado inadvertido a todos sus predecesores.

¿Realmente este nexo causal tan directo no había llamado la atención a nadie? No, no aparece en ningún manual. Pero luego, de repente, Freud recuerda ciertas alusiones en conversaciones con sus célebres maestros. Cuando Chrobak le mandó una histérica para que la tratara de los nervios, le informó discretamente que aquella mujer, casada con un hombre impotente, había permanecido virgen después de dieciocho años de matrimonio, y, en un comentario de mal gusto, añadió su opinión personal sobre el mejor instrumento fisiológico y querido por Dios para curar a la neurótica. Asimismo, en un caso similar, su maestro Charcot de París estableció, durante una conversación, la causa de un trastorno nervioso: "*Mais c'est toujours la chose sexuelle, toujours!*", Freud está asombrado. ¡Entonces lo sabían, sus profesores y probablemente muchas otras autoridades médicas antes que él! Pero, si lo sabían, se pregunta con ingenua buena fe, ¿por qué lo han mantenido en secreto y sólo lo han comentado en conversaciones privadas y nunca en público?

Muy pronto harán comprender enérgicamente al joven médico por qué aquellos hombres experimentados habían ocultado su saber al mundo. Pues, apenas Freud comunica tranquila y objetivamente sus resultados con la fórmula: "Las neurosis se producen cuando obstáculos interiores o exteriores impiden la satisfacción de las necesidades eróticas", una furiosa oposición contra él estalla en todos los frentes. La ciencia, entonces todavía firme abanderada de la moral, se niega a reconocer públicamente esta etiología sexual; incluso su amigo Breuer, quien sin embargo había dirigido su mano para encontrar la llave del misterio, se apresura a retirarse del psicoanálisis tan pronto como descubre qué caja de Pandora le ha ayudado a abrir. No pasará mucho tiempo antes de que Freud se dé cuenta de que este tipo de constataciones en el año 1900 tocan el tema más sensible y escabroso, esto es, el alma y el cuerpo, y de que la vanidad del siglo de la civilización prefiere soportar cualquier descrédito intelectual antes que se le recuerde que el instinto sexual sigue dominando y determinando al individuo, asumiendo un papel decisivo en las más altas creaciones culturales. "La sociedad cree que nada amenaza tanto su cultura como la liberación de los instintos sexuales y su regresión a sus objetivos primitivos. A la sociedad no le gusta, pues, que se le recuerde esta engorrosa parte de sus fundamentos. No tiene ningún interés en que se reconozca la fuerza de los instintos sexuales y se explique la importancia de la vida sexual para el individuo. Con un propósito educativo, ha tomado más bien el camino de desviar la atención de todo este dominio. Por eso no soporta el resultado de las investigaciones del psicoanálisis y preferiría estigmatizarlo como estéticamente repugnante y moralmente reprobable o peligroso."

Esta oposición de la ideología de toda una época cierra el camino a Freud desde el primer momento. Y hace honor a su probidad no sólo el hecho de que aceptara la lucha con decisión, sino también el que su intransigencia innata la hiciera todavía más difícil. Porque Freud hubiera podido expresar todo o casi todo lo que decía sin causar demasiado escándalo, si se hubiera mostrado dispuesto a formular su genealogía de la vida sexual con más prudencia, más circunspección y más tacto. Le hubiera bastado con revestir sus convicciones de un pequeño manto verbal, aplicarles un poco de maquillaje poético, y se hubieran introducido sin llamar demasiado la atención ni causar escándalo en la vida pública. Quizás hubiera bastado con llamar eros o amor, palabras más finas, en vez de libido al desenfrenado instinto fálico, cuyo ímpetu y pujanza quería mostrar al mundo en toda su desnudez. Decir que nuestro mundo psíquico está dominado por el eros hubiera parecido de todos modos platónico. Pero Freud, enemigo de las soluciones a medias, utiliza palabras duras, angulosas e inequívocas, no elude ninguna precisión; dice directamente libido, concupiscencia, sexualidad e instinto sexual en vez de eros y amor. Freud es demasiado honrado para recurrir prudentemente a circunloquios cuando escribe. *Il appelle un chat un chat*, llama a todos los desvíos y a todo lo relacionado con el sexo por su nombre propio con la misma naturalidad con la que un geógrafo pone nombre a sus montañas y ciudades, y un botánico a sus hierbas y plantas. Con clínica sangre fría investiga todas las manifestaciones de la sexualidad –también las estigmatizadas como vicios y perversiones–, indiferente a los estallidos de indignación de los moralistas y a los gritos de pánico de los pudorosos; tapándose en cierto modo los oídos, penetra paciente y sereno en el problema surgido de improviso y comienza sistemáticamente el primer estudio psicogeológico del mundo de los instintos humanos.

Pues Freud, pensador enraizado conscientemente en la tierra y profundamente antirreligioso, ve en el instinto la capa más honda y más volcánica de nuestro mundo interior. Según él, no es la eternidad lo que el hombre quiere, ni una vida espiritual lo que el alma desea, ante todo: sus únicos deseos son ciegos e instintivos. El deseo universal es el primer hálito de toda vida psíquica. Así como el cuerpo anhela alimento, el alma está ávida de placer; la libido, este primordial deseo de placer, esta hambre insaciable del alma, la empuja hacia el mundo. Pero –y en esto consiste el descubrimiento propiamente dicho y original de Freud para la sexología– esta libido no tiene al principio un contenido específico, su objetivo es sólo sacar el instinto fuera de sí mismo y aún más allá. Y, puesto que, según la genial constatación de Freud, las energías psíquicas siempre se pueden desplazar, su impulso puede dirigirse ora hacia un objeto, ora hacia otro. Por consiguiente, el placer no siempre se manifiesta en la contraposición hombre-mujer y mujer-hombre; busca simplemente y a ciegas descargarse, es la tensión del arco que todavía no sabe hacia dónde apunta la flecha, la fuerza impetuosa del río que todavía no sabe dónde desembocará. Busca simplemente un alivio, sin saber cuál. Puede descargarse y desahogarse en actos sexuales normales y naturales y también espiritualizarse y sublimarse en actividades artísticas o religiosas. Puede errar el camino y extraviarse; llevado por su apetito, puede "fijarse" en objetos más inesperados más allá de lo genital y, mediante innumerables interconexiones desviar el impulso primitivamente sexual de la esfera física. Puede adoptar todas las formas, desde el celo animal hasta las vibraciones más sutiles del espíritu humano; él, que es inasible y no tiene forma, sin embargo, interviene siempre y en todo. Pero, tanto en las bajas satisfacciones como en las más sublimes creaciones, libera en todo momento el deseo natural y primitivo del hombre. Con esta transmutación fundamental de valores, cambia completamente y de golpe la concepción del problema sexual. Puesto que hasta entonces la psicología, por ignorancia de la capacidad de transformación de todas las energías psíquicas, confundía torpemente lo sexual con las funciones de los órganos sexuales, la sexualidad era para la ciencia una discusión en torno a las funciones del bajo vientre y, por consiguiente, un tema desagradable y sucio. Al separar el concepto de sexualidad del acto sexual puramente fisiológico, Freud lo rescata a la vez de su estrechez y de su denigración como actividad psicocorporal "inferior". Las palabras premonitorias de Nietzsche: "El grado y la naturaleza de la sexualidad de un hombre alcanzan hasta las cimas más altas de su espíritu" aparecen, gracias a Freud, como una verdad biológica. Mediante innumerables casos demuestra cómo la libido, la más poderosa fuerza de tensión del hombre, se descarga, por misteriosos y distantes conductos a través de años y décadas, en manifestaciones psíquicas completamente inesperadas, y cómo la particular conducta de la libido afirma siempre su presencia en las formas de deseo y en los actos sustitutivos más singulares, mediante incontables transformaciones y disfraces. Así pues, cuando el médico se encuentra ante un caso psíquico particular, como una depresión, una neurosis o un acto compulsivo, la mayoría de las veces podrá deducir con toda confianza que existe algo raro o anormal en la sexualidad de su paciente; su misión, entonces, consistirá, según el método de la psicología abisal, en devolver al enfermo al punto de su vida interior donde un episodio provocó esta desviación del curso normal del instinto. Este nuevo tipo de diagnóstico lleva a Freud a realizar de nuevo un descubrimiento inesperado. Ya los primeros análisis le habían evidenciado que los episodios sexuales y perturbadores del neurótico databan de mucho tiempo atrás y que nada era más natural que buscarlos en la edad temprana del individuo, cuando todavía se moldeaba su alma, pues sólo lo que se inscribe durante el período de crecimiento de la personalidad en la placa todavía blanda, y por tanto límpida, de la consciencia en formación subsiste para cada hombre como el elemento imborrable que determina su destino: "Que nadie crea poder sustraerse a las primeras impresiones de su juventud" (Goethe). En cada caso de enfermedad, Freud remonta, pues, con tiento, hasta la pubertad; una época anterior no le parece de entrada oportuna, porque ¿cómo podrían producirse impresiones sexuales antes de la capacidad sexual? Considera absurda la idea de observar la vida instintiva sexual más allá de este límite, hasta la infancia, la cual, en su feliz inconsciencia, no presiente todavía las tensiones de la savia que apremia por salir. Las primeras investigaciones de Freud se detienen, pues, en la pubertad.

Pero pronto, a la vista de frecuentes confesiones dignas de reparo, Freud no puede dejar de reconocer que en muchos de sus enfermos salen a la luz con indiscutible claridad, gracias al psicoanálisis, recuerdos de experiencias sexuales muy anteriores, como quien dice prehistóricas. Confesiones diáfanas de sus pacientes lo llevan a la sospecha de que la época anterior a la pubertad, es decir, la infancia, debía de poseer ya el instinto sexual o algunas de sus representaciones. La sospecha se hace más acuciante a medida que avanzan las investigaciones; Freud recuerda lo que la niñera y el maestro de escuela contaban acerca de las manifestaciones precoces de la curiosidad sexual, y de pronto su propio descubrimiento sobre la diferencia entre vida psíquica consciente e inconsciente ilumina con claridad meridiana la situación. Freud reconoce que la consciencia sexual no se infiltra de repente en el cuerpo a la edad de la pubertad –¿de dónde procedería?–, sino que el instinto sexual –como la lengua, más psicológica que todos los psicólogos escolares, que ya se había expresado mucho antes con espléndida plasticidad– "despierta" en el individuo a medio formar y ya debía de existir mucho antes en el cuerpo del niño, aunque dormido (es decir, latente). Así como el niño ya tiene en las piernas la capacidad en potencia de andar antes de saber hacerlo, también la sexualidad –por supuesto sin la menor idea de su función final– está presente en él desde hace tiempo. El niño conoce –¡fórmula decisiva!– su sexualidad. Solo que no la comprende.

No lo sé a ciencia cierta, pero, al llegar aquí, me imagino que Freud se asustó de su propio descubrimiento, porque echa por tierra las concepciones más corrientes de un modo casi blasfemo. Si ya era audaz subrayar –y, como afirman los otros, exagerar– la importancia psíquica de la sexualidad en la vida del adulto, ¡qué provocación no debía ser para la moral social esa idea revolucionaria de querer descubrir indicios de afectividad sexual en el niño, al que la humanidad asocia proverbialmente con la idea de pureza absoluta y angelical, desprovista de instinto!

¿Cómo esta vida tierna, risueña y floreciente podría conocer ya el deseo sexual o, como mínimo, imaginarlo? La idea parecía de entrada absurda, paradójica, ultrajante, incluso antilógica, pues, al no ser los órganos infantiles todavía aptos para la reproducción, debería seguirse de ahí esta fórmula terrible: "Si el niño tiene una vida sexual, no puede ser sino perversa." Decir tal cosa en el mundo de 1900 era un suicidio científico. Pero Freud la dice. Cuando este investigador implacable se siente en terreno seguro, lo perfora imparable y consecuente hasta el fondo con la barrena de su fuerza. Y, para su sorpresa, descubre en la forma más inconsciente del hombre, en el lactante, el patrón primitivo y universal del placer instintivo en su imagen más característica. Precisamente porque en la frontera de la vida ningún vislumbre de consciencia moral ilumina el mundo sin trabas de los instintos, a esta criatura diminuta se le revela la forma primordial y plástica de la libido: mamar lo placentero, rechazar lo desagradable. Ese minúsculo animal humano saborea placer de su propio cuerpo y de su entorno, del pecho materno, de los dedos de los pies y de las manos, de la madera y del tejido, de la carne y de la ropa; ebrio de sueños y sin moderación, desea meter en su blando cuerpecito todo lo que le agrada. En esta forma primitiva de placer, el ser indefinido que es el niño no distingue todavía entre lo mío y lo tuyo que le enseñarán más tarde, no percibe las fronteras, ni físicas ni morales, que la educación le marcará más adelante: un ser anárquico, pánico, que, con una sed de placer insaciable, quiere atraer el universo a su Yo, llevar todo lo que sus pequeños dedos pueden alcanzar a la única fuente de placer que conoce: su boca (razón por la cual Freud llama oral a esta época). Juega con sus miembros con toda naturalidad, completamente abstraído en su deseo balbuceante y absorbente, y al propio tiempo rechaza con rabia todo cuanto estorba su delirante y soñadora satisfacción. Sólo en el lactante, en el "no todavía Yo", el indefinido inconsciente, la libido universal del hombre todavía puede gozar de la vida sin objeto ni propósito. Allí, el Yo inconsciente absorbe todavía con avidez todo el placer de los senos del mundo.

Pero este primer estadio autoerótico no dura mucho. El niño empieza pronto a apercibir que su cuerpo tiene límites; una lucecita oscila en el pequeño cerebro, una primera diferenciación se establece entre el afuera y el adentro. Nota por primera vez la resistencia del mundo y tiene que comprobar que este afuera es una fuerza de la que depende. El castigo no tarda en enseñarle con dolor una ley incomprensible para él y que no le permite sacar placer sin límite de todas las fuentes: le está prohibido mostrarse desnudo, tocar sus excrementos y deleitarse en ellos; se le obliga sin piedad a renunciar a la uniformidad amoral de las sensaciones y a distinguir entre cosas permitidas y prohibidas. La exigencia cultural comienza a incorporar en el pequeño salvaje una consciencia social y estética, un mecanismo de control con cuya ayuda puede diferenciar sus actos buenos de los malos. Al reconocer estos hechos, el pequeño Adán es expulsado del paraíso de la irresponsabilidad.

Sin embargo, al mismo tiempo se produce desde dentro un cierto retroceso del deseo de placer: se retira, en el adolescente, ante un nuevo instinto, el afán de conocerse a sí mismo. Del ser inconscientemente instintivo nace un "Yo", y el descubrimiento del propio Yo significa para el cerebro una tensión y un esfuerzo tales que el ansia de placer anterior queda desatendida y entra en un estado latente. Este estado de autoobservación tampoco se pierde del todo en la memoria del futuro adulto, en algunos incluso permanece como tendencia narcisista (según la expresión de Freud), una peligrosa inclinación egocéntrica a ocuparse sólo de uno mismo y rechazar todo vínculo afectivo con el mundo. El instinto de placer, que en el lactante aparece en su forma primigenia y universal, en el adulto se enquista y se hace invisible de nuevo. Entre la forma autoerótica y panerótica del lactante y el erotismo sexual del púber se produce una hibernación de las pasiones, un estado crepuscular durante el cual las energías y las savias se preparan para liberar su carga.

Cuando luego, en esta segunda etapa marcadamente sexual, la pubertad, el instinto adormecido se despierta poco a poco, cuando la libido se vuelve de nuevo hacia el mundo y busca una "fijación", un objeto al que transferir su tensión afectiva, en este momento decisivo la voluntad biológica de la naturaleza guía con gesto enérgico al novicio hacia el camino natural de la reproducción. Cambios manifiestos en el cuerpo, en la época de la pubertad, muestran al hombre joven y a la muchacha núbil que la naturaleza se propone algo. Y estas señales indican claramente la zona genital. Señalan el camino que la naturaleza quiere que el hombre recorra para servir a su misterioso y eterno propósito: la reproducción. La libido ya no gozará de sí misma, retozando en sus juegos, como antes en el lactante, sino que se someterá convenientemente al abstruso plan del universo que se realiza una y otra vez en el hombre procreador y procreado. Si el individuo comprende y obedece a esta indicación imperiosa de la naturaleza, si el hombre se une a la mujer y la mujer al hombre en el acto creador, si ha olvidado todas las demás posibilidades de placer de su antigua voluptuosidad pánica, esto indica que su desarrollo sexual ha seguido el curso normal y correcto y que su instinto individual sigue la dirección regular y natural.

Este "ritmo en dos tiempos" determina el desarrollo de toda la vida sexual del hombre, y para millones y millones de individuos el instinto de placer se adecua sin tensión a este curso regular: para el lactante, placer en todo y en sí mismo; para el adulto, instinto de reproducción. El ser normal sirve con toda simplicidad a los fines de la naturaleza, que quiere que emplee ese instinto exclusivamente para el objetivo final de la reproducción. Pero en algunos casos, relativamente pocos –precisamente los que interesan al psicólogo–, se descubre una funesta alteración del curso sano y normal. Un cierto número de personas, por motivos personales que hay que descubrir en cada caso, no es capaz de decidirse a canalizar completamente su instinto de placer en la forma recomendada por la naturaleza; en estos casos, la libido, la energía sexual, busca siempre una dirección diferente de la habitual para satisfacer el placer. En estos individuos anormales y neuróticos, a causa de una anomalía en algún trecho de su vida, la inclinación sexual se ha desplazado a un carril equivocado del que ya no logra salir. Los individuos de orientación perversa, los diferentes, no son, pues, en opinión de Freud, seres con taras hereditarias ni enfermos y menos aún delincuentes psíquicos, sino en su mayoría personas que recuerdan con una precisión fatal la consecución del placer de su época pregenital, alguna experiencia erótica de su período de desarrollo y ahora, por una trágica necesidad de repetición, buscan placer única y exclusivamente en esta dirección. Y, así, vemos a infelices personajes, adultos con formas de deseo propias de niños, que, a causa de este recuerdo ineludible, no encuentran placer en la actividad sexual considerada normal y natural para su edad por la sociedad; siempre quieren revivir ese episodio erótico (para la mayoría relegado al inconsciente hace tiempo) y buscan un sustituto en la realidad. Jean Jacques Rousseau, en su despiadada autobiografía, nos ha descrito un caso clásico en la literatura de este tipo de perversión, provocado por un recuerdo de infancia. Su severa maestra, a la que amaba en secreto, lo castigaba furiosamente y a menudo con azotes, pero, para sorpresa del propio niño, el dolor del castigo infligido por su educadora le causaba un ostensible placer. En el estado latente (admirablemente descrito por Freud) Rousseau olvida completamente este episodio, pero su cuerpo, su alma y su inconsciente no omiten la experiencia. Y cuando más tarde el adulto busca la satisfacción en las relaciones normales con mujeres, nunca consigue la consumación del acto físico. Para poder unirse a una mujer, debe primero repetir la escena histórica de la flagelación, y así es como Jean Jacques Rousseau paga durante toda su vida el precoz, funesto y desviado despertar de su sexualidad con un masoquismo incurable que le recuerda constantemente, a pesar de sus protestas interiores, esa única forma de goce que le está reservada. Así pues, no son perversas (bajo este concepto clasifica Freud a todos aquellos que buscan la satisfacción sexual por otros caminos que no sea el de la reproducción) las naturalezas enfermas ni las obstinadamente anárquicas, que transgreden las leyes comunes en un acto consciente y atrevido de rebeldía, sino los prisioneros, a pesar suyo, encadenados a una vivencia de su edad temprana, estancados en el infantilismo, y cuya feroz voluntad de vencer sus instintos desviados los convierte además en neuróticos y psicóticos. Por esta razón, ni la justicia, que con sus amenazas hunde todavía más al extraviado en su conflicto interior, y tampoco la moral, que apela a la "razón", pueden liberar al enfermo de esta situación compulsiva, sino sólo el psicólogo, que se interesa por descubrir y hacerle comprender el suceso originario. Porque sólo comprendiendo por sí mismo el conflicto interno –he aquí el axioma de la psicología freudiana– el enfermo puede llegar a suprimirlo: para curarse, tiene que conocer primero el sentido de su enfermedad.

Así pues, según Freud, todo trastorno psíquico es consecuencia de una experiencia personal –por lo general erótica–, e incluso lo que llamamos predisposición y herencia no representan otra cosa que las experiencias de generaciones anteriores grabadas en los nervios; por eso, la vivencia es para el psicoanálisis el factor decisivo de todo desarrollo psíquico, razón por la cual esta ciencia trata de comprender a cada persona individualmente por medio de su pasado. Para Freud sólo existe la psicología individual y la patología individual: en el espacio vital del alma no se debe considerar nada partiendo de una regla o un esquema, sino que cada vez hay que descubrir las causas en su unicidad. Por supuesto, esto no excluye que la mayoría de experiencias sexuales tempranas de los individuos, aunque con sus matices personales, presenten ciertas similitudes típicas entre sí; así como innumerables individuos tienen el mismo tipo de sueños (por ejemplo, volar, exámenes, persecuciones), Freud cree reconocer en la vida sexual precoz ciertas actitudes afectivas típicas que son casi obligatorias, y se ha dedicado con especial pasión a descubrir y clasificar estas categorías, estos "complejos". El más famoso, y el más difamado también, es el llamado complejo de Edipo, que Freud considera uno de los pilares fundamentales de su edificio psicoanalítico (mientras que a mí me parece uno de esos contrafuertes que se pueden retirar sin peligro una vez terminado el edificio). Entretanto ha alcanzado una popularidad tan funesta, que apenas hace falta explicarlo: Freud supone que la fatal afectividad que se realiza trágicamente en la leyenda griega de Edipo –el hijo que mata al padre para poseer a la madre–, esta situación que nos parece bárbara todavía, existe hoy en forma de deseo en toda alma infantil, porque –la hipótesis más controvertida de Freud– el primer sentimiento erótico del niño apunta hacia la madre, y su primera tendencia agresiva hacia el padre. Freud cree poder demostrar que este paralelogramo de fuerzas de amor por la madre y odio hacia el padre es el primer agrupamiento natural e inevitable en la vida psíquica de todo niño, y coloca a su lado una serie de otros sentimientos subconscientes como el miedo a la castración y el deseo incestuoso, sentimientos que han tenido su plasmación en los mitos primitivos de la humanidad (pues, según la teoría de Freud, los mitos y las leyendas de los pueblos no son otra cosa que sueños y deseos "descargados" de sus tiempos primitivos). Así, todo lo que la humanidad ha rechazado desde siempre como barbarie, sed de sangre, incesto y violación, aquellos lúgubres extravíos de los tiempos salvajes, todo esto se estremece de deseo una vez más en la infancia, ese período prehistórico del alma humana: cada individuo debe repetir simbólicamente en su desarrollo ético toda la historia cultural de la humanidad. Inconsciente y, por lo tanto, invisibles, todos llevamos todavía en la sangre los viejos instintos bárbaros, y ninguna cultura protege del todo al hombre de los bruscos fogonazos de estos instintos y deseos, extraños para él mismo: corrientes misteriosas de nuestro inconsciente nos llevan una y otra vez de vuelta a aquellos tiempos primitivos sin ley ni moral. Y aunque empleemos todas nuestras fuerzas en alejar el mundo de los instintos de nuestra actividad consciente, lo único que conseguiremos, en el mejor de los casos, será aprovecharlo en el sentido moral y espiritual, pero nunca nos desprenderemos de él por completo.

A causa de esta concepción al parecer "hostil a la civilización", que en cierto sentido considera inútiles los esfuerzos milenarios de la humanidad por domeñar los instintos y subraya sin cesar el carácter invencible de la libido, los adversarios de Freud han dado el nombre de pansexualismo a su doctrina sexual. Lo acusan de sobreestimar como psicólogo el instinto sexual atribuyéndole una influencia preponderante sobre nuestra vida psíquica, y de exagerarlo como médico tratando de reducir todo trastorno psíquico a este único punto y pretender curar a partir de él. Esta objeción incluye, a mi juicio, una mezcla confusa de verdad y de inexactitud. Porque en realidad Freud nunca ha designado monísticamente el principio del placer como única fuerza psíquica que mueve el mundo. Sabe muy bien que toda tensión y todo movimiento –y ¿qué otra cosa es la vida?– no proviene sino del *pólemos*, del conflicto. Por esta razón, desde el principio opone teóricamente a la libido, al instinto centrífugo, que busca el deseo y la unión más allá del Yo, otro instinto, al que primero llama instinto del Yo, después instinto de agresión y finalmente instinto de la muerte: es el instinto que tiende no a la reproducción, sino a la aniquilación; no a la creación, sino a la destrucción; no al todo, sino a la nada. Sin embargo, y sólo en este sentido, sus adversarios no andan del todo equivocados, Freud no ha logrado representar dicho instinto contrapuesto con la misma plasticidad y fuerza de persuasión que el impulso sexual: el reino del llamado "instinto del Yo" ha permanecido bastante impreciso en su cuadro filosófico del universo, pues allí donde Freud no ve con perfecta claridad, es decir, en todo el campo especulativo, le falta la espléndida plasticidad de su talento para exponer y delimitar. De hecho, puede que en su obra y en su terapia predomine una cierta sobrevaloración de lo sexual, pero este insistente hincapié estaba condicionado históricamente por la subvaloración y el silencio sistemáticos de la sexualidad por parte de los demás durante décadas. Hacía falta exagerar para que la idea conquistara la época, y, rompiendo con fuerza el dique del silencio, Freud encauzó definitivamente la discusión. En realidad, esta exageración tan invocada de la sexualidad no representó en ningún momento un peligro real, y lo que pudieran tener de extremado los primeros ensayos ha sido superado rápidamente desde hace tiempo por el eterno regulador de todos los valores: el tiempo. Hoy, a los veinticinco años de las primeras exposiciones de Freud, el más temeroso puede estar tranquilo: el mundo no se ha tornado en absoluto más sexual, más erotómano ni más amoral a causa de nuestro nuevo conocimiento del problema de la sexualidad, sino más sincero y más científico; la doctrina de Freud no ha hecho sino recuperar un bien psíquico que la generación anterior había desperdiciado con su gazmoñería: la ingenuidad del espíritu frente a todo lo corporal. Toda una nueva generación ha aprendido –y ya se enseña en las escuelas– a no sustraerse a las decisiones interiores, a no esconder los problemas íntimos y personales, sino, al contrario, a tomar consciencia, con la mayor claridad posible, del peligro y del misterio de las crisis del alma. Todo conocimiento de uno mismo encierra ya la libertad respecto a uno mismo, y sin duda esta nueva moral sexual más libre demostrará ser más eficaz moralmente para la futura camaradería entre sexos que la vieja moral del silencio, cuya desaparición definitiva –mérito indiscutible– ha acelerado ese hombre único, audaz y libre. Toda una generación deberá siempre su libertad exterior a la libertad interior de un solo hombre; toda ciencia nueva empieza siempre con un precursor, que hace tomar consciencia del problema a los demás.

MIRADA CREPUSCULAR EN LONTANANZA

Toda visión se transforma en contemplación, toda contemplación en reflexión, y toda reflexión en asociación, de modo que se puede decir que, cada vez que miramos con atención el mundo, hacemos ya teoría.
GOETHE

El otoño es la época más propicia para la reflexión. Los frutos se han recolectado, la faena está hecha, el cielo y el horizonte lejanos iluminan, puros y claros, el paisaje de la vida. Cuando Freud, a los setenta años, mira por primera vez hacia atrás para examinar la obra realizada, seguramente no puede evitar asombrarse al ver hasta dónde lo ha llevado el camino de la creación. Un joven neurólogo afronta un problema neurológico, busca la explicación de la histeria. Más rápidamente de lo que se imaginaba, este problema lo conduce hasta sus profundidades. Pero allí, en el fondo del pozo, centellea un nuevo problema: el inconsciente. Lo levanta y he aquí que resulta ser un espejo mágico. Cualquiera que sea el objeto psíquico sobre el cual proyecta su luz, le confiere un sentido nuevo. Y así, armado con una fuerza interpretativa sin parangón, guiado misteriosamente por una misión interior, Freud va de una revelación a otra, de una visión espiritual a otra, cada vez más amplia y más elevada –*una parte nasce dall'altra successivamente*, en palabras de Leonardo–, y todos estos círculos que suben en espiral se unen espontáneamente para formar una imagen de conjunto del mundo psíquico. Desde hace tiempo se han excedido los límites de la neurología, del psicoanálisis, de la interpretación de los sueños y de la sexología, y siempre aparecen nuevas ciencias que buscan renovarse. La pedagogía, los estudios religiosos, la mitología, la poesía y el arte deben a las inspiraciones del viejo sabio un notable enriquecimiento: desde lo alto de los años apenas puede abarcar con la mirada el horizonte futuro que alcanzará la insospechada influencia de su obra. Como Moisés desde la montaña, en el crepúsculo de su vida Freud ve para su doctrina una tierra infinita, fértil y aún sin cultivar.

Durante cincuenta años este hombre de ciencia ha permanecido impertérrito en el sendero de la guerra; cazador de misterios y buscador de verdades, sus capturas son incalculables. ¡La de cosas que ha proyectado, presentido, visto, creado y fomentado!

¿Quién sería capaz de enumerar sus trabajos en todos los dominios del espíritu? Ahora el anciano podría descansar. Y, de hecho, algo en su interior anhela examinar las cosas con una mirada más calmada, menos responsable. Sus ojos, que han penetrado severos y escrutadores en el fondo oscuro de tantas almas, demasiadas, quisieran ahora abrazar la imagen entera del mundo con libertad, en una especie de ensueño espiritual. Quien siempre ha labrado únicamente las profundidades, desearía contemplar las alturas y las planicies de la existencia. Quien a lo largo de su vida ha buscado e interrogado sin descanso, quisiera ahora como filósofo tratar de darse a sí mismo una respuesta. Quien ha realizado innumerables análisis en individuos, ansiaría ahora ahondar en el sentido de la colectividad y poner a prueba su arte interpretativo en un psicoanálisis de la época.

Es antiguo ese interés por observar el misterio universal sólo con el pensamiento, en una pura visión del espíritu. Pero el rigor de su trabajo ha vedado a Freud, a lo largo de toda su vida, las inclinaciones especulativas; primero había que investigar las leyes de la constitución psíquica en multitud de individuos antes de aventurarse a aplicarlas a escala general. A este hombre demasiado consciente de su responsabilidad siempre le parecía que aún no había llegado el día. Pero ahora, al atardecer de su vida, cuando cincuenta años de labor incansable le otorgan el derecho a rebasar el plano individual en un estado de ensueño reflexivo, sale de nuevo para echar una ojeada a lo lejos e intentar aplicar a toda la humanidad el método probado en miles de seres.

El maestro, siempre tan seguro, emprende este nuevo camino con pasos un tanto tímidos y vacilantes. Casi se podría decir que sale con mala conciencia de su campo científico de los hechos exactos para entrar en el de los indemostrables, pues precisamente él, que ha desenmascarado tantas ilusiones, sabe cuán fácil es caer en esta tentación. Hasta ahora ha rechazado firmemente toda generalización especulativa: "Estoy en contra de la fabricación de concepciones universales." No es, pues, con ánimo despreocupado ni con la imperturbable serenidad de antes, con que se vuelve hacia la metafísica –o, como la llama más cautamente, la metapsicología–, y parece disculparse ante sí mismo por esta aventura tardía: "En mis condiciones de trabajo se ha introducido un cierto cambio cuyas consecuencias no puedo negar. Antes yo no era de esos que no saben guardar en secreto ni por un minuto algo supuestamente nuevo hasta que hubiera sido corroborado... Pero luego el tiempo se dilató, infinito, delante de mí –*oceans of time*, como dice un amable poeta– y el material afluyó hacia mí tan abundante, que a duras penas pude experimentarlo todo... Ahora es diferente. El tiempo que me queda es limitado, el trabajo no lo ocupará por entero, pues las ocasiones de llevar a cabo nuevas experiencias ya no son tan numerosas. Cuando creo ver algo nuevo, ya no estoy seguro de poder esperar que sea corroborado." Está claro: este hombre estrictamente científico sabe de antemano que esta vez se le plantearán toda clase de problemas. Y en una especie de monólogo, de soliloquio intelectual, examina en su fuero interno algunas de las cuestiones que lo abruman sin exigir ni dar respuesta plena. Sus libros tardíos, *El futuro de una ilusión* y *El malestar en la cultura*, quizá no son tan densos como los anteriores, pero son más poéticos. Contienen menos ciencia demostrable, pero más sabiduría. En vez del disector inexorable, se descubre al fin el gran espíritu sintetizador; en lugar del médico formado en las ciencias naturales exactas, el artista tanto tiempo presentido. Es como si por primera vez detrás de la mirada escrutadora apareciera el hombre Sigmund Freud tanto tiempo escondido.

Pero es una mirada más sombría la que ahora contempla a la humanidad, una mirada que se ha vuelto triste porque ha visto demasiadas cosas lúgubres. Durante cuarenta años sin interrupción los hombres han acudido a él sólo con sus preocupaciones, sus miserias, sus angustias y sus trastornos, lamentándose o preguntando, airados, histéricos y desbocados, sólo enfermos, deprimidos, atormentados y locos; únicamente el lado triste y apático de la humanidad se ha mostrado sin piedad ante este hombre a lo largo de toda una vida. Encerrado en el pozo eterno de su trabajo, pocas veces ha visto la otra cara de la humanidad, serena, risueña y confiada, el lado ocupado por los altruistas, los sosegados, los alegres, los despreocupados, los contentos, los felices y los sanos; siempre y únicamente enfermos, melancólicos y perturbados, siempre almas sombrías. Sigmund Freud ha sido médico durante demasiado tiempo y demasiado profundamente para no haber llegado poco a poco a considerar enferma a toda la humanidad. Y su primera impresión al contemplar el mundo desde su gabinete de trabajo antepone a toda la investigación anterior un diagnóstico terriblemente pesimista: "Como para el individuo, también para toda la humanidad la vida es difícil de soportar."

¡Palabras lúgubres y fatales, que auguran pocas esperanzas, más un suspiro del fondo de su ser que el reconocimiento de un hecho! Está claro que Freud aborda su tarea cultural y biológica como si se acercara al lecho de un enfermo, y, acostumbrado a examinar como psicólogo, cree percibir síntomas claros de un desequilibrio psíquico en nuestros tiempos. Puesto que la alegría es extraña a sus ojos, sólo ve desazón en nuestra cultura y se pone a analizar esta neurosis del alma de la época. ¿Cómo es posible, se pregunta, que tan poca dicha real anime nuestra civilización, que sin embargo ha elevado a la humanidad muy por encima de todas las previsiones y esperanzas de las generaciones anteriores? ¿Acaso no hemos superado mil veces dentro de nosotros al viejo Adán? ¿No somos más semejantes a Dios que él? El oído, gracias a la membrana telefónica, ¿no oye acaso los sonidos que vienen de los continentes más alejados? El ojo, gracias al telescopio, ¿no ve por azar las miríadas de estrellas del firmamento y, gracias al microscopio, un cosmos en una gota de agua? Nuestra voz, ¿no sobrevuela quizá en un segundo el espacio y el tiempo, no se burla de la eternidad, retenida en el disco de un gramófono? ¿No nos transporta el aeroplano con seguridad a través del elemento prohibido a los mortales durante miles de años? Entonces, ¿por qué, a pesar de esta semejanza con Dios, el alma del hombre no experimenta la auténtica alegría de la victoria, sino sólo el sentimiento abrumador de que sólo hemos tomado prestada esta gloria, de que no somos sino "dioses protéticos" (¡palabra rotunda!)? ¿Por qué ninguna de estas conquistas técnicas satisface ni sosiega nuestro Yo más profundo? ¿Cuál es el origen de esta inhibición, de este trastorno, la raíz de esta enfermedad del alma? Tales son las preguntas que se formula Freud al contemplar la humanidad. Y, con seriedad, rigor y método, como si se tratara de un caso aislado de su consulta, se pone a investigar las causas del malestar de nuestra cultura, esa neurosis de la humanidad actual.

Pues bien: si Freud comienza siempre un psicoanálisis indagando el pasado, sigue el mismo procedimiento con el de la cultura psíquicamente enferma, esto es, con una mirada retrospectiva a las formas primitivas de la sociedad humana. Al principio el hombre primitivo (en cierto modo el lactante de la cultura) ignora, según Freud, todas las leyes y costumbres, es libre como un animal y está completamente exento de inhibiciones. Con un egoísmo concentrado e inquebrantable descarga sus instintos agresivos en el asesinato y el canibalismo, y su sexualidad en el pansexualismo y el incesto. Pero, apenas ese hombre primitivo se une en hordas y clanes, se ve obligado a percatarse de que hay límites a sus deseos: la oposición de sus compañeros; toda vida social, también en su nivel más primitivo, entraña limitación. El individuo tiene que resignarse a considerar prohibidas ciertas cosas; se establecen leyes y costumbres, convenciones comunes que exigen castigo para toda infracción. El conocimiento de lo prohibido y el miedo al castigo se desplazan pronto al interior del individuo y crean en el cerebro, hasta entonces abúlico y animal, una nueva instancia, un Superyó, en cierto modo un aparato de alarma que avisa a tiempo de que no se traspase los raíles de las costumbres para evitar el castigo. Con este Superyó, que es la conciencia, nace la cultura y, al mismo tiempo, la idea religiosa. Porque todos los límites que la naturaleza impone al instinto humano del placer: frío, enfermedad y muerte, el miedo ciego y primitivo de la criatura los interpreta como enviados por un adversario invisible, por un dios-padre que tiene el poder absoluto de castigar y premiar, un dios del temor al que hay que obedecer y servir. Ideal supremo del Yo como arquetipo de la omnipotencia y a la vez figura terrible como creador de todos los espantos, la presencia imaginaria de un dios-padre, que todo lo ve y todo lo puede, hace retroceder al hombre rebelde a sus fronteras mediante el esbirro de la conciencia; gracias a esta autolimitación, a esta renuncia, a esta disciplina y autodisciplina, la criatura bárbara y salvaje empieza a civilizarse poco a poco. Uniendo sus fuerzas originariamente belicosas en una actividad común y creadora, en vez de lanzarlas unas contra otras en luchas mortíferas y sangrientas, la humanidad acrecienta su capacidad intelectual, ética y técnica, y poco a poco eleva una buena parte de su poder hacia su ideal, Dios. Atrapa el rayo, vence el frío, supera la distancia, doma con las armas el peligro de las fieras, somete poco a poco a la comunidad civilizada todos los elementos, el agua, el aire y el fuego. Gracias a sus fuerzas creadoras organizadas, la humanidad sube cada vez más en la escalera celestial hacia lo divino, y, señora de las alturas y los abismos, vencedora del espacio, sabia y casi omnisciente, ella, que viene de la bestia, puede ya considerarse semejante a Dios.

Pero, en medio de este hermoso sueño de una futura civilización de felicidad universal, Freud, el incurable desilusionista, se pregunta (como hizo Jean Jacques Rousseau más de ciento cincuenta años antes): ¿Por qué, a pesar de esta semejanza con Dios, la humanidad no es más feliz y dichosa? ¿Por qué nuestro Yo más íntimo no se siente enriquecido, liberado y salvado por todos estos triunfos de la comunidad civilizada? Y se responde a sí mismo con su implacable y enérgica dureza: Porque este enriquecimiento de la cultura no nos ha sido dado gratuitamente, sino que se paga con una enorme limitación de la libertad de nuestros instintos. El reverso de todo crecimiento cultural de la especie es la pérdida de felicidad para el individuo (y Freud toma siempre partido a favor del individuo). Al incremento de civilización de la humanidad corresponde una pérdida de libertad, una disminución de la fuerza afectiva de cada individuo. "Nuestro sentimiento actual del Yo es sólo una parte exigua de un sentimiento más extenso, universal casi, que responde a una unión más íntima del Yo con el universo." Hemos renunciado a una parte demasiado grande de nuestra fuerza inquebrantable a favor de la sociedad, de la colectividad, para que nuestros instintos primitivos de sexualidad y agresividad puedan exhibir todavía su unidad de fuerzas. Cuanto más estrechos sean y ramificados estén los canales en que se distribuye nuestra vida psíquica, tanta más fuerza torrencial primigenia pierde. Las restricciones sociales, que se han ido volviendo más y más severas a lo largo de los siglos, estrechan y desvían nuestra fuerza afectiva, y por ello "resulta especialmente afectada la vida sexual del hombre civilizado. A veces da la impresión de una función en estado regresivo, como en el caso de nuestros órganos, nuestra dentadura y nuestros cabellos". Pero el alma del hombre no se deja engañar, sabe de forma misteriosa que, a cambio de los innumerables goces nuevos y superiores, entre ellos las artes, las ciencias, la técnica, el dominio de la naturaleza y las demás comodidades de la vida, que tratan cotidianamente de seducirla, ha perdido otro tipo de placer, más intenso, más completo y más natural. Algo dentro de nosotros, quizás escondido biológicamente en algún rincón de los conductos cerebrales y transportado por las arterias junto con la sangre, nos recuerda de forma mística aquel estado primitivo de libertad suprema: todos los instintos vencidos hace tiempo por la cultura, el incesto, el parricidio, la pansexualidad, asedian todavía como fantasmas nuestros deseos y nuestros sueños. E incluso el niño bien atendido, traído al mundo con toda ternura y sin dolor por una madre de lo más cultivada en una sala aséptica, iluminada eléctricamente y bien caldeada de una lujosa clínica particular, es otra vez el hombre primitivo; tiene que recorrer de nuevo poco a poco todos los ciclos milenarios del hombre primigenio, desde los instintos pánicos elementales hasta la autolimitación, y revivir y sufrir en su cuerpecito en formación toda la labor educativa que lo llevará a la cultura. Así, en todos nosotros permanece un recuerdo indestructible de la antigua libertad, y en ciertos momentos nuestro Yo ético siente la nostalgia impetuosa de la anarquía, de la libertad nómada, de la animalidad de nuestros inicios. En nuestros sentimientos vitales la pérdida y la ganancia se equilibran eternamente, y cuanto más aumenta la distancia entre la dependencia cada vez más estrecha de la colectividad y la independencia primitiva, tanto mayor es la desconfianza del alma individual acerca de si, en realidad, este progreso no la expolia y de si la socialización del Yo no defrauda a su Yo más íntimo.

¿Conseguirá la humanidad algún día, si se esfuerza en penetrar en el futuro, se pregunta Freud, dominar definitivamente esta inquietud, ese movimiento pendular que desgarra su alma? Confusa y vacilante entre el temor de Dios y el goce animal, rodeada de prohibiciones, abrumada por neurosis de la religión, ¿encontrará una salida a este dilema de la civilización? Las dos fuerzas originarias, el instinto de agresión y el sexual, ¿no acabarán sometiéndose voluntariamente a la razón moral? Y nosotros, ¿no podremos al fin prescindir, por superflua, de la "hipótesis utilitaria" del Dios que juzga y castiga? ¿Superará el futuro definitivamente –hablando en lenguaje psicoanalítico– este conflicto de sentimientos, el más secreto, a fuerza de mentalización? ¿Sanará algún día? ¡Pregunta peligrosa! Pues, con la pregunta de si un día la razón llegará a ser dueña y señora de nuestra vida instintiva, Freud se ve volcado a un dilema trágico. Por un lado, el psicoanálisis niega el predominio de la razón sobre el inconsciente: "Los hombres son poco accesibles a los argumentos de la razón, se mueven por sus instintos", y, sin embargo, afirma, por el otro, que "no tenemos otro medio que la inteligencia para dominar nuestra vida instintiva". Como doctrina teórica, el psicoanálisis lucha por la supremacía de los instintos y del inconsciente; como método práctico, se sirve de la razón como único remedio para el hombre y, por tanto, para la humanidad. Tocante a este punto, desde hace tiempo se esconde en el psicoanálisis una secreta contradicción, que ahora, a medida que se amplía el campo de observación, crece hasta dimensiones considerables: Freud debería tomar una decisión definitiva; precisamente aquí, en el campo de la filosofía, debería otorgar la supremacía a la razón o al instinto en la naturaleza humana. Pero para Freud, que no sabe mentir y se niega a mentirse a sí mismo, es una decisión terriblemente difícil. Porque, ¿cómo decidir? El anciano, hondamente conmovido, acaba de ver confirmada su teoría del predominio de los instintos sobre la razón consciente en la psicosis colectiva de la Guerra Mundial: nunca como en aquellos cuatro años apocalípticos se había hecho tan horriblemente visible lo tenue que sigue siendo la capa de humanidad que cubre el delirio homicida de los hombres, desenfrenado y lleno de odio, y cómo basta una simple sacudida del inconsciente para echar abajo todos los audaces edificios del espíritu y todos los templos de la moralidad. En estos momentos ha visto sacrificar la religión, la cultura, todo lo que ennoblece y eleva la vida consciente del hombre, al placer más salvaje y primitivo de la destrucción; todas las fuerzas santas y santificadas de la humanidad se han mostrado una vez más infantilmente débiles ante el instinto ciego y sediento de sangre del hombre primitivo. Sin embargo, algo en Freud se niega a reconocer esta derrota moral de la humanidad en la Guerra Mundial. Porque, ¿de qué servirían la razón y su propio servicio a la verdad y a la ciencia durante décadas, si al final toda la educación y toma de conciencia de la humanidad resultara impotente frente a su inconsciente? Íntegro y honrado a carta cabal, Freud no se atreve a negar la eficacia de la razón y menos aún la fuerza incalculable del instinto. Así, responde prudentemente a la pregunta que él mismo se ha planteado recurriendo a un "tal vez", un "quizás un día", trasladándola a un vasto tercer reino del alma, pues no quisiera volver a sí mismo sin un mínimo consuelo después de este tardío viaje. Y para mí es conmovedor escuchar su voz, siempre tan severa, tornarse ahora suave y conciliadora cuando, en el ocaso de su vida, quiere mostrar a la humanidad una lucecita de esperanza al final del camino: "Podemos repetir las veces que queramos que el intelecto humano es débil en comparación con los instintos. Y tendríamos razón. Pero esta debilidad tiene algo peculiar; la voz del intelecto es apenas perceptible, pero no descansa hasta hacerse oír. Al final, después de innumerables fracasos, lo consigue. Es este uno de los escasos puntos en los que se puede ser optimista para el futuro de la humanidad, pero no es poca cosa. La primacía del intelecto se encuentra, es verdad, a una distancia lejana, pero probablemente no inaccesible."

Palabras maravillosas. Pero esta lucecita en la oscuridad titila demasiado lejana e insegura para poder dar calor al alma que la inquiere, helada por la realidad. Todo lo "probable" no es sino un pobre consuelo, y ningún "quizás" apaga la insaciable sed de fe en certidumbres supremas. Aquí nos hallamos ante la verdadera e infranqueable frontera del psicoanálisis: donde empieza el reino de las creencias interiores, de la confianza creadora, allí termina su poder; conscientemente desilusionista y enemigo de todo lo vano, carece de alas para remontarse hasta las esferas superiores. Ciencia exclusiva de la persona, del alma individual, no sabe ni quiere saber nada de un sentido colectivo o de una misión metafísica de la humanidad: por eso sólo ilumina hechos psíquicos, pero no da calor al alma humana. Sólo puede dar salud, pero la salud sola no basta. Para ser feliz y fecunda, la humanidad necesita ser fortalecida constantemente por la fe en el sentido de su existencia. Pero el psicoanálisis no tiene opiatas como la *Christian Science*, ni éxtasis embriagadores como las promesas ditirámbicas de Nietzsche, no asegura ni promete nada, prefiere callar en vez de consolar. Esta sinceridad, nacida completamente del espíritu severo y honrado de Sigmund Freud, es admirable desde el punto de vista moral. Pero a todo lo que es sólo verdad se le agrega inevitablemente un tanto de amargura y de escepticismo, y sobre todo lo que es explicación y análisis racionales se cierne una cierta sombra trágica. Es innegable que el psicoanálisis implica algo que desdiviniza, algo que sabe a tierra y caducidad, como todo lo que es solo humano no hace libre ni feliz; la sinceridad puede enriquecer magníficamente el espíritu, pero nunca satisfacer por completo los sentimientos, nunca enseñar a la humanidad a rebasar los propios bordes, ese placer más insensato, pero también el más necesario. El hombre –¿quién lo ha demostrado de forma más brillante que Freud?– no puede vivir sin los sueños, incluso en el sentido físico, pues su cuerpo endeble estallaría bajo la presión de los sentimientos no realizados. ¿Cómo podría soportarlo entonces el alma de la humanidad, sin la esperanza de un sentido superior, sin los sueños de la fe? Por más que todas las ciencias le demuestren una y otra vez lo absurdo de ese juego de creación de dioses, su placer de imaginero seguirá queriendo dar un sentido al mundo para no caer en el nihilismo, pues este afán constituye ya en sí mismo el sentido por excelencia de toda vida espiritual.

Para el alma hambrienta de fe, en la sobriedad del psicoanálisis, riguroso, objetivo, frío y racional, no halla alimento. Este aporta conocimiento y nada más; y, puesto que no tiene fe en el mundo, puede dar una explicación de la realidad, pero no del universo: no es una filosofía de la vida. Aquí está su frontera. Ha sabido acercar al hombre a su propio Yo más que cualquier otro método espiritual anterior, pero –lo que sería necesario para la satisfacción total de los sentimientos– no ha conseguido hacerlo salir de este Yo. Analiza, separa y divide, muestra a cada vida su sentido propio, pero no sabe agrupar estos miles de elementos aislados para darles un sentido unitario. Para ser realmente creador, sería necesario que su método, que descompone y explica, se completase con otro que reuniera y fusionara, que al psicoanálisis se agregara la psicosíntesis: esta unión será quizá la ciencia del mañana. Por largo que sea el camino recorrido por Freud, más allá quedan todavía por explorar muchos y vastos espacios. Después de que el arte de interpretación del psicoanálisis ha mostrado al alma sus trabas secretas, otros podrán enseñarle ahora su libertad, a desbordarse y salir de sí misma para confluir en la corriente universal.

VALIDEZ EN EL TIEMPO

No queremos dejar que el individuo que nace del Uno y del Múltiple y que, desde su nacimiento, lleva en sí lo definido y lo indefinido, se desvanezca en el infinito antes de que podamos examinar todas las series de representaciones que hacen de intermediario entre el Uno y el Múltiple.
PLATÓN

Dos descubrimientos de una simultaneidad simbólica se producen en la última década del siglo XIX: en Würzburg, un físico poco conocido, llamado Wilhelm Röntgen, demuestra con un experimento inesperado la posibilidad de ver a través del cuerpo humano, considerado hasta entonces impenetrable. En Viena, un médico también desconocido, Sigmund Freud, descubre la misma posibilidad para el alma. Ambos métodos modifican no sólo las bases de sus respectivas ciencias, sino que fertilizan todos los campos vecinos; por un singular cruce, el médico saca provecho del descubrimiento del físico, y con el del médico, a su vez, sale ganando la psicofísica, la doctrina de las fuerzas del alma.

Con el grandioso descubrimiento de Freud, cuyos resultados todavía hoy están muy lejos de haberse agotado, la psicología científica sale por fin de su aislamiento académico y teórico y desemboca en la vida práctica. Gracias a él, la psicología como ciencia es aplicable por primera vez a todas las formas de creación del espíritu. Porque, ¿qué era la psicología de antes? Una asignatura, una materia de investigación teórica especializada, encerrada en las universidades y enquistada en los seminarios, que producía libros en un lenguaje de fórmulas ilegibles e insoportables. Quien la estudiaba no sabía más de sí mismo y de sus leyes individuales que si hubiera estudiado sánscrito o astronomía, y el común de las gentes, con buen instinto, consideraba sus resultados de laboratorio carentes de importancia, porque eran totalmente abstractos. Al desviar Freud, con un cambio decisivo de timón, el estudio del alma del plano teórico y dirigirlo al individuo, convirtiendo en objeto de análisis la cristalización de la personalidad, desplaza la psicología de las aulas a la realidad y la hace importante para la vida del hombre, porque es aplicable. Sólo ahora la psicología puede ayudar a la pedagogía en la formación del ser humano en vías de crecimiento; a la medicina en la curación de los enfermos; a la justicia en el enjuiciamiento de los desencaminados; al arte en la comprensión del genio creador; y tratando de explicar a cada uno su individualidad irrepetible, ayuda a la vez a todos los demás. Pues, quien ha aprendido a comprender al ser humano en sí mismo lo comprende en todos los hombres.

Con este cambio de orientación de la psicología, centrada ahora en el alma individual, Freud ha satisfecho involuntariamente la pretensión más íntima de la época. Nunca el hombre había tenido tanta curiosidad por conocer su propio Yo, su personalidad, en nuestro siglo de "monotonización" creciente de la vida exterior. La era de la técnica uniformiza y despersonaliza cada vez más a sus ciudadanos para convertirlos en tipos incoloros; clasificados en las mismas categorías salariales, habitando en las mismas casas, llevando vestidos semejantes, trabajando las mismas horas en las mismas máquinas y luego refugiándose en la clase de distracciones delante del aparato de radio, del disco fonográfico, en el deporte, todos los hombres se parecen exteriormente de un modo espantoso; las ciudades, con las calles, son cada vez menos interesantes; y las naciones, cada vez más homogéneas; el gigantesco crisol de la racionalización funde todas las diferencias visibles. Pero en la medida en que nuestra superficie va siendo tallada y alisada más uniformemente, cuanto más son clasificados en serie y por docenas los hombres conforme a tipos fisonómicos colectivos, tanto más importante resulta para el individuo, en medio de la progresiva despersonalización de las formas de vida, la única capa vital de su ser que es inaccesible y no se somete a ninguna influencia externa: su personalidad exclusiva e irrepetible. Se ha convertido en la medida suprema y casi única del hombre, y no se debe a una casualidad que todas las artes y ciencias estén ahora tan apasionadamente al servicio de la caracterología. La tipología, la teoría de la evolución, la teoría de la masa hereditaria, las investigaciones acerca de la periodicidad individual, todas ellas se esfuerzan por separar cada vez más sistemáticamente lo particular de lo general; en literatura, la biografía ensancha la ciencia de la personalidad, y métodos de investigación de la fisonomía interior, como la astrología, la quiromancia y la grafología, tenidos por muertos durante mucho tiempo, están actualmente en pleno florecimiento. De todos los enigmas de la existencia ninguno es tan importante para el hombre de hoy como el de su ser y el de su desarrollo, el de conocer las limitaciones específicas y las particularidades únicas de su personalidad.

Freud ha orientado de nuevo la psicología, que se había convertido en una ciencia abstracta, hacia este centro de vida interior. Por primera vez ha desarrollado, con una grandiosidad casi poética, el elemento dramático de la estructura personal de cada hombre, esa mezcolanza ardiente y confusa del reino crepuscular que existe entre el consciente y el inconsciente, donde el más leve choque comporta vastísimas consecuencias y donde el pasado se une con el presente mediante los lazos más singulares: un verdadero mundo en el estrecho círculo sanguíneo del cuerpo, imposible de abarcar con la mirada en su totalidad y, sin embargo, agradable de contemplar como una obra de arte en su insondable regularidad. Pero las leyes que gobiernan a un hombre –es el cambio radical de su doctrina– no pueden ser juzgadas a partir de esquemas escolares, sino sólo por ser vividas, compartidas, transmitidas y, con esta experiencia, reconocidas como válidas. No se puede comprender una personalidad con fórmulas rígidas, sino sólo a partir de la forma de su propio destino que impregna su vida: por eso, toda cura médica, toda ayuda moral, presupone, según Freud, un conocimiento, y un conocimiento positivo, simpatizante y por ello realmente intuitivo. Para él, el principio ineludible de toda psicología y de toda terapia psíquica es el respeto a la personalidad, ese "misterio revelado" en el sentido que le da Goethe, y este respeto, Freud, como nadie, ha enseñado a guardarlo igual que si fuera un precepto moral. Sólo gracias a él, miles y cientos de miles de seres han comprendido por primera vez la vulnerabilidad del alma, en especial la del alma infantil, y, a la vista de las heridas por él descubiertas, han empezado a intuir que todo gesto brusco, toda intervención brutal (a menudo basta una palabra) en esta materia hipersensible, dotada de una misteriosa fuerza memorista, puede destruir un destino; que, por lo tanto, todo castigo, prohibición, amenaza o corrección irreflexivos carga a quien reprende con una responsabilidad hasta ahora desconocida. El respeto a la personalidad, incluso en sus desviaciones particulares, es lo que Freud ha introducido de nuevo, cada vez más profundamente, en la conciencia de hoy; en la escuela, en la iglesia, en la sala de justicia, esos santuarios del rigor y la severidad, y gracias a este mejor conocimiento de la vida psíquica, ha difundido por el mundo una mayor consideración y tolerancia. Este arte de la comprensión mutua, el más importante en las relaciones humanas, y el más necesario entre las naciones, el único que nos puede ayudar a construir una humanidad mejor, no ha sido promovido tanto por ningún método psíquico de nuestro tiempo como por la personalidad de Freud; gracias a él, nos hemos dado cuenta por primera vez, en un nuevo y provechoso sentido, de la importancia del individuo, del valor único e insustituible de toda alma humana. No existe en Europa, en todos los dominios del arte, de la investigación y de las ciencias de la vida, un solo hombre notable cuyas ideas no hayan sido directa o indirectamente, de buena o mala gana, influidas de modo prolífico por el pensamiento de Freud; con todo, este *outsider* ha llegado al centro de la vida: lo humano. Y mientras los especialistas siguen sin poder aceptar que su obra se adecue estrictamente al sentido escolar de la medicina, la filosofía y las ciencias naturales, mientras los consejeros privados y los eruditos siguen discutiendo con encono acerca de detalles y finalidades, la teoría de Freud ha demostrado ser, desde hace tiempo, irrefutablemente verdadera, en el sentido creador que Goethe acuñó en su frase inolvidable: "Sólo lo fecundo es verdadero."

Nota del editor alemán

"Psicólogo por pasión, plasmador de la voluntad creadora, realizo solamente mis aficiones dejándome arrastrar por aquellas figuras que más profundamente me atraen",[2] había declarado Stefan Zweig de forma programática en 1925 en el prólogo a la segunda parte de la serie "Los arquitectos del mundo, una tipología del espíritu". No buscaba "fórmulas para lo espiritual", sino que quería plasmar "formas del espíritu"; en consecuencia, no limitó de antemano el espectro a lo artístico y creativo, como podría suponerse, puesto que los tres volúmenes que incluye expresamente en esta "Serie" reúnen a tres poetas, tres novelistas, tres filósofos y tres autobiógrafos (en sentido amplio) desde distintos ángulos. Más bien quería exponer, en tanto que le fuera posible, los episodios más interesantes de la historia de la cultura de forma sincronóptica, superando las diferencias de época y de conocimientos. Por supuesto, una de ellas es "la cuestión del

---

[2] *La lucha contra el demonio*, trad. de Joaquín Verdaguer, Acantilado, Barcelona, 1999, p. 10.

espíritu, con el que se construye el cuerpo", sin que la respuesta sea condicionada por el "fanatismo de la convicción". Había que tender un arco lo más amplio posible en cuya base se verían diferentes "médicos del espíritu", siguiendo el principio de los "arquitectos", unidos por sus puntos en común.

En marzo de 1930 Stefan Zweig viajó a Berlín, y de allí a Hannover, para preparar el estreno simultáneo en varias ciudades de su tragicomedia *El cordero de los pobres.* Durante el viaje en tren escribió a su mujer Friderike: "De modo que… ahora voy a Hannover, me quedaré allí hasta el domingo por la mañana. Después regreso a Berlín, sólo porque Einstein se ha enterado de que voy a estar allí y resulta, para mi asombro, que es un apasionado lector de mis libros. Ha rehusado una invitación adrede para poder citarnos. De modo que estaré con él el domingo a las cinco y por la noche partiré directamente [para Salzburgo]." La conversación con el físico debió de impresionar hondamente a Stefan Zweig. No sabemos si influyó en el concepto de curación por el espíritu, pero la impresión se refleja en el hecho de que dedicó el libro "a Albert Einstein, respetuosamente".

En una carta a Otto Heuschele de 7 de marzo de 1930 decía: "Los otros trabajos –una vez termina la tragicomedia–, Mesmer, Eddy, Freud, que van a formar parte de un nuevo volumen, están muy avanzados." Terminó estas "extraordinarias y fascinantes historias" de Mesmer y de la fundadora de la *Christian Science*, Mary Baker-Eddy, en un espacio de tiempo relativamente breve, de modo que a principios de julio pudo comunicar a Friderike: "He empezado mi trabajo sobre Freud y espero avanzar a buen ritmo." Sin embargo, unos días más tarde, el 9 de julio, le escribió: "El trabajo sobre Freud avanza con dificultades." Aparecía de nuevo el viejo "obstáculo de escribir sobre una persona viva", dificultad que ya había constatado en 1921 en la biografía de Romain Rolland; se trataba otra vez de alguien "a quien debo mucho", más tarde, una vez concluido este trabajo, el 29 de octubre de 1931 confesó a Richard Strauss –quien, tras la muerte de Hofmannsthal, había sido propuesto por su editor Anton Kippenberg como libretista de nuevas óperas– en su primera carta al compositor, mirando hacia atrás y pensando en más adelante: "Pero, cuando venero a alguien, me siento siempre acongojado." Además, puede que el anuncio anticipado de su nuevo libro, aparecido en la *Neue Freie Presse* de Viena con la afirmación de que Zweig se proponía dar una "visión de conjunto de toda la psicoterapia", provocara en él un enfado capaz de entorpecer el trabajo. Su mujer le exhortó: "Tienes que protestar en algún sitio, en un prólogo o en una nota. Esta literatura y su movimiento en general son imprevisibles, y la tarea del *outsider* consiste ciertamente en abarcarlo todo con la vista, pero sólo sugerir a los demás que echen esta ojeada."

En julio de 1930, Friderike fue a Suiza a visitar a su hija Susanne; en agosto, cuando regresó, Stefan Zweig partió para Hamburgo. Alquiló un piso en una casa de Alsterglacis "en la que Hans von Bülow había vivido siete años". "La propietaria era una distinguida anciana cuya fortuna se remontaba a antes de la guerra. Una buena biblioteca en la casa: filosofía, historia, literatura, y muchísimo respeto y silencio." Una atmósfera favorable para la concentración. "Para mí es importante haberme librado definitivamente en septiembre del capítulo sobre Freud y de la introducción al libro", escribió a Friderike el 19 de agosto. Evidentemente lo consiguió, pues el 19 de octubre ella pudo hacer el siguiente comentario acerca del trabajo concluido: "Todavía acalorada por la lectura de *Freud* empezada tras tu partida, me gustaría decirte, después de haber leído de nuevo el comienzo, que lo encuentro magnífico y quisiera darte las gracias, como harán todos los lectores... Pero en cuanto a los pasajes donde emites juicios de valor, sigo teniendo las mismas objeciones de siempre. Estos juicios dan la impresión, por su grado superlativo, frente a la objetividad francamente noble, de errores de forma... Si nuevos e interesantes son los otros dos ensayos, este los supera, y no sólo porque el material era mayor y más difícil." El propio Stefan Zweig debió darse cuenta también de la novedad de esta tríada: al final, y a pesar de su analogía, no la incluyó en la serie de los "Constructores", sino que la presentó como un libro separado e independiente. En diciembre de 1930 se definió a sí mismo ante el crítico de arte y de teatro berlinés, Franz Servaes, con estas palabras: "Esta es mi pasión: llegar por la esquina que nadie esperaba y, puesto que los campos están tan separados uno de otro, aprender más de la vida mediante el estudio." Tal vez se podría y se debería completar esta frase añadiéndole "y transmitirla". Mandar "señales indicativas de personalidad a personalidad".

La curación por el espíritu apareció en la primavera de 1931 en la Insel-Verlag de Leipzig y, al año siguiente, en el que también vio la luz su *María Antonieta*, alcanzó allí, con una nueva encuadernación, los veinticinco mil ejemplares. Fueron los últimos libros que Stefan Zweig publicó en esta editorial, la cual, desde 1904 venía publicando casi todas sus traducciones, poemas, dramas, narraciones, ensayos y biografías. En la noche del 10 al 11 de mayo de 1933 tuvo lugar en todas las ciudades universitarias alemanas, tras una cuidadosa preparación a cargo de una comisión de bibliotecarios berlineses, la primera quema pública de libros –el 16 de mayo de 1933 apareció en el "Boletín bursátil del gremio de libreros" de Leipzig la llamada "lista negra" con los títulos de todos los libros y con los nombres de todos los autores que "pueden *ser eliminados en la limpieza* de las bibliotecas populares": el nombre de Stefan Zweig figuraba en dicha lista–, el 14 de octubre de 1933 el *Boletín bursátil* reprodujo en una "Declaración del departamento del Reich para el fomento de la literatura alemana" una carta privada de Stefan Zweig del 26 de septiembre de 1933, a su editor Anton Kippenberg, en la que expresaba su sorpresa por el hecho de que la revista de Klaus Mann *Die Sammlung*, que se editaba en Amsterdam, no publicara material puramente literario, como se proponía en un principio, sino también político. La carta llegó a manos del departamento del Reich, durante una ausencia de Kippenberg, por una indiscreción de la Insel-Verlag. La mayoría de emigrantes como Klaus Mann veía en las palabras de Stefan Zweig un intento de "no molestar a Goebbels". Stefan Zweig se vio obligado a buscar un editor fuera de Alemania: acudió al director y editor de la revista mensual para bibliófilos *Philobiblon*, Herbert Reichner, que conocía desde hacía tiempo y con el que firmó por el momento un contrato para su próximo libro, *Triunfo y tragedia de Erasmo de Rotterdam*. Cara a cara con Anton Kippenger, Stefan Zweig declaró a este respecto el 20 de diciembre de 1934, desde Londres, donde se había refugiado en febrero de 1934 después de un registro en busca de armas en su casa de Salzburgo: "Si escojo a Reichner, es porque ahí *yo* puedo fijar las condiciones, especialmente la de que nunca publicará un libro que pueda ser ni lejanamente mal interpretado. Prefiero como intervalo una editorial pequeña y estrictamente bibliófila que cualquier otra importante." Desde comienzos de 1935 Stefan Zweig cedió a Herbert Reichner mediante contratos individuales los derechos de autor de obras que hasta entonces estaban vinculados a la Insel-Verlag. Esta editorial estaba inscrita en el registro mercantil de Viena, Leipzig y Zúrich. Así se pudo publicar en ella en 1936, entre otros libros, una nueva edición de tres mil ejemplares de *La curación por el espíritu*.

Con todo, ya en otoño de 1935 Will Vesper reclamaba en la revista nazi *Die Neue Literatur*: "Hay que evitar en el futuro que la editorial judía Reichner (Viena y Zúrich) inunde Alemania con folletos que encomian las obras de Stefan Zweig y de otros judíos (con boletín de pedido a Viena)." Dirigió su campaña de difamación sobre todo hacia Viena, donde estaba, por ejemplo, la editorial Herbert Reichner, "cuyo segundo es Stefan Zweig y que esconde su judaísmo tras gustos refinados". La amenaza era bastante clara. En marzo de 1936, la Asociación de Escritores del Reich confiscó todos los libros de Stefan Zweig depositados en el almacén de la editorial Herbert Reichner de Leipzig, pero en julio, a raíz de las protestas del editor, fueron restituidos; más adelante serían sucesivamente incautados y devueltos. Cuando el 11 de marzo de 1938 las tropas alemanas entraron en Austria, Herbert Reichner (según información de su viuda) huyó a Zúrich aquella misma tarde con su familia. Stefan Zweig esperaba poder regresar a Viena y salvar sus libros, pero esto le resultó imposible por motivos políticos. Para estos casos, Stefan Zweig había incluido en todos los contratos firmados con la editorial Herbert Reichner la siguiente cláusula: "En caso de que la editorial renuncie voluntariamente –u obligada de alguna manera por injerencia del Estado– a la difusión de los ejemplares existentes, el autor tendrá derecho a rescindir el contrato y hacerse cargo de la composición, de los estereotipos y clichés, así como de los ejemplares disponibles o de los pliegos sin encuadernar a la mitad del precio de producción." Después de que la editorial fuese "ocupada por un comisario del Estado y todos los documentos incautados" y "todos los pedidos y cartas llegados a la editorial" no obtuvieran respuesta, y "suspendida toda la distribución y venta", Stefan Zweig siguió en sus trece en un "memorando" sin fecha: "Acto seguido, después de poner todo esto en claro, el 20 de abril remití al abogado de la editorial Reichner de Viena la notificación referente al párrafo arriba mencionado que, como todas las demás cartas, no obtuvo respuesta de la editorial, mientras que el abogado declaró que, por indicación del señor Reichner, no podía aceptar la notificación".

"Mientras tanto, el señor Reichner, que ha huido a Zúrich, se apropia de los ejemplares depositados en el gremio de editores suizos y en el de editores extranjeros y declara que ahora son propiedad de la editorial Herbert Reichner de Zúrich, una delegación puramente nominal, registrada en el año 1935, que no tiene local ni la más mínima actividad editorial, sino que sólo está inscrita en el bufete de un abogado en funciones de procurador. El señor Reichner afirma que no se ha cumplido la condición estipulada, porque él prosigue la actividad sin ninguna traba, pero se niega a la vez a rendir cuentas de los ejemplares que el 1 de marzo se encontraban en el extranjero con la vaga afirmación de que todos los ejemplares habían sido dados en comisión y ya habían sido liquidados... Esta negativa a rendir cuentas es una nueva justificación para denunciar a la editorial. Además, no reconozco la editorial de Zúrich, donde el señor Reichner, según las leyes del país, no puede trabajar y donde no se publica ningún libro, y que no posee las condiciones para una actividad editorial previstas en la normativa vigente, como la editorial Herbert Reichner, Viena- Leipzig-Zúrich, con la que firmé un contrato en Viena." Stefan Zweig tenía razón, pero, dadas las circunstancias, se vio obligado a buscar otro editor. Eligió a Gottfried Bermann Fischer. "Me había pedido que fuera a Londres", informa este último, "y me recibió en su pequeña vivienda... Hasta entonces sólo lo había visto una vez, y muy fugazmente. Pero conocía su disposición desinteresada a ayudar a sus jóvenes colegas y respaldarlos de palabra y obra. Desde hacía tiempo deseaba conocer a este hombre que, a pesar de su voluminoso trabajo, siempre tenía tiempo para los demás y utilizaba la fortuna heredada para ayudar a los menos favorecidos".

"Era un *grand seigneur*: vestido con sumo esmero y una elegancia discreta que caía bien a su constitución más bien delicada, y de una inteligencia superior. Había cerrado su casa de Salzburgo y abandonado Austria ya antes de la ocupación, profundamente desengañado y desesperado por cómo evolucionaba la política... Con su secretaria, con la que se casó después de divorciarse de su primera esposa, redacté el contrato de edición de sus anteriores y futuros libros, que, junto con las obras de Thomas Mann, Hugo von Hofmannsthal, Franz Werfel y Carl Zuckmayer, ponían las bases del desarrollo ulterior de la nueva editorial." Stefan Zweig había encontrado a su editor definitivo; el "intervalo", acerca del cual había escrito a Anton Kippenberg, se había acabado para él, aunque no para Gottfried Bermann Fischer, que había tenido que fundar de nuevo su editorial en el exilio. Tras la partición de la editorial S. Fischer en 1936, en una mitad con autores tolerados en Alemania, de la que se hizo cargo Peter Suhrkamp, desde 1933 como redactor de *Die Neue Rundschau* y poco después como director; y en otra mitad con los autores no deseados que él mismo acompañó al exilio, había fundado otra editorial en Viena con su nombre. En 1938 tuvo que huir, al igual que Herbert Reichner, a toda prisa y, tras los rechazos sufridos en Londres y Zúrich, fundó de nuevo su casa editorial en Suecia. Con la novela *La impaciencia del corazón* la Bermann Fischer empezó en noviembre de 1938 una nueva edición de las obras completas de Stefan Zweig en Estocolmo. Los volúmenes no llevaban un título colectivo, pero estaban presentados de la misma forma, en tela negra, con el lomo rojo y el nombre de la Editorial impreso en la cubierta. Dentro de esta nueva edición, que tuvo continuidad tras la reapertura de la vieja editorial S. Fischer en Frankfurt del Main, se reeditó también en 1952 *La curación por el espíritu*, con una tirada de 10.000 ejemplares y, reimpreso en 1966, con 6.000 ejemplares.

¿Depende del tema, de los modelos retratados y de sus ideas, el hecho de que sobre todo de las vidas y obras de estos tres "médicos del espíritu y por el espíritu" emane algún tipo de fascinación? ¿O es la empatía de Stefan Zweig hacia sus personalidades individuales y sus objetivos, lo que acierta a corresponder con el léxico y el estilo? Su interés se centra básicamente en lo histórico, lo completo y acabado, que quiere y puede ser retraído a nuestra conciencia mediante la narración y la *stretta*. Esto se adapta bien a su estilo asociativo, le permite la cita universalmente conocida y la aliteración de los conceptos. Aquí puede escoger y añadir, hacer hincapié y familiarizarnos de modo mucho más intenso con el pensamiento y la sensibilidad de una época pasada.

A la pregunta de hasta qué punto Stefan Zweig puede ser históricamente objetivo en esta audaz empresa basándose en las fuentes disponibles, hay que responder haciendo especial referencia a su ensayo sobre Mary Baker-Eddy y su doctrina. Los artículos de Stefan Zweig, que más adelante sirvieron de base para el capítulo dedicado a Mary Baker-Eddy, se publicaron originalmente en la revista *Die neue Rundschau* en tres números sucesivos de mayo a julio de 1930. En estos artículos Zweig declara que las fuentes para su trabajo se limitaban a las dos únicas biografías de la Sra. Eddy de que disponía, una de las cuales había rechazado porque, al ser publicada por la iglesia fundada por la Sra. Eddy, estaba teñida de "rosa". La fuente principal y casi exclusiva de Zweig (consecuentemente en negro, como la otra en rosa) era por lo tanto la biografía de Georgine Milmine, *La vida de Mary Baker Eddy. La historia de la Christian Science*, que luego sería encasillada en la categoría de increíble, que el actual editor de la misma (University of Nebraska Press, Lincoln and London) se vio en la necesidad de redactar una nota explicativa que se ha añadido a la nueva edición. Dice entre otras cosas: "*New materials have come to light which suggest that Ms. Eddy's enemies have played a significant role in organizing the materials for the Milmine biography. New information about Georgine Milmine, moreover, suggests that she would have welcomed biased opinion for its sensational and commercial value...*" Desde la primera publicación de *La curación por el espíritu*, otras biografías basadas en escrupulosas investigaciones, escritas tanto por científicos cristianos como por autores independientes, indican que la semblanza de Mary Baker-Eddy se diferencia notablemente de la imagen (que Stefan Zweig recoge) trazada por Milmine en tono chismoso y con afán de armar escándalo.

Es de suponer que el retrato negativo de la biografía de Milmine marcó profundamente la actitud de Zweig respecto de la Sra. Eddy y lo llevó a alterar la figura de Mary Baker-Eddy en su ensayo. En este orden de cosas puede ser importante también la valoración de Friderike Maria Zweig, según la cual en los ensayos de Zweig, pero también en sus narraciones, "una idea o un estado de ánimo que representa alguna tipología es personalizado plásticamente en la exposición" (Stefan Zweig, wie ich ihn erlebte, Neuer Verlag, Estocolmo, 1947, pág. 213). En otro ejemplo, descrito por Hans Richerdt, queda clara esta "personalización plástica". El epílogo de *Momentos estelares de la humanidad* puede, en opinión de Richerdt, ser igualmente responsable de que en Alemania "Sophía Tolstói sea considerada una mujer histérica, insidiosa y carcomida por la ambición, el ansia de poder y la codicia", una "imagen sin duda falsa" que después fue corregida por la biografía *Tolstói o la huida a la verdad* de Henri Troyat. Igualmente, plástico y poco conforme con la realidad histórica, se puede estimar el retrato personal de Mary Baker-Eddy en el artículo de Zweig. Friderike describe la vehemencia que invirtió su marido en este ensayo: "Él mismo tenía miedo de sobrepasar el objetivo con su arrebato" (*op. cit.*, p. 211). El comentario de Eric Munk al trabajo biográfico de Zweig va en otra dirección: "Dotado de una asombrosa imaginación, creía en sus descubrimientos, pero temía descubrir falsedades. Era enemigo de una verdad brutal, de modo que en sus biografías novelescas creaba personalidades atractivas que nunca han existido [...]. Sus errores históricos son tan enormes, que sorprende la benevolencia de sus lectores, que habrían podido descubrirlos fácilmente. Si a propósito de un elogio a sus magníficos retratos se indicaba su escasa relación con la historia, el propio entusiasmo por sus fantasmas le impedía aceptarlo" (Eric Munk, *Stefan Zweig tel que je l'ai connu,* Feuilleton des Journal de Genève, 8-9 de marzo de 1952). "Visto a posteriori, el trabajo en el campo cerrado de la historia era incluso fácil para Zweig, pero dudoso en cuanto a la exactitud histórica" (Klaus Hendrik Herr).

Incomparablemente más difícil le resulta la presentación de teorías, doctrinas y métodos contemporáneos que se manifiestan por primera vez en su evolución e importancia real: no se pueden ver sin más en sus rasgos todavía no definitivos, quieren ser previstos, experimentados y desarrollados, pero ¿cómo puede el intelectual diletante de una esfera de la historia del pensamiento o el profano sagaz y entusiasmado quizá con una formación filosófica o cultural, exponer una disciplina basada en las ciencias naturales y prever y sondear *en detail* sus posibilidades futuras? Si lo intenta, se expone irremisiblemente a la crítica tanto de sus colegas como, sobre todo, por supuesto, de las personas descritas. Richard Strauss le confesó en una carta del 24 de enero de 1933: "Acabo de leer su *Curación por el espíritu*, muy interesante y escrito de una manera tan magníficamente clara como todos sus otros libros..." y añadió una posdata: "Un día tendríamos que hablar de S. Freud de viva voz. ¡Al fin y al cabo no era tan desconocido antes de él el eros que se muestra en el artista!". Y el mismo Sigmund Freud, que desde 1908 mantenía una correspondencia ocasional con Stefan Zweig, como servicial crítico de su trabajo y honrado por él, en un plano muy personal con la dedicatoria del volumen *La lucha contra el demonio*, le escribió después de la primera lectura de *La curación por el espíritu*:

Viena IX, Berggasse 19, 7 de febrero de 1931

Distinguido doctor:

He recibido su última obra y la he leído de nuevo, esta vez, claro está, con más interés personal que sus fascinantes producciones anteriores. Si me permite expresarle de forma crítica mis impresiones, el capítulo dedicado a Mesmer me ha parecido correcto y elegante. Pienso como usted que lo esencial de su descubrimiento, esto es, la sugestión, hasta hoy no ha sido aclarado y queda mucho terreno por explorar.

De Mary Baker-Eddy me preocupa el que usted haya destacado tanto la vehemencia. A los que, como yo, no podemos prescindir del punto de vista patológico, esto nos impresiona poco. Sabemos que la persona que delira desencadena en el paroxismo unas fuerzas que normalmente no tiene a su disposición. En el retrato que usted hace no se destacan los sucesos extravagantes y desaforados en la vida de Mary Baker-Eddy, como tampoco lo indeciblemente desconsolador del trasfondo americano.

Que a uno no le guste el propio retrato o no se reconozca en él es un hecho normal y bien conocido. Por eso me apresuro a expresar mi satisfacción porque usted ha sabido reconocer correctamente lo más importante de mi caso, esto es: que, respecto a mi capacidad de trabajo, no se trata tanto del intelecto como del carácter. Este es el meollo de su interpretación, y también yo así lo creo. Por lo demás, podría objetar que destaca demasiado el elemento pequeño burgués de mi personalidad, el individuo es algo más complicado; no se ajusta a su descripción el que yo haya tenido mis dolores de cabeza, mis momentos de cansancio, como cualquier otro, el que yo fuera un fumador empedernido (ojalá lo fuera todavía) que atribuía a los cigarros una buena parte de su autocontrol y de su perseverancia en el trabajo; que, a pesar de toda mi famosa sencillez, he sacrificado muchas cosas a mi colección de antigüedades griegas, romanas y egipcias y, en realidad, he leído más cosas sobre arqueología que sobre psicología; que hasta la guerra, y después al menos una vez al año, tenía que visitar Roma durante días o semanas, etcétera. Sé, desde el punto de vista del cabaret, que el artista necesita tener categoría para simplificar y suprimir, pero luego es fácil que salga una imagen falsa.

Probablemente no ando desencaminado al suponer que el contenido de la teoría psicoanalítica le era desconocido hasta el momento de redactar el libro. Tanto más elogio merece el que desde entonces se haya imbuido tanto de él. En dos puntos, se le puede criticar. Casi nunca menciona la técnica de la libre asociación, que para muchos es la novedad más importante del psicoanálisis, la llave metódica para los resultados del análisis, y usted me atribuye la interpretación de los sueños a partir de la infancia, cosa que no es históricamente cierta, sino que la expongo con un propósito didáctico.

También su última duda, de si el análisis es aplicable a las personas normales, revela este desconocimiento de la técnica. En la época en que el microscopio se convirtió en un nuevo instrumento en manos del médico, se podía leer en los manuales de fisiología las pocas aptitudes reales que estaba obligado a poseer el que trabajaba con el microscopio. Los mismos requisitos se pidió después a los cirujanos. Hoy en día todo estudiante trabaja con el microscopio, y en las universidades se preparan buenos cirujanos. Que nadie lo hace igual de bien es algo que no se puede remediar en ningún dominio.

Saludos cordiales de su amigo Freud.

Un año y medio después volvió a hablar Freud de este libro, concretamente de un caso que allí se menciona:

Viena, Hohe Warte, Khevenhüllerstrasse 6, 2 de junio de 1932

Estimado doctor:

Cuando he dado al público un trabajo, durante mucho tiempo después no me apetece ocuparme de su destino. Lamentaría que a usted le sucediera lo mismo, porque me propongo llamar su atención sobre uno de sus libros cuya tercera parte me ha dedicado a mí y a mi obra.

Un amigo mío estuvo el otro día en Venecia, vio en una librería la traducción italiana de *La curación por el espíritu* y la compró para regalármela. Fue una ocasión para releer partes de su ensayo. En la página 272 descubrí un error de exposición que no se puede llamar insignificante y que, si me permite esta indulgencia conmigo mismo, de hecho, menoscaba también mis méritos. Se dice allí que la enferma de Breuer le confesó en estado hipnótico que junto al lecho de su padre enfermo había experimentado y reprimido ciertos *sentimenti illeciti* (por tanto, de naturaleza sexual). En realidad, no dijo nada parecido ni dejó entrever que quería ocultar su estado de excitación, en especial su cariñosa preocupación por el padre enfermo. De haber sido así, como se afirma en su texto, todo habría sido distinto. No me habría sorprendido el descubrimiento de la etiología sexual, a Breuer le hubiera costado contradecirla, y yo probablemente no hubiera abandonado la hipnosis, con la cual se podía obtener tan sinceras confesiones. Lo que le ocurrió en realidad a la paciente de Breuer pude adivinarlo más adelante, mucho después de nuestra ruptura, cuando de golpe me acordé de una confidencia que me había hecho antes de nuestra colaboración en otras circunstancias y que nunca había repetido. Por la noche, después de haber superado todos los síntomas, Breuer fue llamado otra vez a su casa y la encontró conturbada y retorciéndose por contracciones en el bajo vientre. A la pregunta de qué le ocurría, respondió: ahora viene el niño que tengo del doctor B. En aquel momento el Dr. Breuer tuvo en su mano la llave que le habría abierto el camino de la tuerca, pero la dejó caer. Con todas sus dotes intelectuales, no tenía nada de fáustico. Con el espanto correspondiente emprendió la huida, dejando a la enferma al cuidado de un colega.

La muchacha lucharía todavía durante meses en un sanatorio para restablecerse. Estaba tan seguro de esta reconstrucción mía de los hechos, que la publiqué en algún sitio. La hija menor de Breuer (nacida poco después de terminado el tratamiento, algo tampoco fútil para investigar conexiones más profundas) leyó mi exposición e interrogó a su padre (poco antes de que este muriera). Él confirmó mi punto de vista y luego ella me lo comunicó.

Su cordial y atento Freud.[3]

Estas declaraciones, comprensiblemente críticas, no menoscabaron en absoluto las buenas relaciones entre el escritor y el psicoanalista. En ocasión de las honras fúnebres, celebradas en memoria de este último el 26 de septiembre de 1939, en el crematorio de Golders Green de Londres, Stefan Zweig le dedicó ante su féretro palabras de gratitud. "Todo lo que Sigmund Freud ha hecho y anticipado como investigador y guía permanecerá con nosotros en el futuro; una sola cosa nos ha abandonado: el hombre, el excelente e insustituible amigo."

Knut Beck

---

[3] Las dos cartas de Sigmund Freud citadas en la Nota del editor alemán han sido extraídas del volumen *Cartas 1873-1939*, segunda edición ampliada, seleccionadas y editadas por Ernst y Lucie Freud, S. Fischer Verlag, Frankfurt, 1968.

Índice

www.ingramcontent.com/pod-product-compliance
Lightning Source LLC
LaVergne TN
LVHW020527100826
845148LV00010B/1366